W0218429

GĒNISSE

Pour la présente édition

59 quai Alphonse Le Gallo
92100 Boulogne-Billancourt
www.hugopublishing.fr

Collection dirigée par Clémentine Thiebault
Ouvrage dirigé par Clémentine Thiebault et Sophie Le Flour
Traduction : Manon Malais
Couverture et conception graphique : Emmanuel Pinchon

ISBN : 9782755678963
Dépôt légal : janvier 2025
Imprimé en France par CPI Bussière

MARY KATE WILLIAMS

GĒNISSE

iMPACT

Génisse, n.f. : *Jeune femelle qui n'a pas encore vêlé.*

Système pyramidal : *En anglais « multi-level marketing » ou MLM, système qui s'appuie non pas sur la vente réelle de produits, mais sur l'exploitation des vendeurs par leurs dirigeants.*

ÉLEVAGE

Autrefois, c'était le bétail qu'on traitait ainsi. Ces enclos énormes où s'entassaient des milliers de vaches. À meugler et salir le sol qui disparaissait sous ces corps bovins, pressés ensemble, trop serrés.

Une cacophonie de voix humaines résonne dans l'immense lobby de l'hôtel où se tient la convention. « Bienvenue aux Génisses ! » proclame une bannière tendue au-dessus du logo « LactCon 2070 ». Une vraie cible. Nous sommes une proie si facile. Les menaces, les manifestations, tous ces groupes qui nous détestent, nous et ce que nous représentons…

Nous aurions peut-être dû annuler la convention, même au prix de protestations de la part de nos membres. Mais nous en avons besoin – et pourquoi serait-ce à nous de céder du terrain ? C'est toujours aux femmes d'apaiser la situation, alors que nous sommes celles dont le monde ne peut plus se passer.

Ce don, c'est le nôtre. Personne ne pourrait survivre sans nous.

Est-ce pour cela qu'ils nous détestent ?

Il me semble entendre crier mon nom malgré le tumulte – « Mina ! » – et je me retourne pour chercher un visage amical, un sourire, pour trouver qui vient de m'appeler.

Et c'est là que je l'entends.

Ce bruit auquel je m'attendais, ce bruit que je redoutais après tout ce qui s'est passé ce mois-ci : l'empoisonnement, l'assassinat, les émeutes, les agents armés… Non, je le redoute depuis plus longtemps encore. La menace qui ne cessait de me hanter, de hanter toute la société. Cette bombe près d'exploser.

Des coups de feu.

Mon Dieu, est-ce que c'est la fin ?

My Lactation Membership – Spot publicitaire de recrutement des membres, campagne 2070

Date de diffusion : 20 octobre 2070

INT / JOUR

Une femme blanche aux cheveux blonds, vêtue d'un tailleur très chic, se retourne sur sa chaise de bureau face caméra.

– Ça te dirait d'être une vraie boss ?

Une femme noire habillée comme elle la rejoint.

– Nous, on pense que tu en es capable !

NARRATEUR (sur un fond de femmes d'ethnies variées en train de rire ensemble sur un canapé) : *My Lactation Membership vous donne ce dont vous avez besoin pour gagner de l'argent partout, tout le temps. Produisez votre propre lait et rejoignez une industrie en pleine croissance. Faites-vous des amies pour la vie au sein de notre communauté tout en développant votre business. MLM accueille toutes les entrepreneuses en lait humain, quels que soient leur taux de production et leur marché cible.*

Une femme en chaise roulante entre dans le champ.

– Pour moi, le plus important n'est pas l'argent que je gagne en construisant ma propre entreprise. C'est savoir que j'aide les autres. Nous avons tous notre rôle à jouer pour traverser cette famine.

La première femme revient :

– Ce n'est pas un métier facile, mais on sait que tu pourras gérer !

Narrateur : *Rejoignez-nous dès aujourd'hui et profitez d'une réduction de 20 % sur votre kit de démarrage. My Lactation Membership : plus qu'un job, une vocation !*

DÉESSE

Aussi sec qu'un coup de feu, quelqu'un vient de faire craquer ses jointures. D'habitude, je ne me laisse pas distraire aussi facilement, mais aujourd'hui, j'ai du mal à me concentrer.

Primo, c'est lundi. D'habitude, seul le Troupeau (c'est-à-dire le comité exécutif) se retrouve le lundi, mais avec le vote pour l'égalité femmes-hommes la semaine prochaine et notre convention annuelle, LactCon, quatre semaines plus tard, les vingt-cinq membres qui travaillent directement pour le quartier général sont toutes présentes.

Secundo, il faut que je parle à Rhea après la réunion. C'est ma supérieure, elle saura quoi faire au sujet de mon problème. Après tout, Rhea Price est à la fois la P.-D.G. et la déesse mère de My Lactation Membership (MLM pour faire court), et j'ai un blocage. Un canal lactifère bouché dans mon sein gauche – ce sein qui produit tellement plus que le droit, ma source principale de revenus. Je fais rouler mes épaules pour ajuster discrètement mon soutien-gorge. Seule solution, continuer à utiliser mon tire-lait pour solliciter le canal, tout en priant pour que ça ne vire pas à la mastite.

Tertio, le bruit rythmique de la tireuse silencieuse que je teste pour un sponsor me rend folle. Pas si silencieuse, clairement ! Il est bien trop fort pour se faire discret, sans parler d'être relaxant. Un rappel constant – pour moi-même, pour les autres membres, pour quiconque passant par-là – du processus qui se déroule sous nos vêtements. Tout le monde dans cette réunion sait que je suis en train de tirer du lait. Normalement, il faut se détendre pendant le processus, mais aujourd'hui, je n'aurai pas cette chance.

Ce bruit…

Je peux au moins penser à autre chose pendant que la tireuse fait son travail. D'habitude, je n'aurais aucun mal à me concentrer sur ce que vient de dire Becca au sujet du rapport des dépenses. Mes seins ont tant l'habitude du tire-lait que ça ne me fait plus mal. Plus du tout.

L'étiquette de mon chemisier me gratte le cou. Avec tous ces gens, la température monte dans la salle de conférences. La sueur me perle au front. En novembre, il fait froid ici, à Franklin, dans le Tennessee, et nous sommes toutes en vêtements d'hiver. L'équipe au complet dans une salle fermée… Autant faire un sauna, même si l'odeur rappelle plutôt le rayon parfumerie d'un grand magasin. Des fragrances florales, chimiques, émanent de chaque membre de notre petite mais puissante équipe, en se mélangeant jusqu'à ne plus former qu'une horrible soupe toxique.

Et il y a autre chose. Ce qui m'a empêchée de dormir cette nuit, et la nuit d'avant.

Grosse vache.

Sale pute.

Génisse.

C'est à peine si j'arrive à repousser l'envie de prendre mon portable pour relire les messages, ces textos anonymes que j'ai commencé à recevoir ce week-end, et qui n'ont pas cessé depuis.

Apparemment, « vache » était autrefois une insulte, un commentaire sur le poids d'une femme. Être grosse, c'était mal. Mais maintenant que la nourriture vient à manquer, avoir un peu de chair sur les os signifie qu'on pourra garder son énergie quand la famine empirera. Ça signifie qu'on a quelque chose à perdre. Je me demande ce que l'on ressent quand on n'a pas à se demander où trouver son prochain repas. Ils ne connaissaient pas leur chance, à l'époque.

Les femmes doivent toujours faire attention à ce qu'elles mangent et à l'opinion publique sur le sujet – surtout nous, les Génisses, les productrices de lait humain. Nous devons maintenir la qualité de notre lait. Donc pas d'alcool, pas de chocolat, pas de petits plaisirs.

Toutes nos Génisses s'adressent à MLM pour être aidées à développer leur business de lactation. Il n'y a pas mieux sur le marché. Si le lait maternel est magique (et c'est bien le cas), alors les Génisses sont les sorcières des temps modernes. Ce n'est pas la meilleure des métaphores, mais il n'empêche que ce liquide, c'est notre superpouvoir.

Quiconque m'envoie ces textos a donc partiellement raison. Je *suis* une Génisse. Et j'en suis fière. C'est moi qui nourris le pays. « Grosse vache » et « sale pute » ? Non. Je ne me laisserai pas traiter comme ça. J'ai beau être adulte, ce harceleur me trouble. Je suis une boss, je ne devrais pas me laisser perturber, je le sais. Annabelle, Keenya ou Rhea me diraient d'être plus forte. C'est forcément un homme qui m'écrit. « Grosse vache » pourrait venir d'une autre femme, mais « sale pute » ? C'est un terme que seuls les hommes jettent à la figure des femmes.

Ce bruit, ce bruit ! Je grince des dents en faisant de mon mieux pour le supporter. *Et d'abord, comment a-t-il trouvé mon numéro, ce salopard ? Qu'est-ce que je pourrais lui répondre la prochaine fois ?*

– Qu'est-ce que tu en penses, Mina ?

Merde. Je n'écoutais pas du tout Becca, notre chef comptable, qui attend ma réponse en clignant des yeux. Ses sourcils levés frôlent sa frange bien nette derrière ses lunettes très chic, sans armature. Elle est radieuse aujourd'hui, la peau lisse et bronzée. Comme elle a un shooting pour l'un de nos sponsors plus tard dans la journée, elle a fait un soin ce week-end.

– Ça me semble jouable. Je reviendrai vers toi par e-mail, dis-je pour brouiller les pistes.

Pas classe. Rhea attend le meilleur de son Troupeau. C'est nous qui gérons les membres, le recrutement, la politique de la boîte, la comptabilité, les sponsors, le marketing, et les régulations. Rhea est la seule à m'avoir donné ma chance. Et voilà que des broutilles m'empêchent de me concentrer. *Reprends-toi, Mina.* Ce n'est pas le moment de se relâcher, surtout à en croire les rumeurs.

Annabelle, notre responsable recrutement – et l'une de mes meilleures amies au bureau – me passe un mot sur un bout de papier. « Ça va ? »

Je réponds d'un léger hochement de tête, avec un sourire. Puis je lui rends le message avec un regard appuyé, car je vois bien qu'elle non plus n'est pas dans son assiette. Ses cheveux blonds, d'habitude toujours si parfaits, sont rassemblés en une queue-de-cheval trop lâche. Elle ne s'est pas maquillée. Son demi-sourire lorsqu'elle reprend le papier en dit long. Elle aussi a des problèmes depuis qu'elle a rompu avec son mec. (Ou plutôt, son salopard de menteur d'ex qui l'a trompée – en tant qu'amie, j'ai le droit de dire ça.) Il faudra qu'on discute plus tard. Elle est souvent en déplacement ces derniers temps, en mission de recrutement. Ça fait des semaines qu'on n'a pas déjeuné ensemble, alors que nous sommes proches depuis le début, depuis son arrivée au sein de MLM et du Troupeau. Je ne sais pas comment j'aurais fait pour survivre sans son amitié et son soutien.

Tandis que je change de position sur ma chaise, Annabelle nous annonce une bonne nouvelle : nous avons atteint notre objectif de croissance pour le trimestre. Rhea est enchantée, et impressionnée, ce qui s'entend clairement dans les félicitations qu'elle lui adresse.

Puis l'attention de vingt-quatre femmes se tourne vers moi. À mon tour de faire une présentation sur les sponsors qui nous rejoindront lors de la convention. LactCon est notre plus gros événement. Malgré son succès, MLM n'a pas oublié qu'elle doit sa réussite à ses dizaines de milliers de membres, et cette réunion annuelle est ce que nous leur proposons de mieux. L'occasion pour toutes les Génisses, qui ne se retrouvent habituellement qu'en ligne ou sur l'appli, de se rencontrer en personne et d'assister à des conférences sur la manière d'augmenter leur production ou de devenir influenceuses laitières.

Trois mille membres sont attendues à Indianapolis le mois prochain. Pour nous, tout se joue pendant la convention : soit elles adorent, se réinscrivent et invitent leurs amies à nous rejoindre, soit elles sont déçues et partent chercher une communauté ailleurs.

Je prends une profonde inspiration avant de me lancer.

– Je suis heureuse de pouvoir vous dire que nous avons déjà autant de sponsors que pour la convention de 2069. Mais nous avons encore en attente quelques contrats qui nous permettraient de dépasser nos objectifs.

Je fais un signe de tête à Michele Ly, responsable juridique, pour qu'elle transmette l'info à son équipe. Elle lève un instant les yeux de ses notes pour acquiescer, ses épais cheveux noirs tirés vers l'arrière. Son bronzage estival s'est depuis longtemps estompé, et elle est redevenue aussi pâle que moi.

Rhea m'adresse un petit sourire. La nouvelle lui plaît, mais on est loin des louanges dont elle couvrait Annabelle voici quelques minutes. Je ne devrais pas m'autoriser autant de jalousie. Annabelle est mon amie. Mais ce que j'ai à dire maintenant ne manquera pas de susciter l'admiration de Rhea.

– Et encore une chose…

J'attends d'avoir leur attention à toutes pour révéler mon coup de maître.

– Un gros avantage pour notre manifestation en vue du vote sur l'égalité femmes-hommes ce week-end : LactBlast a accepté de nous sponsoriser, donc tous les membres qui nous rejoindront auront de quoi se désaltérer sur place !

Je manque de rejeter mes cheveux en arrière tant je suis fière. Rhea déborde de compliments, comme prévu.

– Mais c'est génial, Mina ! Un grand bravo. À toi et à Keenya, ajoute-t-elle avec un signe de tête pour ma N – 1, debout derrière moi.

Je suis vraiment contente que Keenya soit là aujourd'hui pour être félicitée en personne. Quand elle se penche vers moi pour me passer un rapport, ses cheveux tressés de frais glissent en pluie sur son pull en cachemire. Je resserre ma triste queue-de-cheval en me rappelant qu'il faudra que je passe chez le coiffeur avant la convention.

– N'oubliez pas d'en parler sur les réseaux pour remercier LactBlast, dit Rhea en s'adressant à toute la salle. Il faut faire le buzz ce week-end. Chaque vote compte !

Notre entreprise se préoccupe avant tout de lait, mais avec le vote pour l'égalité femmes-hommes qui revient cette année et seulement huit États qui ne l'ont pas encore ratifié, faire campagne est devenu notre deuxième métier. La passion de Rhea pour l'égalité des genres nous a inspirées, et nous sommes désormais toutes engagées activement pour un vrai changement social. Elle a toujours affirmé que chacune de nos membres devrait pouvoir s'imaginer au comité exécutif. Rhea nous apprend non seulement comment construire notre business et comment produire plus de lait, mais aussi comment être de meilleures femmes, des leadeuses.

Les cheveux de Rhea sont coupés en un parfait carré blond, qui oscille quand elle parle. Nous imitons toutes ses tenues toujours dans les tons crème et rosés – sa marque de fabrique –, si bien que la pièce est un véritable océan de couleurs lactées.

– Bravo à l'équipe. Vous avez fourni de gros efforts et je vous félicite toutes pour votre travail.

Son regard balaye la pièce en donnant à chaque femme l'impression qu'elle s'adresse directement à elle. Ma tireuse s'est arrêtée automatiquement après vingt minutes, mais je sens que mon sein gauche est toujours lourd de lait, et je réprime une grimace. Rhea la repérerait aussitôt. Je ne peux tout simplement pas me permettre un canal bouché.

Bon, d'accord, je *pourrais* me permettre les tickets d'eau et d'énergie supplémentaires nécessaires pour passer mon sein sous l'eau chaude afin de le soulager. Je ferai fonctionner ma tireuse jusqu'à ce que le canal se débouche, jusqu'à atteindre mon plafond d'électricité si besoin. Mais tout de même, chaque fois que ça m'arrive, ma production baisse. Et donc mes revenus aussi. Chaque millilitre compte – j'ai de grandes ambitions. Battre de nouveaux records, devenir la meilleure productrice de la compagnie, gagner assez d'argent pour ne plus jamais avoir faim.

Si je ne peux plus produire de lait, je perdrai mon travail. Si je perds mon travail, je perdrai mon toit, mon accès à de la nourriture de qualité, tout ce qui compte. Non. Jamais. Je prends une profonde inspiration en espérant que mon état de panique n'est pas trop visible. Même si la règle n'est pas gravée dans le marbre, on attend de toutes les employées qu'elles aient du lait.

Rhea me jette un coup d'œil et je me force à sourire plus largement. Elle reprend :

– Je suis heureuse que vous ayez toutes pu venir à cette réunion. Je sais que vous êtes très occupées, et je tiens à respecter vos horaires, donc je ne vous demanderai plus beaucoup de votre temps. Il ne me reste qu'un dernier sujet à aborder avec vous…

En ne baissant que les yeux, pas la tête, je vérifie subtilement le planning de la réunion posé devant moi. Après mon intervention, il ne reste plus rien sur la liste. Les autres doivent s'en être aperçues elles aussi, car un silence s'abat sur la pièce. Celles qui agitaient la jambe sous la table s'immobilisent, celles qui faisaient cliqueter leur stylo le reposent, avec leurs papiers. Comme si toutes pressentaient l'importance de ce qui va se produire.

– Je tiens à discuter d'une rumeur qui circule ces temps-ci, commence Rhea.

Je sens que nous retenons toutes notre souffle.

– Eh oui, même les ragots remontent jusqu'à mon bureau, plaisante-t-elle avec un sourire qui ne détend qu'à demi l'atmosphère. Cette information doit rester confidentielle en dehors de la compagnie, mais… je compte quitter la compagnie après LactCon.

Les exclamations de surprise, les questions et les félicitations serviles des autres ne m'atteignent pas, ni le brouhaha des conversations autour de moi, ni même ce que Rhea dit ensuite. Je ne peux me concentrer que sur ces mots.

C'est donc vrai. My Lactation Membership aura bientôt une nouvelle P.-D.G. Rhea démissionne. Je l'apprends en même temps que le reste du comité, comme si je n'étais qu'une employée parmi d'autres, comme si je n'avais pas été la toute première d'entre elles. Moi qui me prenais pour la protégée de Rhea. Moi qui la voyais comme mon mentor. Moi qui pensais qu'elle serait toujours là pour me guider. J'avais tort, et le poids de mon erreur se met à me scier les épaules comme les bretelles d'un soutien-gorge trop serré.

Ma tireuse a beau s'être arrêtée, la pièce a beau résonner de bravos et de compliments obséquieux, je pourrais jurer entendre la scansion d'une pompe, de quelque chose qui se vide. Il y a toujours une machine qui tourne en fond, un ronronnement qui m'apaise, un bruit dont j'ai bien besoin en cet instant.

Archives – TextPosts – 28 octobre 2070

@MLM-QG

Joignez-vous à nous ce dimanche pour la manifestation pour l'égalité femmes-hommes ! Les élections se tiendront mardi prochain et vous pouvez d'ores et déjà voter par scan rétinien ! Venez nous voir à la manif et prenez donc un verre avec nous, grâce à LactBlast !

(Merci comme toujours à @LactBlast qui soutient les Génisses, le vote pour l'égalité femmes-hommes et une société plus juste !)

@MèresAffaméesUSA

L'égalité, ça ne se mange pas !!! Nous viendrons manifester ce week-end, nous aussi, pour exiger des ACTES, pas des lois symboliques. Pour exiger que nos dirigeants fassent en sorte que les terres agricoles soient mieux gérées. Pour une meilleure régulation du lait humain. Pour que la fraude laitière soit plus durement réprimée. Nous serons habillées en gris, la couleur de la faim !

@JohnDSmith

Encore une élection... Génial. Vivement que ce soit fini pour que toutes ces pubs et tous ces posts de merde s'arrêtent. Oui, oui, j'irai voter. Mais le nombre grandissant de sans-abri parmi nous, on en parle ? Et les coupures de courant à répétition ? Ce vote semble fait pour détourner l'attention de ce qui compte vraiment pour tout le monde. D'accord, les femmes sont égales aux hommes. Super. On passe aux vrais problèmes, maintenant ?

FAMINE

Quand je négocie des contrats, que je goûte de nouveaux bonbons galactogènes ou que je prends la pose avec les produits de nos sponsors, il serait facile d'oublier que nous nourrissons le pays. L'énormité de ce besoin s'efface derrière le train-train quotidien qui nous permet de faire tourner les tireuses.

Ce lundi soir, en parcourant les rayons du supermarché, je ne vois que des produits créés par des efforts humains. Chacun m'évoque les heures de travail derrière chaque millilitre de lait, chaque morceau de fromage. Produire du lait n'est pas facile, et tirer du lait est un vrai travail à la chaîne. Les journées semblent si longues. Parfois, j'ai l'impression d'avoir bien plus que vingt-cinq ans, comme si chaque nuit passée à essorer mon corps m'avait précocement vieillie, portée à maturité.

Apparemment, les supermarchés étaient autrefois énormes, bourrés à craquer de toutes sortes de marques et de saveurs pour chaque produit. On pensait que l'abondance durerait. Tout le monde ne se leurrait pas ainsi. Certains ont fait des efforts. Lancé des avertissements. Pendant des siècles, on les a ignorés, leurs angoisses écrasées par de fausses déclarations scientifiques que finançaient les grandes compagnies pétrolières. Les tactiques habituelles.

Je ne suis au supermarché que pour l'essentiel. La journée a déjà été bien remplie.

Heureusement que j'ai ma liste – ce que je peux manger sans m'inquiéter, sans passer des heures à faire des recherches et à me préparer avant de faire mes courses. Une liste très spécifique. J'ai fait en sorte d'automatiser cette partie cruciale de ma vie. Ça me fait gagner du temps. Manger sans examiner méticuleusement chaque étiquette pour repérer les mauvais ingrédients que l'on dissimule derrière d'adroits euphémismes. Pas trop de blé, pas trop de soja. « Fabriqué industriellement » ou « Peut contenir des traces de noix » n'est pas un problème. Mais si les noix figurent dans la liste des ingrédients eux-mêmes, alors non. Pas de noix dans mon lait, merci ! Je peux manger du pain, mais seulement si je l'ai fabriqué moi-même : il faut se méfier du pain industriel. Et bien sûr, je peux toujours me tourner vers les FloBar.

Pas très varié, mais ça me libère l'esprit.

En passant dans le rayon réfrigéré, je ne peux retenir ma fierté en voyant les visages sur les cartons de lait et les emballages des fromages – ces femmes souriantes, membres de MLM, toutes celles que j'ai aidées à négocier un contrat avec tel ou tel fabricant. Le marketing pour ces éditions limitées a été phénoménal. Je repère ma propre image sur une brique de lait, en noir et blanc. Je suis allée chez le coiffeur et je me suis maquillée pour l'occasion. Juste à côté de mon visage se trouve celui d'Annabelle, et je prends une photo que je lui envoie. Elle répond aussitôt avec deux émojis : un cœur et une vache.

À quelques pas de là, je repère sans surprise le visage rond et lumineux de Keenya sur un carton de crème liquide. Je lui envoie également un texto. De nos jours, se retrouver sur une boîte de glace, c'est comme être sur la couverture d'un magazine de mode. Les gens se jettent sur nous avec plus d'avidité que sur des chaussures de grande marque.

Le vrai fromage – au lait de vache – est dans un casier verrouillé qui ne peut être ouvert que par le caissier.

J'attrape un sachet de mini-fromages faits de lait humain que je laisse tomber dans mon tote bag. Au passage, je fais rouler mon sein de l'avant-bras, en appliquant une pression douloureuse sur le canal bouché. Ça fait un peu moins mal qu'hier. Enfin, je crois.

Je pars ensuite au rayon viandes, où je récupère des cuisses de poulet après avoir montré ma confirmation de réservation au boucher. Il lève les yeux au ciel en me souhaitant une bonne soirée, et ne lâche pas tout de suite la barquette. Puis il me regarde m'éloigner, en s'essuyant les mains sur son tablier.

Une famine ne se déclenche pas d'un coup en alertant tout le monde. Pas d'avertissements du genre : « Famine de catégorie 5 ce lundi, faites des provisions dès maintenant ! » Non, elle survient au fil des semaines, des mois, des années. Les rayons se remplissent moins vite, les prix montent.

Les marchés de plein air ferment, car les fermiers n'ont plus assez de fruits et légumes à vendre pour justifier le déplacement en ville aux petites heures du matin.

Les emballages des produits industriels se réduisent comme peau de chagrin. Les restaurants n'ouvrent plus le midi, seulement le soir. Les assiettes se vident. On ne peut plus se gaver. Les premières crampes d'estomac surviennent.

Au rayon boulangerie, je repère une femme clairement enceinte, son ventre très rond sous sa robe de coton. Comme nos regards se croisent, elle m'adresse un signe de tête. Ses yeux marron et sa peau cuivrée contrastent nettement avec le sol et les murs parfaitement blancs, tout comme sa propre tenue. Elle tente de choisir entre un sachet de bagels et une boîte de donuts. J'ai envie de lui dire de prendre les deux, de profiter de la vie. Mais je sais que les choses ne sont pas si simples.

Certains ne peuvent pas s'offrir les deux. La plupart des gens, à vrai dire. De profil, la silhouette de cette femme me rappelle Simone il y a deux ans. Enflée, souffrante. Ma nièce s'agitait tout le temps dans son ventre, je la voyais bouger sous la peau de ma jumelle. Et le bébé de cette femme, est-il du genre remuant ou endormi ? A-t-elle quelqu'un pour l'aider ?

Un homme arrive dans le rayon. Bien plus grand que moi. Je ne distingue pas bien son visage – la peau pâle, les cheveux châtains. *Il est mignon ?* Ça m'intéressait, autrefois. *Il porte une alliance ?* Mais pour l'instant, je suis condamnée au célibat. Alors pourquoi s'en préoccuper ?

Il s'arrête entre moi et la future maman, et je ne lève les yeux qu'en sentant qu'il me regarde. Ou plutôt mon sac. C'est la nourriture qu'il désire, pas mon corps. Après un coup d'œil vers le panier de la femme enceinte, il revient vers le mien, se lèche les lèvres en voyant le poulet dans son emballage, le sachet de chips vert et noir, le fromage blanc sous mon bras. La bouteille de jus d'orange vivement colorée ne peut qu'attirer son attention, tout comme le poids évident du panier.

– Les femmes, marmonne-t-il avec une grimace fugitive de mépris. Toujours elles qui prennent le meilleur.

Je connais les gens comme lui. Il déteste les femmes, mais si on le mettait face à ses paroles, il nierait les avoir jamais prononcées. Il doit bien avoir une mère, une petite amie… Alors comment peut-il nous haïr ?

Soudain, une voix masculine bourrue s'élève derrière moi.

– Un problème ?

C'est un agent de sécurité dans son uniforme vert, payé par le supermarché pour maintenir le calme dans l'établissement et éviter à son employeur de faire les gros titres. Personne qui fracasse les vitrines pour voler leur contenu, pas d'agression de femmes à la sortie du magasin. En tout cas, c'est l'idée. Son fusil-mitrailleur, sanglé à sa poitrine, pointe vers le bas mais reste prêt à l'usage. Son équipement, armure comprise, doit être incroyablement lourd. Je m'étonne qu'il arrive à se déplacer avec un tel poids sur le dos.

Il nous dévisage tous les deux, et je sens ses yeux parcourir mon corps jusqu'à s'arrêter sur mon panier. Sa faim n'a rien de lubrique : elle est primaire. Son regard s'attarde un moment de trop. Il m'envie. Lui aussi meurt de faim.

L'homme qui n'aimait pas me voir faire les courses s'approche d'un pas.

– Oui, il y a un problème. Voici des semaines que mon fils n'a pas mangé de viande. Il a seize ans mais il en fait douze.

Il postillonne de rage. Il avance d'un pas de plus. D'instinct, je recule, mais je me cogne contre l'agent de sécurité. L'homme secoue la tête, puis décide de lâcher l'affaire et s'éloigne à grands pas.

J'attends qu'il tourne à l'angle avant de relâcher ma respiration. La future maman l'a aussi suivi du regard. Elle examine son sachet de bagels et sa boîte de donuts, puis repose l'un comme l'autre. Je voudrais lui dire qu'il faut qu'elle mange, qu'elle doit se nourrir pour deux. Je voudrais lui recommander d'ignorer les abrutis dans son genre. Mais je ne dis rien du tout.

Je gagne la caisse, en montrant à nouveau ma carte d'identité au moment de payer pour le poulet. L'adolescent qui la tient secoue la tête, en faisant tomber ses longs cheveux gras sur ses yeux. Il marmonne quelque chose que je ne comprends pas, et ça vaut sans doute mieux. Que veut-il donc que je fasse ? Ce n'est pas ma faute si le monde entier meurt de faim, les hommes autant que les femmes. Comme je n'y peux rien, j'aimerais qu'on me laisse faire mes courses en paix, merci bien. Je n'ose pas exprimer ces pensées.

Il fait noir dehors, le trottoir est éclaboussé d'un jaune sinistre par les lampadaires. L'homme du rayon boulangerie est là, adossé au bâtiment. Des volutes de fumée lui entourent la tête – cigarette électronique ou son souffle dans le froid ? Je ne sais pas. Ses yeux croisent les miens. Toujours cette colère qui bouillonne sous la surface. Il se tourne vers moi, prêt à la confrontation alors que je n'ai rien demandé. Je serre mon sac contre moi, avec le poulet à l'intérieur, en luttant contre l'envie de le laisser tomber pour partir en courant.

Heureusement, un autre agent armé fait les cent pas devant l'entrée et m'escorte jusque chez moi où je pourrai m'enfermer.

2069 : Rapport d'impact économique de l'observatoire Jachère, mars 2069 (extraits)

Le marché international du lait humain est évalué à 383 milliards de dollars US, en hausse de 15 % depuis 2068.

Aux seuls États-Unis, le processus de production de lait humain rassemble quelque trois millions d'emplois, depuis les Génisses qui tirent leur lait aux transporteurs laitiers, en passant par les tests de qualité, la pasteurisation et la mise en bouteilles.

Un tiers de ces emplois sont les Génisses, les productrices de lait humain, en progression de seulement 5 % depuis 2068[1]. Les données qualitatives révèlent que la nouvelle génération hésite à s'engager dans l'effort, évoquant les carences et l'impact général sur la santé.

L'impact de l'industrie du lait humain sur le produit intérieur brut n'est pas négligeable. Cette production permet d'alléger l'impact social de l'absence de produits nutritifs sur les étagères des supermarchés[2].

---

1 La première année de collection de données sur cette industrie balbutiante à l'époque était 2040, lorsque 1 099 femmes se sont déclarées aux impôts comme productrices de lait, vendant leur production selon les normes exigées par les compagnies de pasteurisation.

2 L'observatoire Jachère a publié sa première étude sur la déplétion des sols et l'état de l'agriculture en 2035. La dernière étude en date sur le sujet sera disponible dans l'année.

TOUR D'IVOIRE

La soirée est fraîche. Je fais ce trajet chaque semaine, mais je n'avais encore jamais ressenti ce frisson dans mon dos. L'impression d'être en danger. J'espère que l'homme du supermarché ne nous suit pas. En me retournant, je ne le vois pas, mais mon angoisse persiste. J'ai été sur les nerfs toute la journée. Je suis reconnaissante envers cet inconnu à mes côtés qui ne fait que son travail, qui s'assure que ma présence n'entache pas la réputation du supermarché – les gros titres sont mauvais pour les affaires. Son badge indique qu'il s'appelle *Jeremiah*. J'imagine qu'il préférerait livrer des provisions dans un camion blindé : au moins, l'habitacle est chauffé.

Nous arrivons à mon immeuble : six étages avec une vue magnifique sur les environs. Le bâtiment lui-même est assez cossu, bien plus que l'endroit où j'ai grandi. Je venais de finir mes études et j'étais plus que prête à quitter mon foyer, où régnaient la pression et le ressentiment. Puis ma mère est tombée malade. Très malade. Il nous fallait de l'argent. J'ai enchaîné les petits boulots, mais ça ne suffisait pas à couvrir les frais d'hôpital. Ma mère elle-même a eu deux emplois toute sa vie : son travail de jour, normal, voire ennuyeux, et son travail de nuit, plus licencieux.

Comme je ne voulais pas en arriver là, je me suis mise à tirer mon lait.

Le temps que ma mère atterrisse en soins palliatifs, je travaillais pour Rhea, et tout a changé. C'est elle qui m'a recommandé cet appartement. Elle et son mari vivent près de Nashville, mais elle avait un contact auprès du syndic de cet immeuble à Franklin. Pas loin du QG, un court trajet à pied. Quand j'ai hésité – son offre de soutien me semblait trop généreuse –, elle a insisté.

« Il te faut le meilleur environnement possible. » Voilà ce qu'elle m'a dit. C'était un investissement. Tout ce que je fais vise à améliorer la qualité de mon lait, ce qui, en retour, fait grimper mes revenus. De meilleures ventes, une meilleure réputation comme Génisse, des sponsors plus lucratifs. La vie s'améliore quand on peut dépenser davantage, quand on peut se le permettre. Quand on a des options, quand on a le choix.

Ma mère ne m'a jamais remerciée, pas une seule fois. Elle m'a dit que je remplissais ma fonction en produisant du lait pour elle. On ne peut pas payer les factures avec de la gratitude.

– C'est par là, dis-je à l'agent de sécurité en lui indiquant le panneau du complexe Franklin.

Il me répond d'un vague grognement. Le complexe Franklin est un modèle du genre : acier blindé, revêtement en éco-briques renforcées, vitres capables de résister à un ouragan de force 7. Et en plus, tout est « triplement filtré ». L'air, l'eau, et les gens.

Je m'engage dans la rue qui mène à mon immeuble, suivie par l'agent de sécurité. Malheureusement, c'est un espace public. Ouvert. Quand la lumière s'allumera sur mon passage, je sais ce que je verrai.

Des pieds qui dépassent de la ruelle. Des gens roulés en boule sous des cartons et des couvertures, tentant de se réchauffer. Des tags « Mort aux vaches » partout, des graffitis plus ou moins réussis, l'œuvre de ceux qui vivent dans la rue. En s'y engageant, on peut y repérer clairement des feux brûlant dans des bidons vides, entourés de sans-abri qui fixent les flammes. Un campement de bric et de broc tassé sous des affiches qui exhortent les passants à voter pour l'égalité femmes-hommes.

Ici, les réfugiés viennent surtout de Haïti, un pays si inondé qu'il a presque sombré dans la mer des Caraïbes. Ce ne sont pas les seuls à avoir perdu leur maison : les archipels d'Asie sont submergés, le Moyen-Orient est toujours plus sec. Toujours plus d'émeutes, de révoltes.

La seule région du monde à tenir le coup est la Scandinavie, la plus susceptible de surmonter cette famine globale la première. Ce qui la rend dangereuse.

Pendant des générations, on nous a appris qu'il fallait se méfier de la Russie ou de la Chine, mais maintenant, la propagande a changé. Sur la chaîne America First News, on discourt en continu contre les Suédois, les Finlandais, les Norvégiens qui pourraient nous écraser, prendre notre place à la tête de la planète, nous imposer leurs exigences. En voyant ces vidéos sur les réseaux, je me contente de lever les yeux au ciel et de passer à la suivante.

– Une minute, m'arrête l'agent de sécurité.

Il passe devant moi pour s'assurer que personne ne se prépare à se jeter sur nous. Ça m'étonnerait que les habitants de ces ruelles cherchent les ennuis. Ils sont trop affamés, trop épuisés pour tenter quoi que ce soit. Ce ne sont pas eux qui m'inquiètent, qui m'empêchent de dormir, mais ceux qui font des stocks de munitions et d'arguments, les misogynes et les autres.

– C'est bon, déclare-t-il.

Je lui réponds d'un sourire crispé et jette encore un coup d'œil par-dessus mon épaule. Celui qui me fait le plus peur reste l'homme du supermarché.

Au début de la famine, il y a eu des guerres, des crises de réfugiés. Le mur énorme dont la construction avait été débattue pendant des décennies n'a rien fait pour les empêcher de venir – en bateau, en radeau, dans des conteneurs. Je me rappelle ces images, quand j'étais petite, des photos dans nos livres de classe, des vidéos sur l'écran de l'école.

Il fallait bien s'en prendre à quelqu'un. Un bouc émissaire que l'on pourrait aller anéantir avec nos grands méchants soldats. Mais les frictions aux frontières et les lois anti-immigrations radicales ont fini par être oubliées quand la famine est devenue globale. L'« ennemi » n'était plus seulement les migrants, mais les gens avec qui nous avions grandi, le couple qui venait d'emménager au bout de la rue – tout le monde.

L'armée a fini par se disloquer. Quelques soldats continuaient à obéir, mais la plupart avaient trop faim. Il faut manger pour faire la guerre. Sans nourriture, même le meilleur des entraînements devient sans effet. Il ne reste plus qu'un maître à bord : l'estomac. Et ses ordres étaient de rentrer à la maison pour y trouver à manger.

D'après le peu qu'il m'a dit, j'imagine que l'agent de sécurité qui m'escorte était autrefois dans l'armée.

Sa formation et le jargon du métier appartiennent désormais au secteur privé. Il faut bien vivre. Je suis comme lui, à quelques détails près. Du jour au lendemain, je pourrais tout perdre, me retrouver dans mon quartier d'avant, ou dans un appartement minuscule où ni l'air ni l'eau ne sont filtrés… un retour au début du siècle.

Mon seul vrai atout, c'est mon lait.

C'était aussi l'avis de ma mère. Un vrai stéréotype avant l'heure, parfaitement conforme à l'horrible exemple agité par les politiciens pour faire passer leurs lois quand les femmes se sont mises à vendre leur lait. Celles qui avaient le plus besoin d'argent étaient encouragées à vendre toujours davantage – et bien sûr, plus on a d'enfants, plus il faut d'argent. Or, tomber enceinte est la façon la plus « facile » de produire du lait.

Après l'accouchement, les femmes tiraient leur lait pour pouvoir acheter des couches. Des hommes politiques les accusaient pompeusement d'affamer leurs enfants pour s'offrir des « produits de luxe » –, et que ces produits soient de la nourriture, de l'eau filtrée ou de quoi payer leur loyer, tout le monde s'en moquait.

Ma mère espérait gagner gros avec cet or liquide qu'est le colostrum. Quand elle était enceinte de moi et de ma sœur jumelle, une loi est passée : interdiction pour les femmes avec enfants de vendre leur lait – la loi de 2045 sur la vente de lait humain pour la prévention de la mise en danger des enfants, plus connue sous le nom « loi contre le lait maternel ». Qu'importe l'âge de l'enfant, le lait produit par sa mère devait lui revenir. C'est pour cela que les productrices ont adopté le nom « Génisses ». Pas de progéniture.

Ma mère nous a nourries avec ressentiment, incapable de vendre une goutte de son lait. L'un de mes plus anciens souvenirs, c'est elle qui nous affirme, à Simone et moi, que nous sommes nées pour produire du lait pour elle.

– Classe, note le garde avec un sifflement d'admiration qui me ramène abruptement au présent.

Son regard s'attarde sur le lobby en marbre de la tour Franklin, que l'on aperçoit derrière la porte à tambour, puis revient vers moi.

Je le remercie en faisant passer mes sacs de courses sur un bras pour pouvoir extraire un billet de mon sac. Dans son deuxième métier, ma mère vivait de ses pourboires. Elle m'a enseigné que si j'ai assez d'argent pour me payer à manger, j'en ai assez pour donner un pourboire à l'agent qui m'escorte.

Il accepte le billet avec un sourire étrange.

– Bonne nuit, dit-il au lieu d'un merci.

On dirait une menace. Je crois qu'il s'est senti émasculé par mon pourboire, même imperceptiblement.

Tout en pianotant sur le digicode, je me dis que Rhea se trompe. Ou alors, elle n'a pas entièrement raison. Je n'ai pas du tout l'impression d'être une déesse, quel que soit le panthéon. Ce travail épuisant chaque jour, cette préparation méticuleuse de chacun de mes repas pour assurer une valeur calorique maximale à mon lait, ces gardes armés rien que pour pouvoir m'acheter à manger… Pour ce qui est de la puissance féminine, on repassera.

Quel genre de déesse aurait de tels problèmes ?

Archive – TextPosts – fil daté de 2069

SarahTY411 : Je suis allée demander une augmentation à mon patron aujourd'hui. Après une année à crever le plafond des ventes et former tous les nouveaux employés, je ne manquais pas d'arguments.

Il m'a répondu qu'il n'y avait pas assez de place dans le budget pour une augmentation en milieu d'année. Puis il a ajouté en désignant ma poitrine que si je manquais d'argent, je pouvais toujours « arrondir mes fins de mois ».

SarahTY411 : Je rêve, là ! J'ai peut-être une paire de seins en état de marche, mais ça ne m'oblige pas à m'en servir pour produire du lait ! Je mérite d'être payée à la hauteur de mon travail dans cette entreprise. Partagez si vous êtes d'accord !

TaylorHeartTay : Quelle horreur ! Ce gros pervers ! Tu devrais démissionner !

Homie420 : @SarahTY411 Bah... Si t'en as, faut t'en servir.

RBMc99 : @SarahTY411 J'ai vraiment l'impression que si les pénuries continuent, le gouvernement nous forcera bientôt toutes à produire du lait pour le « bien de la nation ». On s'en rapproche depuis des années. J'en parle dans le dernier épisode de mon podcast, le lien est dans ma bio.

Annabelle_MLM : @SarahTY411 Je suis PARFAITEMENT d'accord, il faut que tu sois payée à hauteur de ton travail ! Mais s'ils ne veulent pas aider une boss comme toi, moi, je peux ! On anime une session d'information ce soir pour celles qui songent à vendre leur lait.

SŒUR

– Mimi !

Callie s'approche d'un pas vacillant. Un jour, elle m'appellera « Tatie Mina », mais pour le moment, elle n'a pas un grand choix de syllabes. Mes inquiétudes de travail s'envolent lorsque je la prends dans mes bras. Cette petite fille, c'est mon rayon de soleil, ma joie, mon espoir.

Environ un mois après l'enterrement de notre mère, Simone s'est matérialisée à ma porte, le ventre rond et l'œil au beurre noir. Ayant perdu une personne à charge, j'en récupérais deux. Bien sûr que j'ai ouvert ma porte à ma jumelle, bien sûr que son bébé pourrait vivre avec nous, bien sûr que je les aiderais. Bien sûr.

Callie me désigne son dessin du jour avec un sourire radieux, et tout le ressentiment que je nourris encore pour sa mère, ma sœur, s'évanouit, alors que seulement quelques secondes plus tôt, j'en voulais à Simone de m'avoir demandé à la dernière minute de sortir en courant dans l'air glacé de cette fin d'automne pour aller récupérer Callie à la garderie avant que le retard commence à chiffrer. Simone se moque qu'il ne reste qu'une semaine avant le vote et que mes journées soient pleines à craquer. Mais en voyant ces joues roses, j'oublie ma colère. Bien sûr que je ferais n'importe quoi pour cette gamine.

Ses longs cheveux noirs qui barrent son front d'une frange bien nette au-dessus des sourcils s'agitent lorsqu'elle me tend son dessin, un amas de colle à paillettes que je ne peux que qualifier d'art abstrait.

– J'adore ! dis-je en le serrant contre ma poitrine tout en priant pour qu'il ne tache pas mon chemisier.

Quand ma mère est morte il y a deux ans, je me suis noyée dans un chaos d'émotions. Le soulagement qu'elle ne souffre plus – et que je puisse mettre de côté tout l'argent que j'avais jusque-là consacré à ses soins. La déception à l'idée que notre relation n'ait jamais été idyllique, qu'elle ne le serait plus jamais. Ce n'était pas le genre de notre famille. Il fallait se concentrer sur les chiffres. Les centilitres de lait. Les dollars à la banque. Vivre avec Simone et Callie me donne l'impression d'avoir une seconde chance. Les derniers fragments de notre foyer qui s'accrochent encore l'un à l'autre, si fragiles.

Callie et moi rentrons, main dans la main, de la garderie, un court trajet à pied qui dure tout de même un certain temps avec ses petites jambes. Ce ralentissement forcé me laisse le temps de me débarrasser de ma personnalité de travail. Sa main dans la mienne me rappelle de lui consacrer mon attention, mon amour, tout ce que j'ai à lui donner.

Une fois dans l'appartement, ma nièce va droit vers son coffre à jouets. Quand j'ai emménagé, j'ai demandé que tout soit fait comme dans le catalogue – littéralement : après avoir visité l'appartement type au rez-de-chaussée, j'ai demandé combien cela coûterait pour que le mien soit meublé à l'identique et peint des mêmes couleurs.

Vers la fin, la maison de ma mère s'est quasiment vidée. Nous avions vendu les lits et les canapés pour financer son traitement, la table et les chaises de la salle à manger. Elle n'avait pas d'appétit après ses injections, et dîner au-dessus de l'évier ne me dérangeait pas. Cet emménagement, pour moi, représentait un nouveau départ. De nouveaux meubles. Un nouveau quartier. Une nouvelle Mina, enfin – celle que j'avais toujours voulu devenir. Et maintenant, à la décoration s'ajoutent les jouets, les livres, et tout ce qui accompagne la présence d'un enfant en bas âge.

Callie et moi nous installons dans notre coin lecture, un angle du salon où se trouve un panier de livres, de couvertures et de jouets. Plongée dans l'histoire, j'oublie mon inquiétude sur ma prochaine session de tireuse. Nous inventons une chanson rigolote qui m'évite de songer à la douleur dans mon sein gauche, ce canal qui ne veut pas se déboucher.

Nous nous perdons dans nos jeux et nos fous rires jusqu'à ce que la porte bipe : quelqu'un vient de taper le code. Ce doit être Simone. L'insouciance se dissipe à l'arrivée de ma sœur. J'essaie de rester calme, car Callie sent bien que la tension monte entre sa mère et moi, je m'en rends compte. Mais j'ai du mal à faire semblant de rien.

Simone travaille comme réceptionniste pour l'église de l'Arche, et elle a tout gobé. Oui, les gens traitent MLM de secte ou de système pyramidal, tout ça parce que nous avons l'audace de nous désigner comme « sœurs », parce que nous sommes des femmes puissantes qui tentent de travailler pour elles-mêmes, au lieu de se casser le dos pour d'autres. Mais que l'on qualifie MLM de secte m'offense encore plus ces jours-ci, car c'est une vraie secte qui a englouti ma sœur.

– Maman ! crie Callie en sautant sur ses pieds pour courir vers elle.

Simone fait largement son âge. Mère célibataire, elle est encore jeune et belle, mais moins lumineuse qu'avant, éteinte par le poids des responsabilités adultes. Après la naissance de Callie, elle a dû trouver un travail en urgence. L'église n'est pas loin de mon appartement et Simone disait que c'était l'occasion parfaite de gagner de l'argent tout en rencontrant des « gens bien ». Faire en sorte que Callie grandisse avec un peu de religion – quelque chose que Simone pourrait lui enseigner en plus de l'alphabet et de dire merci.

– Salut, dis-je depuis mon coin de la pièce.

Simone ne me répond pas. Nous ne sommes pas de vraies jumelles, et d'habitude, je remarque surtout nos différences. Elle est une beauté irlandaise aux cheveux d'un noir d'encre, à la peau bronzée après des heures d'efforts. Moi, je suis le stéréotype pâle et couvert de taches de rousseur. De nous deux, c'est elle qui ressemble le plus à notre mère, un souvenir vivant de la femme qui nous a élevées.

Ma sœur se concentre pleinement sur sa fille, en ignorant obstinément ma présence. J'ai l'impression qu'elle me fait la tête comme à l'école primaire. Je les laisse jouer ensemble et pars dans ma chambre. Nous savons comment nous éviter. Je plisse les lèvres pour ne pas m'énerver, pour ne pas dire quelque chose que je pourrais regretter.

Quelques mois plus tôt, Simone m'a annoncé qu'elle avait un rendez-vous. Avec son patron. Ancien chanteur de rock chrétien, désormais pasteur, couvert de tatouages du Christ et de versets de la Bible – Amos 8, 11, le verset qu'on rabâche à l'infini dans leur église, celui dans lequel Dieu plonge le monde dans la famine.

Pasteur Tom. Ça me fait vomir qu'elle l'appelle encore comme ça alors qu'ils sortent ensemble. Enfin, ils se « courtisent », comme on dit chez eux. Plus évangéliste que jamais, ma sœur m'a demandé de venir avec elle à l'église. Je l'ai fait quelquefois, mais ce n'est vraiment pas pour moi. Ces gens-là affirment que Dieu nous a intentionnellement infligé cette famine pour que nous puissions nous repentir en mourant de faim. Mon métier – le fait de produire du lait – est selon eux la pire des fautes.

Ce qui n'empêche pas Simone de jouir de mes profits de pécheresse. Les textos me reviennent – les insultes, les menaces. Celui qui les envoie me voit-il également comme fautive, condamnée aux flammes de l'enfer pour avoir tenté de nourrir les gens ?

Une fois dans ma chambre, mon rituel du soir commence : répondre à mes e-mails de travail en tirant du lait.

Une demi-décennie que je porte un soutien-gorge utilitaire, trop lâche, avec coussinets d'allaitement jetables. Mon planning est très strict afin de garder la même production que la mère d'un nouveau-né, ce qui veut dire lever à 1 heure et 5 h 30 du matin pour allumer ma tireuse. Tous les jours depuis cinq ans.

Après m'être installée, j'entame le processus, en commençant par enlever mon confortable soutien-gorge d'allaitement pour le remplacer par l'étroite brassière de tireuse, avec ses bretelles supplémentaires. Mes seins gonflés coulent déjà, alors je me dépêche. Ces gestes sont devenus des automatismes : connecter tubes et embouts, m'assurer que la bouteille et sa membrane sont en place. Puis je place mon énorme bouteille d'eau, remplie à ras bord, sur la table basse.

J'ai beau être prête à commencer, j'hésite.

Mon sein gauche est rouge, brûlant. Le canal doit être bouché depuis le téton jusqu'aux côtes. J'appuie dessus dans l'espoir de le dégager ; la douleur ne s'apaise qu'un instant sous la pression qui me blanchit la peau, puis revient dans une pulsation féroce lorsque je le relâche. Je grimace. Ça empirera avant que vienne le soulagement.

J'allume la tireuse et je me laisse aller contre le dossier du fauteuil.

Le bruit rythmique commence, et je sens un tiraillement familier au bout de mes seins : le lait coule. Je n'ai plus qu'à fermer les yeux et laisser la machine faire son travail. Mais aujourd'hui, impossible d'arrêter de réfléchir. La pompe me semble murmurer : *É-chec é-chec é-chec*, à mesure qu'elle aspire.

Il faut que je me détende. Cette tension avec Simone trouble mes pensées, et ma production. Car ce ne sont pas des centilitres ni des décalitres que je génère, mais plusieurs litres de lait… enfin, d'habitude. Le stress sécrète du cortisol, le cortisol bloque la prolactine. Je le sais. Je ne dois pas penser à Simone. Plutôt à l'énorme steak juteux que je m'offrirai quand Rhea me nommera P.-D.G. à sa suite.

Je me rabats sur mon mantra : *Ma puissance est dans mon lait.*

Mon regard dérive jusqu'à la photo de Maman et Simone sur la table de nuit. À côté, un cliché de ma grand-mère. Les Irlandais ont la famine dans le sang, dans les os. Dans mon ADN, en héritage. Peut-être est-ce pour cela que je me suis si bien adaptée à cette nouvelle réalité ? À l'époque, au moins ma famille pouvait-elle fuir quelque part. Maintenant, nous sommes tous coincés sur cette planète : pas assez à manger, pas assez de ressources ni de capacités humaines pour s'installer sur une autre.

Nous attendons. Que la Terre guérisse, qu'une nouvelle ère glaciaire fasse baisser le niveau des océans. Que l'atmosphère se rafraîchisse, que la pollution se dissipe.

Nous ne pouvons qu'attendre.

Ma puissance est dans mon lait.

Ma puissance est dans mon lait.

Check-up mensuel hiérarchie MLM : région du Midwest

Transcription d'appel

ANNABELLE : Merci à toutes de m'avoir rejointe pour ces quelques nouvelles. J'ai hâte de vous rencontrer le mois prochain à la convention ! Vous pouvez maintenant me poser vos questions.

RACHEL : Tu as dit qu'on gagnerait davantage pour une nouvelle recrue maintenant, c'est ça ?

ANNABELLE : En effet. Je crois que tu as rejoint la réunion un peu tardivement, alors je répète pour toutes celles qui ont manqué l'info : chaque fois que vous parrainerez une nouvelle recrue qui fera l'achat de notre kit de démarrage à cinq cents dollars, vous recevrez désormais un pourcentage de 15 % au lieu de 10 %. Par contre, vous ne recevrez plus rien sur ses ventes de lait. Donc les bonus de recrutement grimpent, mais les revenus réguliers s'arrêtent.

RACHEL : Mais ça représente la moitié de ce que je gagne !

ANNABELLE : Je sais, je sais. J'ai fait de mon mieux pour m'opposer à cette décision. Nous essayons d'anticiper sur de nouvelles régulations qui tomberont l'an prochain. Notre équipe fera en sorte que celles qui perdront le plus de profit soient en tête de liste pour de nouveaux contrats avec nos sponsors, pour compenser.

MELODY : Une de mes recrues veut annuler son billet pour la convention. Elle a peur de se retrouver en danger. Les manifs l'an dernier étaient flippantes, et les gens commencent déjà à se déchaîner en ligne. Elle pourra se faire rembourser ?

ANNABELLE : Je la comprends. Mais on a mis le paquet sur la sécurité pour la convention. Si je n'étais pas certaine de ne courir aucun danger, je n'y enverrais pas mon équipe, et je ne m'y rendrais pas moi-même. Mais non, malheureusement, nous ne pouvons pas lui proposer de remboursement.

TARA : J'ai une question. Une de mes dernières recrues dit qu'elle se sent coupable de produire du lait, de le vendre, alors que les mamans n'y sont pas autorisées.

ANNABELLE : Tu lui as dit que nous militions pour l'annulation de la loi contre le lait maternel ?

TARA : Oui, mais tirer profit d'un système injuste lui fait honte.

ANNABELLE : Écoute, nous sommes d'accord sur l'injustice du système, mais c'est l'argent qui change les choses. Avec ce qu'elle gagne, elle pourra faire des dons qui contribueront à la fin de cette famine, voire partager ses profits directement avec des familles dans le besoin si elle le souhaite. L'argent offre des choix. Quand on ne gagne rien, on n'a rien. Voilà, c'est fini pour ce soir, on se voit toutes à LactCon70 !

TÊTUE

Simone et moi parvenons à éviter de nous croiser jusqu'au dîner. Assises dans la cuisine ouverte, au bout du salon, nous mangeons en silence – Callie dans sa chaise haute, Simone et moi, chacune à une extrémité du bar. Puis Callie me demande de lui chanter une chanson. Je me plie à son souhait bien que le cœur n'y soit pas.

Savez-vous planter des choux, à la mode, à la mode

Savez-vous planter des choux, à la mode de chez nous…

Une chanson que ma mère nous chantait, à Simone et moi, quand nous refusions de manger des légumes étant petites. Elle a tout essayé : les comptines, les personnages… Puis elle a fini par laisser tomber les légumes. J'espère que Simone se laissera convaincre de chanter avec moi, qu'elle se joindra à moi, qu'elle oubliera qu'elle me déteste par principe ces derniers temps. Mais elle fixe ses cuisses de poulet d'un regard noir, comme si elle leur reprochait la situation.

Elle n'a pas l'air contente de son repas. Il faut reconnaître que Callie et moi avons une assiette pleine, alors que Simone a environ un quart de moins que moi. Il faut à sa petite fille tout le poulet et les poivrons possibles pour bien grandir ; quant à moi, j'ai besoin de calories – poulet, avocat, barres de céréales – pour continuer à produire du lait. Simone triture sa viande du bout de la fourchette, comme si elle ne voulait pas s'abaisser à la manger. A-t-elle oublié que d'autres qu'elle se jetteraient dessus, se battraient, tueraient peut-être ? J'ai l'impression d'élever deux gamines au lieu d'une !

J'arrête de chanter et j'attends qu'elle lève les yeux vers moi, en la mettant au défi de faire un commentaire. Qu'aurait-il à dire, son très saint Roméo, sur ce repas que je leur offre ?

Perturbée par l'interruption soudaine, Callie abat sa cuillère en plastique sur le comptoir. Simone la gronde sèchement et la petite fille fond en larmes, écarlate.

Bravo ! Je voudrais faire des reproches à ma sœur, mais je me tais et je la laisse réconforter son enfant tandis que je termine mon repas, puis la vaisselle. Nous mangerons les restes de Callie au petit déjeuner. On ne gâche rien.

Pendant que Simone donne son bain à Callie avant de la coucher, je me glisse dans le salon pour regarder une interview que j'ai entamée plus tôt. Rhea était sur le plateau du *Jane Lisk Show* la semaine dernière, solaire, comme toujours. Le tailleur bordeaux, l'épais rouge à lèvres et les sourcils bien épilés de Jane Lisk font d'ordinaire très professionnel, mais à côté des pastels de Rhea et de sa beauté naturelle, la journaliste semble criarde, exagérée. Dépassée.

Quand je me suis lancée dans la production de lait humain, j'étais épuisée et je me ruinais en suppléments nutritifs qui n'étaient que des remèdes de charlatan. Heureusement, j'ai trouvé la chaîne de Rhea. Son ton ne laissait planer aucun doute : elle savait de quoi elle parlait et j'avais intérêt à l'écouter.

J'ai été l'une des premières recrues de MLM, et peu à peu, j'ai gagné en responsabilités. Jusqu'à décrocher un travail à temps plein en plus de mes revenus liés au lait. Rhea m'a donné ma chance, et depuis, je fais tout pour la rendre fière.

Je rallume la télé pile au moment où Jane Lisk pose une question à Rhea.

– Les gens ont besoin de ce lait pour survivre. Et pourtant, le prix du lait et des produits laitiers, y compris pour bébé, ont grimpé de 15 % ces derniers mois. Beaucoup voient la cause de cette hausse de prix dans les contrats lucratifs passés avec des compagnies de beauté qui utilisent ce lait pour leurs soins et crèmes antirides. Est-ce de l'inflation artificielle sur un produit de première nécessité ?

Jane se laisse aller dans son fauteuil, comme prête à recevoir n'importe quelle réponse, comme si elle ne tendait pas à Rhea un piège soigneusement construit, en bonne journaliste. Celle-ci répond sans se laisser démonter tandis que la caméra zoome sur son visage.

– Les productrices indépendantes que nous soutenons chez My Lactation Membership passent des heures chaque jour à tirer leur lait en plus du temps consacré à s'assurer de la qualité de leur repas et à stériliser leur appareil. C'est un vrai travail à temps plein, en plus de leur emploi et de leurs responsabilités familiales. La hausse des prix du lait ne fait que refléter le coût véritable de cette production.

Jane Lisk hoche la tête, les sourcils froncés, toujours assurée devant la caméra.

– Voilà qui m'amène à un autre sujet, Rhea, dit-elle comme si elles se contentaient de discuter tranquillement devant une bonne centaine de leurs amies intimes, à savoir le public de l'émission. Beaucoup de vos détracteurs reprochent à ce travail son côté inhumain. La plupart des productrices sont des femmes dans le besoin, et ce qu'elles gagnent à l'heure – selon votre propre estimation du temps qu'elles y passent – est bien en dessous du Smic.

– Il faudrait savoir, Jane ! Elles gagnent trop ou pas assez ? répond Rhea d'un ton joueur, en penchant la tête sur le côté comme pour imiter la journaliste, la tourner en dérision.

À l'évidence, Jane ne s'attendait pas à une réponse si abrupte et cligne des yeux. Je souris en réprimant l'envie d'applaudir Rhea en criant bravo. Je n'arrive pas à croire qu'elle quitte vraiment la compagnie. Comment allons-nous nous en sortir sans elle ?

– Alors, tu regardes ta maman à la télé ?

Les mots de Simone me font mal. Elle s'est glissée derrière moi sans que je l'entende. Je me tourne vers elle en me demandant si cela vaut la peine de se disputer. Toujours dans la cuisine, rangeant les jouets de Callie abandonnés sur le comptoir, repoussant ses peluches vers le mur, elle me foudroie du regard. Non, aujourd'hui, je n'ai pas envie d'éviter la confrontation.

Imitant Rhea, je croise les jambes, je pose les mains sur mes genoux, et je penche la tête de côté.

– Mais oui, ma chère sœur, je t'en prie, parle-moi donc de *mes* problèmes avec ma mère.

Nous sommes jumelles : pas besoin de faire semblant d'ignorer la vraie raison de nos disputes. On ne s'écharpe pas pour de vils prétextes comme la vaisselle abandonnée sur l'égouttoir. Nous allons droit au but, sans retenir nos coups. Ce n'est jamais une simple dispute. C'est toujours la guerre.

– T'es sérieuse, là ? réplique Simone en levant les yeux au ciel. Tu fais comme Maman, tu vends ton corps !

L'adrénaline monte.

– Maman n'avait pas le choix !

Elle travaillait dans un club très privé, où des hommes payaient très cher pour sucer du lait à même le sein. La loi avait changé, et elle n'avait plus le droit de vendre son excès de production aux fermes.

– Tu t'imagines que c'était facile pour elle, Simone ? Nous élever toutes les deux, gérer ces mecs horribles, tout ça pour nous nourrir ?

Je n'ai pas honte de ce qu'a fait notre mère pour remplir nos assiettes. C'étaient des choix difficiles, et parce qu'elle a survécu ainsi, ma sœur a essayé de couper les ponts avec elle.

– Évidemment que tu la défends, *Rumina*, ricane Simone. Tu es exactement comme elle.

Je sens mes yeux s'étrécir, comme si j'essayais de la transpercer du regard. M'appeler comme ça est un coup bas : elle veut vraiment me blesser. En temps normal, je serais bien la dernière à défendre notre mère. Elle était loin d'être parfaite et donnait souvent la priorité à ses hommes plutôt qu'à ses filles. Mais tout de même, elle nous a mises au monde, elle nous a élevées, elle nous a protégées. Comment Simone et moi, qui partageons tant d'ADN, sans parler d'une grande partie de nos vies, pouvons-nous voir les choses si différemment ? Et puis, je vends mon lait de façon légale grâce à une compagnie multimillionnaire au comité exécutif de laquelle je siège, ce n'est quand même pas *exactement* la même chose !

– Tu veux jouer à qui ressemble le plus à Maman ? dis-je en désignant la chambre de Callie d'un grand geste. Parce qu'à mes yeux, c'est clairement toi !

Simone grimace : je l'ai atteinte en plein cœur. Je n'aurais pas pu trouver pire insulte que la comparer à notre mère.

– Et pendant qu'on y est, si on parlait de tes propres problèmes freudiens ? Côté paternel, cette fois ?

– Qu'est-ce que tu veux dire, là ? gronde-t-elle.

Je la vois se retenir, se forcer à rester de l'autre côté du comptoir, garder une distance entre nous.

– Le pasteur Tom et le père de Callie sont exactement le même homme, sauf pour ce qui est de la tenue ! Et tous les deux sont exactement comme Papa !

Le père de Callie était responsable du coquard qu'arborait Simone quand elle est apparue enceinte sur le pas de ma porte. Alors qu'ils étaient fous d'amour la veille encore, inséparables, la voilà qui se retrouvait avec des bleus à la clavicule. Une nauséabonde répétition du cercle vicieux dans lequel était piégée notre mère. Notre père a disparu après avoir vidé le compte en banque – bon débarras, mais les hommes qu'elle s'est choisis ensuite n'étaient pas mieux.

– Le pasteur Tom n'est pas comme ça ! tempête Simone d'une voix qui grimpe d'une octave.

– Mais non, bien sûr…

Elle jette un coup d'œil vers la chambre de Callie après cet éclat. C'est vrai que Tom ne la bat pas – enfin, pas encore – mais je vois bien qu'il cherche à nous séparer, à l'entraîner loin de ceux qu'il ne peut pas contrôler. C'est toujours la première étape pour endoctriner les gens. Elle dépend déjà de lui pour ses revenus, puisqu'elle travaille pour lui. L'exemple parfait d'une situation qui ne pourra que devenir abusive.

Elle cède enfin et se rapproche de moi à grands pas.

– Tu es jalouse, c'est tout ! Au moins, j'ai quelqu'un qui s'inquiète pour moi, crie-t-elle en s'enfonçant l'index dans la poitrine. Quelqu'un qui tient à mon âme, pas juste à mon corps ! Quelqu'un qui m'aime !

J'éclate de rire – c'est cruel, mais comment fait-elle pour ne pas se rendre compte qu'il fait assaut de générosité pour mieux la contrôler ?

– C'est ça, il t'adore. Et il me déteste, moi qui suis ta seule famille. La seule à te soutenir et à soutenir ta fille.

– Ça y est, elle est repartie, toujours la même chanson, souffle Simone, comme résignée.

– Je t'ai déjà demandé de payer pour quoi que ce soit ici ? C'est moi qui gère tout, et je le fais parce que je vous aime, toutes les deux.

Le véritable amour n'est pas toujours romantique : pourquoi est-elle incapable de s'en rendre compte ? Simone change d'angle d'attaque.

– Et l'exemple que tu donnes à Callie, tu y penses ? Tu veux qu'elle devienne une Génisse comme toi en grandissant ?

– Ça te plairait, tiens ! je hurle en bondissant de mon siège.

Mais c'est vrai que je ne veux pas que Callie devienne une Génisse. Je veux qu'elle ait d'autres options. Qu'elle aille dans une des quelques vraies universités qu'il nous reste, qu'elle choisisse sa carrière. Pour ça, il faut de l'argent. Beaucoup d'argent.

– Tu vois ! crie Simone en me pointant du doigt, accusatrice. Tu veux l'entraîner sur la mauvaise pente ! Je le savais !

Je l'arrête d'une main levée. J'en ai assez entendu.

– Si mon toit et mon frigo sont trop imprégnés de péché pour toi, tu sais où est la sortie !

Et je désigne la porte pour appuyer mes paroles.

Simone s'en décroche la mâchoire. Nous sommes toutes les deux essoufflées. Le sang me bat aux oreilles. Je viens de lui dire de partir, là ? Ce n'est pas du tout ce que je veux. Mais maintenant, les mots sont sortis. Comme du lait qui fuit d'une poche : impossible de revenir en arrière, de le remettre à l'intérieur.

– Maman ? appelle Callie depuis le couloir.

Nous restons un moment à nous fixer, Simone et moi. Je baisse les yeux la première. A-t-elle conscience que je n'étais pas sincère ? Que je regrette de m'être emportée à ce point ?

Elle se penche vers moi, du venin dans l'œil.

– Je ferai tout pour ma fille. Je ne la laisserai jamais devenir comme Maman. Ou comme toi.

Puis elle part à grands pas dans le couloir. Je retombe sur le canapé, épuisée, vidée, les larmes aux yeux. Mon portable vibre dans ma poche.

> Un veau qu'on sacrifie saigne sur l'autel. La pierre sera-t-elle couverte de sang ou de lait quand on sacrifiera la Génisse ?

Un frisson me glace le sang. Celui qui m'a envoyé ce message me hait. Et pour la première fois, je songe au pasteur Tom, à ses discours virulents contre le lait humain. La tournure de cette phrase y ressemble. Et si c'était lui ? Ou un quelconque membre de son église ?

Mon sang se glace dans mes veines. Ce n'est quand même pas Simone ?

Archives – *Nashville Soir* – 27 octobre 2070

Ce soir, les corps de Jake Nola et Whitney Clark ont été découverts dans leur foyer de Franklin, Tennessee. Assez inhabituellement, les deux victimes ont été trouvées chez elles, sans signe de lutte ni d'effraction. L'enquête de la police a révélé que le réfrigérateur et le garde-manger étaient pleins, et que plusieurs objets de valeur étaient clairement visibles, ce qui écarte l'hypothèse d'un cambriolage. Le rapport du légiste en révélera davantage, mais il s'agirait d'un double empoisonnement.

La police n'a pas encore de suspect mais explore tous les motifs possibles pour le crime.

THÉ AU LAIT

Je presse Callie en sortant, car nous sommes en retard pour la garderie. Cinq ans que je ne bois pas de vin, de bière, de chocolat, de café, de thé. Comme c'est ironique : ce qui me permet de m'offrir ce luxe m'interdit aussi de le savourer. La nuit dernière, après m'être disputée avec Simone, j'avais envie de me faire plaisir comme jamais.

J'ai failli céder à la tentation. Mais j'ai besoin de ce travail pour vivre. Je ne vais pas compromettre ma production de lait pour une envie de sucre, à quelque point soit-elle forte. Rien n'est meilleur que savoir que Callie a de quoi se nourrir et s'habiller. Le fait d'assurer son avenir suffit à me motiver pour ne pas faire d'écarts.

Une fois Callie confiée à la garderie, je peux ralentir. Ma première réunion n'est qu'en fin de matinée. Le long de la rue, les vitrines des magasins sont couvertes de posters pour des concerts locaux, de petites annonces de la part de gens qui cherchent une nourrice, et de nos propres flyers pour LactCon. Sur le flanc de mon immeuble s'étale une vache façon pop art que les équipes de service du complexe Franklin ont essayé en vain d'effacer.

Les vaches ont contribué au problème. Puis elles ont commencé à disparaître. Enfin, pas disparaître, mourir.

Trop chaud en été, trop froid en hiver, pas assez à manger quelle que soit la saison. Elles ne vivaient pas assez longtemps pour assurer la génération suivante. Les rivières s'asséchaient ou débordaient – dans les deux cas, leurs zones d'implantation n'étaient plus propres à l'élevage, une pratique qui devenait trop chère, beaucoup trop chère pour les fermiers. La chaleur qui décime les vaches n'est pas plus tendre envers les poulets, les porcs, les dindes, ou les humains, d'ailleurs. Et les chèvres, les moutons, les bisons… tout ce qui produit du lait.

Partout sur la planète, les troupeaux se réduisaient. Buffles, yaks, chevaux, rennes, chameaux, élans, ânes… Eux aussi disparaissaient.

Le soleil grimpe au-dessus des arbres et des toits, dissipant un peu la fraîcheur de la matinée en promettant une douce journée de fin d'automne. Mon sein bouché est encore douloureux ce matin. Je fais passer mon sac sur mon épaule en le serrant contre moi comme pour me réchauffer. Mais en vérité, je me comprime la poitrine. Chaque seconde compte.

Franklin était autrefois une pittoresque petite ville au sud de Nashville. Elle s'est maintenant changée en énorme banlieue. Le centre garde son charme, mais les réfugiés des côtes s'installent toujours plus loin à l'intérieur des terres. La plupart de mes voisins sont les descendants de familles de Floride ou de Louisiane qui ont fui le littoral battu par les vents. La plupart ont renoncé à rentrer chez eux après les ouragans dévastateurs de 2043.

Les moissons étaient déjà plus difficiles à l'époque. Avec moins de terres arables et des sols complètement épuisés et maltraités, il devenait très dur (c'est-à-dire très cher) de produire noix et graines. Les eaux montaient, noyant les palmiers et leurs fruits gorgés de lait. Les prairies brûlaient.

Malheureusement, nos récoltes aussi avaient inhalé des particules toxiques, si bien que les alternatives végétariennes n'allaient pas de soi. Impossible de justifier que toutes ces noix et graines soient transformées en lait végétal. Nous en avions besoin pour en faire des steaks qui nous feraient croire que nous mangions toujours de la viande.

Je longe les bâtiments réhabilités et remis aux normes qui bordent la grand-place, et le quartier général de MLM m'apparaît. Un bâtiment entièrement écologique, qui tourne à l'énergie solaire. Les deux étages nous appartiennent. Je lève le menton : je suis fière de ce que nous accomplissons ici. Heureusement que nous avons ce job, que Rhea nous a unies pour travailler à cette solution.

Par chance, les alternatives végétariennes au lait de vache étaient déjà à la mode quelques décennies avant le déclin des troupeaux. Les véganes, pleins de bonne volonté, avaient même produit du fromage végétal. Rien à voir avec du vrai fromage, mais au moins, ils avaient essayé. Des scientifiques avaient aussi tenté d'en fabriquer à partir de cafards en poudre, mais… berk !

Personne ne savait plus vers qui se tourner. Tout le monde manquait de nourriture, mais les gens continuaient à avoir des enfants, et il fallait bien allaiter les bébés. Certaines mères y parvenaient aisément, d'autres luttaient. Et leurs problèmes ne faisaient que s'aggraver puisqu'elles-mêmes ne mangeaient pas assez pour produire du lait.

Les femmes ont fini par trouver une solution pour partager leur lait, car l'industrie du lait pour bébé était au bord de l'extinction, reposant avant tout sur le lait de vache en poudre. Puis quelqu'un a eu l'idée de se servir de lait humain.

Le lait pour bébé était sauvé ! Ensuite on s'est demandé : pourquoi s'arrêter là ? On voulait de la crème dans le café, du fromage, de la glace, bon sang ! Et ce lait était fait pour être digéré par les humains. Alors, pourquoi pas ?

Après tout, nous sommes la dernière ressource encore non exploitée sur terre.

Je traverse le lobby du numéro 1, Tanazi Plaza, et je grimpe l'escalier en spirale qui part de l'atrium. Les portes en métal du premier s'ouvrent sur l'« enclos de Marguerite », comme nous l'appelons. Les murs blancs sont décorés de cadres représentant nos membres. Je leur rends leur sourire en partant vers mon bureau. Rhea affirme que ce sont elles qui nous emploient. Sans nos membres, nous ne serions rien. Quelque chose me touche dans cet environnement exclusivement féminin, toutes ces femmes qui partagent un même but. Ici, nous sommes à l'abri des opinions des autres, des hommes, des femmes qui n'allaitent pas.

Au QG, je suis dans mon élément. Je me sens davantage moi-même que chez moi. Quand je travaille, j'oublie l'extérieur. *Quel est l'index d'acidité de la pluie aujourd'hui ? Combien de gens ont perdu leur foyer dans les inondations ?* La politique, le rationnement, que faire du plastique récupéré dans la mer, les sombres estimations sur le nombre de générations qui nous séparent de terres à nouveau fertiles… Tout cela s'évanouit dès l'instant où mes talons claquent sur le dallage imitation marbre de notre quartier général.

Les réunions qui ne servent à rien ? J'en suis. Le jargon, les objectifs financiers ? J'en suis. Sonner la cloche lorsque nous signons un nouveau contrat me transporte.

Je plane. C'est bien le seul plaisir que je puisse me permettre.

La pierre sera-t-elle couverte de sang ou de lait quand on sacrifiera la Génisse ? Le dernier de ces horribles messages me revient à l'esprit et je manque de perdre l'équilibre. L'idée de ce havre tout en tons neutres, couvert d'écarlate est glaçante. J'en ai la nausée. *Non ! Je ne laisserai pas ce salopard troubler mon bien-être. Pas ici.*

Je reprends ma route à pas rapides, jusqu'à gagner mon bureau en temps record. C'est l'avant-dernière pièce côté ouest, ce qui veut dire qu'il y fera horriblement chaud vers 14 heures, et que le soleil couchant me poignardera les yeux. Mais j'ai vue sur la place, ce qui est agréable. Pour être honnête, je le trouve un peu étroit.

Après Rhea, celle qui a le plus grand bureau est Annabelle. Son équipe est la plus grande, et elle a besoin d'y organiser des réunions plus souvent que moi. Enfin, c'est son excuse. Mon bureau déborde de posters et de produits de nos sponsors, et je dois me faufiler entre les piles pour atteindre ma chaise. Je ne devrais pas me laisser atteindre par le fait qu'Annabelle a plus d'espace et de subordonnées que moi. Elle est l'une de mes plus proches amies, mais j'étais là avant elle, même si je n'ai que quelques mois d'avance. Je n'arrive pas à le digérer.

Dans le couloir, je repère Keenya en grande discussion avec Sylvia, notre RH, et je la salue de la main. C'est la meilleure manager dans mon équipe. Elle répond d'un signe du menton et vient me rejoindre pour notre point du matin. Je me laisse tomber sur ma chaise de bureau et je retire mes chaussures à talons avec un grognement. Deux Post-it rose fluo sur mon écran d'ordinateur me rappellent d'appeler Kathy chez FloBar et Devin chez LactBlast.

En fermant la porte derrière elle, Keenya lance :

– Un café allongé.

– Une énorme barre chocolatée, dis-je.

C'est notre petit jeu. Lorsque l'une de nous semble épuisée ou stressée, nous listons tout ce que nous mangerons et boirons dès que nous cesserons d'allaiter.

– Ce n'est peut-être pas du chocolat, mais ces nouvelles FloBar sont délicieuses ! lance Keenya en désignant les boîtes empilées près de mon bureau. J'en ai déjà piqué une, j'espère que ça ne t'ennuie pas.

– Pas du tout. Ce sont les avantages de ce boulot.

FloBar est l'un de nos meilleurs sponsors. Kathy, mon contact dans la boîte, a dû nous faire livrer ces nouvelles barres énergétiques par coursier ce matin. J'en attrape une également et je déchire l'emballage.

– Elles représentent l'essentiel de mes repas, dis-je.

La nouvelle saveur explose sur ma langue, sucrée. Je mastique lentement pour laisser le goût se répandre dans ma bouche, en me disant que c'est un donut au chocolat. Et vu le taux de glucose, ce n'est pas très loin de la vérité. Ce nouveau parfum est une réussite. Je n'arrive pas vraiment à l'identifier, mais ce n'est pas comme si je prenais le temps de le savourer. C'est délicieux et je suis affamée.

– C'est tellement bon que ça devrait être illégal, dis-je en lâchant un gémissement qui pourrait m'assurer une carrière dans l'allaitement érotique. Je vais garder une boîte aussi, et on mettra les autres dans la salle de pause.

Après lui en avoir confié un carton, j'attrape mes sachets de gel chauffant sous le bureau et je les laisse tomber sur la pile de boîtes à emporter dans la salle de pause. Les perles violettes dérivent dans leur coquille de plastique, autour de l'anneau central censé épargner la chaleur à mes tétons. (Ça ne marche pas vraiment.) Keenya leur jette un regard.

– Mince…

– Oui, c'est vraiment bouché, là.

Pas besoin d'en dire plus. Quinze secondes au micro-ondes ne seront pas de trop pour permettre au gel de soulager un peu mon pauvre sein gauche. La chaleur aide – normalement, en tout cas – mais il me faudrait quelque chose de vraiment brûlant, et personne ne vendrait jamais un gel capable d'atteindre de telles températures. Il me faut de quoi liquéfier l'obstruction. Je sens mon canal pulser de douleur, comme pour me dire que j'aurai bientôt encore plus mal.

Keenya glisse une main dans son sac et en sort une petite bouteille marron, dont elle fait tomber deux pilules.

– Tiens, de la lécithine de tournesol.

– T'es la meilleure ! Merci beaucoup !

Je fais passer les cachets avec de l'eau. Il faut toujours boire, et boire encore. Puis je jette l'emballage de FloBar dans ma corbeille.

– Quand on tire du lait pour deux, on a des problèmes pour deux, répond-elle avec un haussement d'épaules, comme pour éluder ses ennuis.

Je suis justement sur le point de demander des nouvelles de ses nièce et neveu – des jumeaux – quand elle lance soudain :

– Intéressant, ce que nous a dit Rhea lundi, non ?

– C'est sûr…

Je ne trouve rien d'autre à répondre. Rhea m'a prise de court. Nous avons toutes été prises de court, non ? Ou alors, peut-être que celle qui prendra la succession le savait déjà.

– Je me demande bien qui elle va nommer à sa suite. Tu as une idée là-dessus ?

Keenya n'est pas du genre à éviter un sujet sensible, ce pour quoi je l'adore.

– Absolument pas. On dirait bien que Rhea va toutes nous observer de près pour en décider. Je m'attends presque à ce qu'elle nous fasse faire une course de haies ou qu'elle nous demande d'aller lui chercher son thé au lait et son porridge…

J'essaie d'en rire, comme si je n'étais pas inquiète, mais en vérité, cela ne me surprendrait pas de sa part. Et je n'hésiterais pas à me plier à ses caprices pour atteindre le haut de la pyramide. Keenya rejette la tête en arrière dans un grand rire.

– Tout le monde fourmille déjà d'hypothèses. La plupart pensent que ce sera soit toi, soit Annabelle, révèle-t-elle. Isis aussi est dans la course.

– Isis serait super. Elle est calme et raisonnable.

Une réponse d'autant plus diplomate qu'elle est parfaitement vraie.

– Et Annabelle nous a amené tellement de nouvelles recrues…

– Tu soutiens tes rivales, là ? s'enquiert Keenya, le sourcil levé.

– Tu sais bien que Rhea ne veut pas qu'on se tire dans les pattes. Le Troupeau doit former une équipe.

– Tu es vraiment un bon petit soldat d'entreprise, Mina, s'esclaffe-t-elle à nouveau.

Rhea déteste le stéréotype des filles langue de vipère qui se font des coups bas, mais cette absence d'héritière désignée va nous monter les unes contre les autres. Elle doit bien avoir conscience qu'elle risque de mettre à mal tout ce qu'elle a construit… À moins que ce ne soit ça, le test ?

– C'est à moi que tu parles, là, Mina, dit Keenya qui se penche vers moi en baissant la voix. Rhea n'est pas en train de te noter sur ta réponse…

– Bon, d'accord, j'avoue, je voudrais être P.-D.G. !

Ça fait du bien de l'admettre. Jusque-là, cette année, mon équipe a rapporté plus de trois millions de dollars grâce à ses sponsors. Je suis compétente pour le poste, preuves à l'appui. Je veux prendre la tête de l'entreprise. Pas juste pour l'argent – même si je ne cracherais pas sur une augmentation – mais aussi pour l'opportunité d'aider d'autres femmes à découvrir cette vie. À les guider dans une carrière de productrice laitière à succès. À les sortir de la pauvreté, comme j'en suis sortie.

Avec un peu d'habileté, je pourrais me retrouver au sommet de la chaîne alimentaire, et Callie et Simone avec moi. En voyant mon expression, Keenya propose :

– Tu veux que je te tienne au courant des rumeurs qui me parviennent ?

– Évidemment !

Nous échangeons un rire.

– Nous sommes une équipe, Keenya, lui dis-je. Mon bureau et mon titre te reviendront quand je deviendrai P.-D.G.

Je lui adresse un clin d'œil, et je m'aperçois que c'est exactement ce que ferait Rhea.

Soudain, Annabelle passe une tête dans mon bureau, et nous nous taisons aussitôt. À croire qu'une ennemie vient de se glisser dans notre camp, alors que la semaine dernière encore, elle était la bienvenue dans nos petites conversations.

– Salut les filles ! lance-t-elle d'un ton enjoué qui ne colle pas avec son expression.

Elle, d'habitude si glamour, ses cernes semblent creusés, plus marqués aujourd'hui. A-t-elle passé toute la nuit à pleurer Jake ? Ou alors, elle aussi reçoit ces horribles messages… Peut-être qu'elle est aussi angoissée que moi.

– Qu'est-ce qu'on fait pour le déjeuner, aujourd'hui ? demande-t-elle dans un bâillement en se laissant aller contre l'encadrement de la porte.

Les femmes qui allaitent pensent toujours à manger, qu'importe l'heure de la journée.

– C'est toi qui vois, lui répond Keenya.

Je suis contente qu'elle s'invite. Annabelle et moi étions si proches, au début. Quand j'ai embauché Keenya, elle est devenue ma deuxième meilleure amie. Peut-être Annabelle s'est-elle sentie ignorée – mais elle était tout le temps en déplacement pour ses campagnes de recrutement, et j'ai bien le droit d'avoir plus d'une amie au boulot.

Ses épaules s'affaissent. À l'évidence, elle aurait voulu que nous choisissions pour elle, afin de lui épargner une décision de plus.

– Pourquoi pas le traiteur ? Quelque chose de simple et rapide pour aujourd'hui, dis-je.

Une montagne de travail m'attend, mais je voudrais aussi papoter un peu avec Annabelle. Elle souffre tellement de cette rupture que je ne la reconnais plus. Et puis, le traiteur est notre cantine, et le patron nous donne parfois des cookies à l'avoine gratuits.

Keenya nous rappelle que nous avons une visio à 13 heures, et nous venons de tomber d'accord pour sortir manger avant midi lorsque j'entends quelqu'un dans le couloir. Ce qui n'aurait rien d'inhabituel, sauf qu'il s'agit clairement d'un homme, une voix profonde qui a quelque chose de perturbant dans ce temple de la féminité.

Deux agents de police apparaissent à ma porte, accompagnés de Rhea et de la RH.

– Annabelle Logan ? demande le premier.

Perdue, elle hoche la tête, agitant son chignon blond. Il sort une paire de menottes.

– Vous êtes en état d'arrestation pour les meurtres de Jake Nolan et Whitney Clark.

« La justice à l'américaine », avec Darcy Holland

Mardi 28 octobre 2070

Nashville, Tennessee

« Bonjour, l'Amérique !

Plus tôt dans l'après-midi, la police a arrêté un suspect dans une affaire de double homicide. Annabelle Logan, productrice de lait humain free-lance, a été placée en garde à vue. Les deux victimes ont été empoisonnées par le biais de lait humain. L'avocat de Miss Logan affirme que sa cliente est innocente.

Les victimes étaient l'ex-petit ami de Miss Logan, et la nouvelle partenaire de celui-ci. Et je me suis déjà retrouvée dans cette situation. Je sais bien que je ne suis pas la seule. Mais vous savez ce que j'ai fait ? Je suis sortie me changer les idées avec mes copines, j'ai pleuré devant un film, et je suis passée à AUTRE CHOSE !

D'accord, la présomption d'innocence existe, mais si c'est vrai, si cette femme a empoisonné de la nourriture – gâché de la nourriture pour tuer son ex et sa nouvelle meuf –, c'est épouvantable ! C'est insensé !

Et c'est pour ça que je suis bien contente qu'il y ait encore la peine de mort au Tennessee, et que le meurtre *et* le gâchis délibéré d'aliments en soient passibles. La société où nous vivons se doit de réagir quand une femme tire profit de son lait puis l'empoisonne ! Enfin, quand elle est soupçonnée de l'avoir fait.

[Pause pour applaudissements du public.]

Je vais vous dire, je connais plusieurs femmes qui font ce métier. Des productrices de lait free-lance. Des Génisses, si vous préférez. Tout le monde en connaît. Et on ne peut pas dire qu'elles soient toutes pareilles. Mais… il est grand temps de s'interroger sur les régulations auxquelles les soumettre. Sur ce que les consommateurs sont en droit d'exiger en termes de prix, de qualité, de dignité humaine.

Nous nous fions à ces femmes pour cette tâche. Pour bien faire, sans rien dissimuler. Mais face à ce genre d'incident, nous devons remettre en question cette confiance aveugle et exiger qu'elles prennent leurs responsabilités.

Comme vous pouvez le voir, ce sujet me tient à cœur. Et vous pouvez me croire : je ne lâcherai rien tant que cette femme ne sera pas déclarée coupable, et que ce soi-disant métier ne sera pas mieux réglementé. »

VEAU

Le samedi matin, je retrouve Rhea au quartier général de MLM pour préparer la manif du lendemain. Je n'ai quasiment pas dormi. L'arrestation d'Annabelle a fait les gros titres, et la communauté en ligne de MLM ne parle que de ça, tout comme le groupe privé du bureau – celui sans Rhea.

Je revois sans cesse Annabelle écarquiller ses yeux marron à mesure que le flic lui récitait ses droits. Les joues rouges, les larmes aux yeux, elle semblait me supplier. *Au secours ! Ne les crois pas ! Tu sais bien que je n'ai rien fait !* Comment puis-je en être certaine ? C'est mon amie, et je ne l'aurais jamais crue capable d'une telle chose, mais… qui sait de quoi quiconque est capable ? Si l'observatoire Jachère venait à annoncer de pires nouvelles, la société s'effondrerait. Ce serait le chaos. On volerait, on tuerait pour manger.

Je sais qu'Annabelle allait très mal. Une rupture, ce n'est pas drôle. Mais je pensais qu'elle finirait par s'en remettre avec le temps. Peut-être que j'aurais dû l'encourager à trouver quelqu'un d'autre, au moins pour se remettre en selle. J'étais préoccupée par LactCon, par le vote sur l'égalité femmes-hommes, par Callie et Simone. Je n'ai pas été à la hauteur de notre amitié. Et je ne le suis toujours pas, car au fond de moi-même, je suis soulagée d'avoir perdu une rivale si importante pour le poste de P.-D.G.

Rhea m'attend dans la salle de pause pour prendre le petit déjeuner avant de commencer le travail : nous devons nous charger des cartons en vue de la manif. Même tôt le matin, elle est soignée jusqu'au bout des ongles.

– Tu manges assez d'acides gras ? Et tu t'hydrates suffisamment ? me demande-t-elle en finissant son bol de porridge.

Je hoche la tête en prenant une gorgée d'eau, sa suggestion m'ayant instantanément donné soif.

Ma vie de Génisse se mesure au nombre de fois où je tire mon lait, au volume d'eau que je bois, et à la quantité d'avoine et de FloBar que je mange. Des kilos et des kilos d'avoine. Dans mon porridge au petit déjeuner, dans mes cookies en cas de petite faim, dans mon smoothie le midi, dans mon assiette avant de me coucher.

Pourquoi le chocolat et le fromage chimique sur les nachos ne sont-ils pas galactogènes ? Ce ne serait quand même pas trop demander !

Rhea secoue la tête.

– Désolée, je ne peux pas m'empêcher de poser la question. Tous les corps sont différents, toutes les productions de lait aussi. Parfois, je n'arrive pas à me sortir de mon rôle de mentor.

– Mais c'est exactement celle que tu es ! Il ne faut pas en avoir honte ! dis-je avec l'impression de lui renvoyer ses propres paroles. Tu sais bien que nous apprécions toutes tes conseils.

Je soutiens son regard pour qu'elle me sache sincère. Quand le hasard de l'algorithme m'a sorti ses vidéos, on aurait pu croire au destin. Les premières factures pour les soins de ma mère étaient arrivées le jour même. Je produisais du lait, mais pas assez. C'étaient encore les six premières semaines, donc j'étais de toute façon obligée d'en faire don, mais mon corps ne voulait pas coopérer et je craignais de tomber à sec avant même de pouvoir vendre quoi que ce soit.

Et si je ne pouvais pas vendre, je ne pourrais pas rembourser mes dettes. Car j'avais contracté un prêt pour ces injections d'hormones et ces vitamines prénatales, en comptant sur mes premières ventes. Ensuite seulement, je pourrais commencer à payer l'hôpital. Mais sans lait, tous ces beaux projets s'effondreraient.

Machinalement, je me masse le sein gauche. Il s'est enfin débouché, mais maintenant, voilà que ma production est en baisse.

– Moi aussi, je t'apprécie, Mina, dit-elle. Je vous apprécie toutes.

Elle a clairement ajouté ça parce qu'elle s'est rappelé qu'elle ne doit pas manifester de préférence. Je devrai m'en souvenir également si je deviens P.-D.G. Elle se laisse aller contre le dossier de sa chaise en promenant un regard mélancolique sur la salle de pause. À l'époque de notre emménagement dans le bâtiment, ces tons rose et crème étaient encore éclatants. Maintenant, certains des comptoirs s'écaillent, et le linoléum est taché à force d'allées et venues.

– J'ai vomi dans cet évier, là, commente-t-elle avec un demi-sourire. Juste après avoir signé l'acte de vente pour cet endroit, en faisant un tour avec les clés en main. C'était un pari si risqué…

Me retrouver seule avec elle à cette heure matinale me rappelle nos débuts, quand j'étais l'une des seules employées à vivre non loin, et que nous nous retrouvions encore chez elle. Souvent à la table de la cuisine, parfois dans un café avec d'autres entrepreneuses. À l'époque où nous pouvions nous permettre de nous traiter en copines plutôt qu'en associées d'affaires. Ça me manque un peu, mais gérer les équipes à distance devenait intenable. Entre les différents fuseaux horaires et les différentes disponibilités, personne n'arrivait à se retrouver ni à travailler ensemble, alors que c'était l'idée. Nous restions toutes isolées.

Il nous fallait un quartier général. Un foyer. Nos premiers bureaux se sont constitués lentement, en se remplissant peu à peu de mobilier de bureau d'occasion et de matériel de téléphonie remis à neuf.

– Eh bien, le risque a payé, dis-je entre deux cuillères de porridge.

Son sourire me donne l'impression d'avoir gagné une médaille d'or.

Quand les profits se sont mis à grimper, Rhea a tout redécoré pour que nos bureaux soient raccord avec notre marque de fabrique. Couleur crème et blanc, tableaux évoquant subtilement des poitrines féminines sous différents angles, pots sculptés par des artistes locales. On se croirait dans un utérus façon business, un cabinet médical, en plus accueillant. Fait sur mesure pour des employées en plein allaitement. Nous avons des « nids à lait » où nous installer avec nos tireuses, des mini-frigos dans chaque bureau, du matériel de stérilisation devant la cuisine. Tout ce qu'il nous faut pour bien travailler et bien produire.

– Je veux laisser cet endroit à quelqu'un sur qui je peux compter, soupire-t-elle.

Bien sûr, et ce quelqu'un, c'est moi ! voudrais-je répondre. Je n'ose pas et me contente d'une platitude.

– Ça ne sera plus pareil sans toi.

– J'espère bien ! Quand je pense qu'au début, je n'avais que mon ordinateur. Quiconque prendra ma place sera à l'aube d'une nouvelle ère pour MLM.

Cette perspective semble tant l'enthousiasmer que je n'en veux que davantage le job. Il faut que je lui montre que je suis la seule à même de lui succéder. Alors que je me prépare à faire une grande déclaration sur le sujet, Rhea repose sa cuillère.

– Tu as fini ? On commence les cartons ?

– C'est parti.

J'ai appris très tôt que lorsque Rhea demande si quelqu'un a fini quelque chose, « oui » est la seule réponse possible. Docile, je la suis dans la salle de conférences où nous avons entreposé les affiches et T-shirts à l'effigie de nos sponsors, ainsi que de quoi boire pendant la manif. Il faut tout charger dans la voiture de Rhea pour qu'elle puisse nous apporter les cartons tôt demain avant le top départ.

Je m'empare d'une lourde caisse de vêtements. Je suis la seule de tout le Troupeau à être venue si tôt un samedi. J'espère que Rhea s'en rend compte. Callie était triste de ne pas aller au parc, mais je n'avais pas le choix. Ce vote compte, et je veux être en compagnie de Rhea autant que possible, afin de maximiser mes chances. Ce qui est aussi très important pour l'avenir de Callie. Mon augmentation servira à financer ses études. Les écoles privées dans le coin ne sont pas données, mais rien n'est trop beau pour ma nièce.

Rhea s'empare d'une pile de posters et nous partons tout déposer dans l'ascenseur de service.

– Je n'arrive toujours pas à croire qu'Annabelle ait fait ça, déclare abruptement Rhea. Quel choc. Tu dois être inquiète pour elle. Vous étiez si proches.

Elle pose une main sur mon épaule, pleine de sympathie. *Pourquoi tu me parles d'Annabelle ? Je n'y suis pour rien, moi !* voudrais-je hurler.

– Quoi ? balbutié-je. Ah, oui… Je n'ai pas encore digéré la nouvelle. Je veux dire, nous n'étions pas si proches que ça. Copines de bureau, oui, mais rien de plus.

Mes longs déjeuners avec Annabelle défilent devant mes yeux, suivis par nos soirées fille et nos sessions de hot yoga. Je repousse ces images. Hors de question que Rhea m'associe à Annabelle. Je ne suis pas une criminelle !

Rhea semble toujours soucieuse, et comme je ne veux pas paraître froide, j'ajoute :

– Je veux dire, il me semblait bien qu'elle était fatiguée en ce moment, plus distraite… J'aurais dû faire plus attention à elle.

– Nous aurions toutes pu faire mieux, approuve Rhea en m'étreignant à nouveau. Et maintenant, la presse s'en donne à cœur joie…

Les gros titres n'ont rien de réjouissant. Tout le monde s'en prend à Annabelle, et par extension à MLM.

Avant que Rhea fonde la compagnie, elle était à la tête du marketing d'une entreprise de sport. Elle s'est mise à allaiter pour arrondir ses fins de mois, ce qui n'a pas été facile. Il lui a fallu mener beaucoup de recherches elle-même pour être sûre d'avoir les bonnes infos. Elle s'est mise à faire des vidéos pour aider les autres, pour trouver une communauté de femmes qui connaissaient les mêmes difficultés, qui avaient besoin de soutien. Et voilà qu'aujourd'hui, son entreprise reçoit des lettres d'insultes.

Les portes de l'ascenseur s'ouvrent sur la pénombre du parking. Je sonde l'obscurité du regard. *La pierre sera-t-elle couverte de sang ou de lait quand on sacrifiera la Génisse ?* Mon pouls s'accélère.

Je pourrais parler de ces messages de menaces à Rhea… Non, elle a déjà bien assez de soucis comme ça. Et je ne voudrais pas lui donner une raison de ne pas me choisir.

Nos talons claquent sur le béton, et ma voix résonne dans le vide.

– J'espère juste que ce scandale n'influencera pas les votes.

– Moi aussi. Jusqu'ici, ça se présente bien. Il ne nous manque plus que huit États pour que l'amendement soit ratifié. Côté Iowa et Nebraska, pas de problème, cette fois-ci. Le Texas traîne encore les pieds : il faudrait abandonner la campagne là-bas et intensifier les efforts ici. Mais cette décision ne me revient pas…

Elle a beau être dévouée à la campagne pour l'égalité femmes-hommes, elle n'y joue pas un rôle officiel. Mais elle jouit quand même d'une certaine influence en tant que femme d'affaires ayant versé de larges sommes pour soutenir le vote. Et pas juste au niveau local : le sénateur Lugh la tient au courant des derniers développements et lui a demandé de l'aide pour plusieurs levées de fonds.

Nous nous arrêtons à la hauteur de son SUV argenté, entièrement électrique et en conduite autonome. Rhea ouvre le coffre et y dépose les posters. Mes bras me crient merci lorsque je lâche le carton.

De retour vers le bâtiment, j'entends résonner une notification. Mon cœur s'arrête, puis je me rends compte que ça ne venait pas mon téléphone, et je me remets à respirer. Je ne m'étais même pas aperçue que je retenais mon souffle en regardant l'écran.

Rhea sort son portable de sa poche.

– Oh, Lugh est arrivé, remarque-t-elle en tapant une réponse.

Je peux me détendre. Ce n'est pas mon harceleur mystère. Mais il pourrait frapper n'importe quand.

– Lugh ? Le sénateur ?

Rhea et notre spécialiste des affaires politiques ont souvent travaillé de concert avec Lugh sur des réglementations pro-allaitement et sur le vote pour l'égalité femmes-hommes. Pourtant, je ne m'habitue pas à entendre Rhea le mentionner avec un tel détachement. Sénateur du Michigan, il en est à son deuxième mandat et ne s'arrête plus aux affaires locales. C'est l'un des favoris pour les présidentielles de 2072.

– Lui-même. Il a besoin d'infos sur l'affaire Annabelle, entre autres, répond Rhea.

Alors que je suis sur le point de lui proposer de finir le chargement moi-même pour qu'elle puisse aller le retrouver, elle me lance un regard calculateur.

– Tu veux le rencontrer ?

Je jette un coup d'œil à ma tenue, qui ne me semble pas appropriée pour un rendez-vous avec un sénateur : un jeans et un vieux pull. En voyant mon air de détresse, Rhea insiste.

– Oh, allez, ça te profitera d'apprendre à les connaître, lui et son équipe.

Ah oui ? Ça me profitera ? Parce que je serai bientôt P.-D.G. et que je devrai continuer à travailler avec lui, c'est ça ? À cette idée, je me redresse en resserrant ma queue-de-cheval.

– D'accord, ce serait super !

– Alors suis-moi, sourit-elle.

Et je la suis. Je la suivrais n'importe où.

MANIFESTATION

Aujourd'hui, c'est l'heure de manifester pour nos droits. Comme nos aïeules avant nous, nous poursuivons la lutte, nous défilons dans les rues pour exiger que l'égalité femmes-hommes soit inscrite dans la Constitution. Trente États se sont engagés à soutenir cet amendement l'an dernier. Il ne nous en manque plus que huit avant le vote, dans deux jours.

Avec d'autres Génisses, je m'occupe du stand de MLM, non loin du trajet de la manif. Ceux qui s'y rendent passent devant nous, bien emmitouflés, prêts à rester dehors toute la journée. Je vois des mères, des sœurs, des filles, des femmes si âgées qu'elles se déplacent avec un déambulateur, mais bien décidées à être là. Des gens noirs, blancs, de toutes les couleurs, vêtus d'un camaïeu violet. J'ai invité Simone et Callie à me rejoindre. « Une page d'histoire s'écrit, il faudrait que Callie voie ça ! » ai-je suggéré. Et je savais que les ballons, les banderoles et la nourriture lui plairaient. Pour seule réponse, Simone m'a ri au nez.

Keenya et Isis m'aident à distribuer des bouteilles LactBlast – à l'origine, c'est un bonus pour celles de nos membres qui sont venues à la manif Motivons le

Vote. Mais si des inconnues s'approchent dans l'intention de nous rejoindre, nous leur ouvrirons grand les bras, évidemment.

Nous discutons et échangeons des potins en attendant le top départ. Inévitable, j'imagine, pour un groupe de femmes.

– Vous avez vu le cliché d'Annabelle qu'ils ont diffusé, celui qu'ils ont pris au poste ? s'enquiert Isis en nous montrant son portable, tout en ajustant son chapeau en laine violette.

– Oui… Au moins, elle s'est fait arrêter au travail, répond Keenya. Ça pourrait presque passer pour une photo professionnelle, si on enlève les chiffres en bas.

– Vous croyez qu'elle est coupable ? demande Isis d'une voix clairement mal assurée.

Elle est magnifique, avec sa peau d'un noir d'encre qui fait ressortir le blanc parfait de ses yeux et de ses dents. Grande, avec son mètre soixante-treize, elle est aussi très peu bavarde. Quand elle a quelque chose à dire, c'est que ça vaut la peine d'être entendu.

– Qui sait ? rétorque Keenya en haussant les épaules. Et Rhea qui s'en va, on en parle ?

C'est le deuxième des sujets qui nous obsèdent, évidemment. En tant que P.-D.G. potentielle, j'ai intérêt à ne pas me mêler aux spéculations. Rhea n'apprécierait pas. J'échange un coup d'œil avec Isis qui, clairement, a eu la même réflexion.

– Je ne m'y attendais pas du tout, se contente-t-elle de noter.

Elle semble sincère. Je n'ai donc pas été la seule à être prise de court. Quel soulagement. Si Rhea n'a prévenu personne, nous sommes toutes dans la course. Enfin, sauf Annabelle…

– À votre avis, qu'est-ce qu'elle va faire après avoir quitté la compagnie ? je demande – une question relativement innocente.

– Elle partira dans l'éco-fashion, affirme Keenya avec son autorité habituelle. La plupart de ses sponsors sont des designers de haut vol.

– Non, ce sera forcément de la politique, dit Isis en secouant la tête, les lèvres plissées. Regardez tout ce qu'elle a fait pour le vote… Et elle passe beaucoup de temps avec le sénateur Lugh.

Je crois bien qu'elle a raison. Je n'y avais pas vraiment réfléchi, mais partir en politique est le plus logique pour Rhea.

Malgré mon besoin désespéré d'information, je voudrais donner l'impression que tout cela ne m'intéresse pas vraiment, si bien que je sors mon portable. Mes réseaux sont inondés d'un kaléidoscope de violet : orchidées, lavande, violettes, prunes… La couleur des suffragettes, désormais symbole d'égalité.

Une vibration me signale un texto de Rhea, qui essaie de nous trouver dans la foule. Je lui indique notre intersection en lui disant que nous l'attendons là.

C'est ainsi que nous procédons à chaque manif, mais cette fois, les choses me semblent différentes. Oui, il arrive à Rhea de m'écrire en dehors du boulot, et je la considère comme une amie même si notre rapport hiérarchique pèse sur toutes nos interactions. Mais tout de même, je crois que c'est bon signe, qu'elle m'ait écrit à moi, plutôt qu'à Isis. Ma mère m'a toujours conseillé de ne pas me fier aux femmes avec qui je travaille – ses collègues se chipaient leurs meilleurs clients. Je ne veux pas traiter les miennes en ennemies, quelle horreur ! Pourtant, Isis est bien ma rivale dans cette affaire. Je pourrai redevenir sympa avec elle quand je serai P.-D.G.

– Rhea ! crie Keenya par-dessus le bruit de la foule, en agitant les bras pour se faire repérer.

Rhea porte son haut crème, aujourd'hui associé à un jean délavé et à un cardigan lilas, assorti à son bonnet de laine. Le fait qu'elle s'habille toujours dans les mêmes couleurs serait exaspérant si elle n'était pas mon amie et ma boss. Tous les grands P.-D.G. – des hommes, s'entend – sont loués pour leur garde-robe utilitaire de costumes trois-pièces identiques : pourquoi jugerait-on Rhea différemment ?

Après avoir salué tout le monde, elle embarque ce qui reste avec l'aide d'Isis. La plupart des bouteilles LactBlast sont parties, et nous avons distribué nos flyers. Il reste la tente démontable, la banderole et les tables à plier pour tout charger dans le coffre de sa voiture. Quelques stagiaires proposent leur aide à Rhea pour les objets les plus lourds, me laissant seule avec Keenya et Isis. Nous décidons d'attendre avant de remballer. Si d'autres membres de notre organisation se montrent, nous leur donnerons ce qu'il nous reste avant de nous joindre au cortège.

– Excusez-moi !

Un homme s'approche avec un léger sourire, les yeux pétillants de malice, ou de menace, peut-être. Je ne sais pas encore. Il marche d'une façon un peu crâne, les jambes arquées. D'âge moyen, sa barbe de trois jours piquetée de blanc et de gris, il cache sa calvitie sous une casquette rouge affichant « USA ».

– J'ai entendu dire que vous aviez des échantillons gratuits ?

– Oh, désolée, il ne reste plus rien, s'excuse Isis.

C'est faux, je le sais pertinemment, mais nos échantillons sont destinés à nos membres. J'aurais répondu la même chose.

– Non, non… Des *vrais* échantillons, je veux dire.

Son ton me donne la chair de poule. Ses yeux brillent de plus belle comme il frôle ma poitrine, puis celles d'Isis et de Keenya. Des *vrais* échantillons… Comme si nous levions nos T-shirts pour laisser les gens téter directement au sein. Ce n'est qu'un pervers.

Je ne me sens pas en sécurité. Avec la tente, la table, nos banderoles bien en vue, comment nous cacher ? Quelle autorité faire valoir ? Le vent d'automne semble soudain transpercer ma veste, mon pull. Je le sens frôler mes clavicules, déclencher des frissons dans tout mon torse. Est-ce le froid, ou bien une goutte de sueur qui me descend le long des seins ? Je voudrais refermer ma veste pour dissimuler ce que couvrent déjà plusieurs couches de tissu. À la place, je croise les bras, en une attitude à la fois défensive et offensive.

L'homme se met à rire. Personne ne dit mot. Mes collègues sont aussi impassibles que moi. Ne pas répondre est la meilleure option. De toute façon, je suis trop stupéfaite pour le faire.

– Pardon, il ne fallait pas en parler ? renchérit l'autre avec un clin d'œil.

Son sourire égrillard dévoile des dents jaunies. Du coin de l'œil, je vois un groupe d'hommes approcher. Je comprends bien que nous sommes leur cible, mais je n'ose pas leur consacrer ma pleine attention, si bien que je ne bouge pas la tête afin de continuer à fixer le premier intrus, qui m'angoisse de plus en plus. Je me fais l'effet d'un animal pris au piège, surtout avec ces renforts à l'horizon. Seul contre nous trois, il ne pouvait pas nous faire de mal, mais maintenant… J'ai la bouche sèche, la gorge serrée.

Les autres hommes sont quasiment à sa hauteur. L'un d'eux s'éclaircit la voix, comme pour donner un signal.

Où est Rhea ?

Quand reviendront les autres ?

Trois femmes peuvent-elles se défendre contre quatre hommes ?

– Monsieur ? lance celui qui se trouve juste derrière l'intrus.

Et je reconnais sa voix. Je l'ai rencontré hier. C'est le sénateur Russell Lugh.

L'individu à la casquette rouge se retourne et sursaute. Ce ne sont pas des renforts. Ce ne sont pas ses amis.

– Un problème ? demande l'un des nouveaux venus, à la gauche de Lugh.

Son ton laisse clairement entendre qu'il a bien conscience que la réponse est oui. Ce doit être un garde du corps.

– Pas du tout, répond l'intrus aux dents jaunes. Je discutais avec ces admirables jeunes femmes au sujet de leur produit.

Chacun de ses mots est empoissé de sous-entendus. Après un faible sourire, il part rejoindre la manif.

Russell Lugh est le genre de politicien qui a passé sa vie à étudier les sciences politiques. Dès le lycée – club de débat, modélisation des Nations unies –, il avait des connaissances en géopolitique internationale. Pas très populaire en soirée, car dès qu'il avait un peu bu, il se mettait à discourir sur les inclinations politiques des élus locaux. Un pur produit du système, jusqu'à sa coiffure, son maquillage, ses discours, ses résultats auprès de différentes communautés.

Il porte de l'autobronzant, ce que trahissent les poches plus pâles sous ses yeux, presque translucides. Son manteau de laine noire laisse dépasser le col d'une chemise violette. Il nous soutient sans se départir de son style.

– Tout va bien ici ? nous demande-t-il.

Cette pause nous permet de quitter notre position défensive pour nous comporter de nouveau comme si tout allait bien. C'est ce que l'on attend de nous. Si seulement j'étais moins craintive, plus confiante dans mes capacités à me défendre. Une semaine sur deux, je vais au kickboxing avec Keenya. Peut-être que nous devrions convenir d'un signal pour envoyer des coups de pied ? Je ne devrais pas avoir à me reposer sur Lugh et ses gardes du corps pour me sentir en sécurité. Ni sur aucun autre homme, d'ailleurs.

Pourtant, je ne peux pas m'en empêcher. Un réflexe primaire, sorti du fond des âges. Ce sont celles qui sont protégées par les plus forts qui survivent.

– Quel plaisir de vous revoir, Mina, dit Lugh en me serrant la main.

Je lui présente Keenya et Isis. Peu après, Rhea revient avec les stagiaires, et maintenant qu'elle est là, l'atmosphère change, imperceptiblement. Elle a beau répéter qu'elle n'est que notre amie en dehors du bureau, pas notre patronne, il est difficile pour nous de la séparer de sa position.

– Allez, Mesdames, c'est l'heure d'aller écrire l'histoire ! lance Lugh en levant le poing. Montrons aux Scandinaves que les spécialistes de la démocratie, c'est nous !

DÉFILÉ

Nous descendons l'avenue, direction le Capitole. Le brouhaha tranquille des conversations est régulièrement interrompu par les cris aigus et les étreintes enthousiastes de filles tout excitées de se retrouver.

– Rhea !

Une femme menue, à la peau brune et aux longs cheveux noirs, s'approche en courant. Elle porte un grand sweater violet et des jambières en laine assorties.

– Winnie ! s'écrie Rhea.

Toutes deux se serrent dans les bras en se balançant sur place, comme des copines qui se retrouvent après un long été. Elles s'envoient des compliments sur leurs tenues respectives et prennent un selfie.

Nous connaissons Winnie Jones, la directrice de l'association Wet Nurses of America, « Nourrices de l'Amérique ». Près d'un quart des membres de MLM font aussi partie des WNA. C'est incroyable de la rencontrer enfin en personne. Elle a tant fait pour l'industrie du lait humain ! J'ai beau être éblouie, je garde contenance, assez pour faire bonne impression. Enfin, je crois.

Keenya s'empêche également d'éclater. Elle a autant d'admiration pour Winnie que j'en ai pour Rhea. Winnie nous lance :

– Allez, les filles, on le décroche, cet amendement ? Les filles et les garçons, se corrige-t-elle en repérant Lugh et ses gardes du corps.

– Être à vos côtés est un honneur, répond aussitôt le sénateur. C'était bien le moins que je puisse faire pour vous aider à obtenir les voix nécessaires au Tennessee.

– Je serais ravie d'échanger avec vous plus tard. Une fois l'amendement inscrit dans la Constitution, il nous restera encore beaucoup de travail pour protéger les ouvrières du lait… commence Winnie.

– On pourra quand même prendre au moins un jour de repos si on gagne ? plaisante Rhea en lui coupant la parole.

Lugh fait écho à son éclat de rire. Winnie lève les yeux au ciel, mécontente.

– Un jour, un seul, pour fêter notre victoire, accorde-t-elle en levant un doigt. À condition de gagner !

Rhea nous fait ses adieux et suit Lugh sur la scène. Heather Nguyen, spécialiste des affaires politiques chez MLM, a tout préparé et les attend déjà.

Rhea a embauché Heather afin de nous mettre en contact avec les gens au pouvoir – c'est-à-dire les hommes au pouvoir. Elle voulait trouver des alliés parmi ceux qui décident des lois. Afin de protéger au mieux nos intérêts, d'avoir une voix dans le débat. Heather laisse toujours traîner une oreille. Elle sait de quoi on débat derrière les portes closes, elle connaît les ragots de Washington DC. Grâce à elle, nous sommes toujours les premières au courant. Par exemple, nous avons pu intégrer avant tout le monde dans notre appli les nouvelles réglementations, votées l'année précédente.

Tandis que nous progressons vers le Capitole, les différents groupes en présence – hommes, femmes, non-binaires – se fondent en une seule masse. Une manifestation. Les rues alentour sont fermées à la circulation, surveillées par la police le long des trottoirs.

Nous traversons une série de nasses visant à protéger les commerces de la masse de gens, en nous tassant de plus en plus jusqu'à ne plus pouvoir avancer. La rumeur de la foule ressemble à des meuglements. La chaleur de nos corps serrés nous protège de la fraîcheur de cette fin d'automne.

Si seulement Callie était là, sur mes épaules ! Je n'ai pas arrêté de songer à son petit visage par intermittence.

Je ferme les yeux, et le bruit du Troupeau me semble familier. Une charge qui fait trembler le sol, qui portera cet amendement jusqu'au bout. Un changement bien réel, car acté. Puis nous baissons la voix : Rhea vient d'entrer sur scène. Elle commence par nous remercier tous et toutes pour notre présence, puis se lance dans son discours, chaque argument s'appuyant sur le précédent. Oui, je la vois comme la voit Isis : une politicienne en devenir. Avec son assurance, son charisme, son éloquence.

– Nous donnons naissance à vos enfants ! Nous nourrissons votre nation ! crie-t-elle en s'agrippant le sein gauche de sa main libre. Et pourtant notre égalité ne figure pas dans la Constitution ? Et pourtant vous refusez de reconnaître que nos corps ont des capacités qui vont bien au-delà des vôtres ?

Je suis heureuse qu'elle soit sur la scène pour porter notre voix. Elle a contribué à l'organisation de toutes les manifestations qui ont précédé, elle a fait du porte-à-porte à s'en user les talons pour expliquer l'importance de cet amendement – qui ne plaît pas à tout le monde, surtout chez les plus vieilles générations. N'a-t-on pas déjà prouvé l'égalité femmes-hommes ? Pourquoi faut-il l'inscrire dans la Constitution ? Ne devrait-on pas se concentrer sur de plus importants problèmes ?

Rhea parle d'or et a réponse à tout. C'est grâce à elle que nous avons levé tant d'argent au Tennessee et dans les États alentour.

Saluée par un tonnerre d'applaudissements, elle laisse la place au sénateur Russell Lugh, qui semble être là pour cristalliser l'attention des médias. En effet, le long du cortège se trouve une multitude de protestataires et de camions de journalistes, rediffusant l'événement partout dans le pays avec caméras et satellites.

Ceux qui s'opposent à l'amendement sont là, eux aussi. Leurs cris se mêlent aux nôtres, mais tous sont en colère. « L'égalité, ça ne se mange pas ! » hurlent les femmes affamées. Elles ne sont pas contre le vote par principe : elles aussi trouvent qu'il est grand temps. Mais elles affirment que ce cirque ne vise qu'à détourner l'attention des relogements de masse, des investissements nécessaires à la transition agricole, des rachats d'énergie et des innovations technologiques, autant de sujets qui mériteraient davantage l'attention de nos politiciens.

Les nationalistes blancs sont là, eux aussi, avec leurs chapeaux ridicules, leurs drapeaux, leurs insignes. Comme si leur trottoir était une dictature raciste en miniature.

Les extrémistes chrétiens ne sont pas en reste et nous crient dans leurs porte-voix de nous repentir. D'autres, derrière eux, nous insultent, le regard noir, fulminant de rage.

Plus loin encore, je repère un groupe en noir : l'Église de l'Arche. Leurs pancartes nous recommandent aussi le repentir. *Dieu vous regarde ! Dieu hait les Génisses !* Ils sont en pleine prière collective sous la houlette du pasteur Tom.

Les femmes portent des robes de lin. Elles doivent geler sur place. Aucune trace des cheveux noir d'encre de Simone ou Callie, ce qui m'emplit de soulagement. Je ne me fais plus d'illusions sur les croyances de ma sœur, mais ce serait tellement gênant...

Et qu'en dirait Rhea ?

Une fois les discours finis, la foule se disperse. Nous partons chacune de notre côté. Isis va retrouver son épouse en centre-ville pour déjeuner, Keenya va saluer ses amies de WNA avant de rentrer.

Je les serre dans mes bras, puis je m'éloigne de la foule dans l'espoir de trouver un taxi pas trop cher. Lorsque je sors mon portable, je vois qu'un message m'attend. Un numéro inconnu.

Moi qui espérais un spam ou une publicité pour une manucure à prix réduit, je suis vite déçue. Le texto va droit au but.

Petit veau séparé du troupeau.

On m'espionne ? Là, maintenant ? On sait que j'ai quitté mon Troupeau ? Je regarde autour de moi, dévisageant les passants. Je cherche celui qui nous approchées tout à l'heure, avec sa fichue casquette rouge. Mais ce pourrait être n'importe qui. Cet homme qui traverse la rue, les yeux sur son écran. Cette vieille dame sur un banc avec son manteau vert vif. Cet ado au visage couvert par ses cheveux.

Un autre message s'affiche, comme si on me regardait les lire.

Tu t'imagines que ça va s'arrêter là ?

Je me retourne d'un coup pour m'assurer que personne ne s'approche sur la pointe des pieds, prêt à me couvrir la tête d'un sac. Je verrouille mon portable et le remets dans ma poche.

On me guette, je le sens. Saurai-je esquiver, fuir à temps ? D'instinct, je me mets à marcher, avant même de savoir où je vais. Mon cerveau, à la traîne, tente de trouver un plan.

Moi qui croyais que les choses seraient différentes. Que je me sentirais en sécurité dans cette foule d'alliés. Optimiste à l'idée du vote qui m'assurera davantage de droits. Mais il n'en est rien. Et si cet amendement ne faisait qu'attiser la rage d'un animal déjà en colère ?

Je ressors mon portable et je prends le premier véhicule disponible. Tant pis pour les prix, je veux rentrer aussi vite que possible. Je suis trop vulnérable en pleine rue. Une vache isolée, à la merci des prédateurs.

Je plonge dans la voiture dès qu'elle s'arrête le long du trottoir. Mes mains tremblent tant que j'ai du mal à boucler ma ceinture. Je n'y arrive qu'après d'une profonde inspiration. Le chauffeur tente de me faire la conversation, mais je ne réponds que par monosyllabes. Je n'arrête pas de me retourner pour vérifier que nous ne sommes pas suivis.

Cette angoisse se dissipera après le vote. Quand nous serons officiellement les égales des hommes, je n'aurai plus peur. C'est ce que je me répète, bien que je sache au fond de moi que c'est faux. Il faut que je me calme. Que je tire mon lait, que je produise davantage.

Je veux bien croire à un mensonge s'il m'octroie quelques centilitres supplémentaires.

Constitution des États-Unis d'Amérique

Amendement sur l'égalité femmes-hommes

Ratifié le 4 novembre 2070

Section 1 : L'égalité des droits devant la loi ne saurait être niée ou tempérée par les États-Unis ou aucun de ses États en raison du sexe ou de l'identité de genre.

Section 2 : Le Congrès aura le pouvoir de faire appliquer, par une législation appropriée, les dispositions du présent article.

TextPosts – Fils de discussion datant du 4 novembre 2070

@RheaPrice : Nous avons réussi ! Nos voix ont été entendues ! À toutes celles qui ont manifesté ou fait du porte-à-porte ces deux dernières années : MERCI !

@Lugh2072 : Quel moment historique pour les États-Unis ! Nous reviendrons sur cette journée comme un tournant dans l'histoire, la nôtre et celle du monde entier ! #égalitépourtous #libértépourtous #àmangerpourtous

@IncelArmy : Mes frères, il est urgent d'AGIR ! Ces femmes qui se proclament nos « égales » célèbrent leur « victoire », c'est-à-dire l'émasculation de notre pays au niveau national ! Montrons-leur notre puissance, notre force. Rappelons-leur qui Dieu a créé en premier, qui sont leurs supérieurs ! C'est Ève qui a croqué la pomme dans le jardin d'Éden. C'est Ève qui nous a tous condamnés. C'est aux femmes qu'il faut reprocher cette famine, et tous les maux de l'humanité depuis le début des temps. Hors de question qu'elles l'oublient ! Nous ne les laisserons pas l'oublier !

MÈRE

Les bureaux de vote ont fermé sur la côte est et dans le centre du pays. Les premiers résultats sont clairs : nous avons gagné. L'égalité des femmes est désormais inscrite dans la Constitution. La discrimination basée sur l'identité de genre ou le sexe est officiellement illégale.

Je suis sur un petit nuage en rentrant chez moi. Après toutes ces souffrances physiques – la famine, la surpopulation, le manque de gens pour s'occuper des générations vieillissantes –, cette victoire fait du bien. Notre société en avait grandement besoin, d'autant que le prochain rapport de l'observatoire Jachère sera bientôt là. Et moi aussi, j'en avais besoin, pour m'empêcher de consulter sans cesse mon portable en y trouvant toujours plus de messages de haine.

Vu que je suis restée au travail pour célébrer cette victoire avec l'équipe, j'ai demandé à Simone si elle pouvait aller chercher Callie à la garderie aujourd'hui. Elle a répondu « OK ». Rien d'autre. Deux lettres. Elle m'en veut toujours après notre dispute de la semaine dernière.

Nous avons beau être jumelles, nous n'avons jamais été meilleures amies. Certaines sœurs ont cette chance, pas nous. Mais nous avons survécu ensemble. Nous nous sommes tenu chaud la nuit pendant les coupures de courant. Nous nous sommes tenu compagnie tandis que Maman était au travail ou avec l'un de ses mecs. Même à l'école, où Simone était la fille cool alors que je n'étais qu'une intello à lunettes, elle me protégeait. Nous avons toujours fait en sorte de veiller l'une sur l'autre. Je ne reconnais plus cette femme qui vit sous mon toit.

En rentrant, je trouve Callie hypnotisée par un dessin animé sur le mur-écran. Ses joues rondes sont couvertes de miettes de biscuit.

– Mimi ! crie-t-elle en courant vers moi.

Je la prends dans mes bras et le soulagement que j'ai éprouvé quand Simone a accepté d'aller la chercher à ma place se change en une pointe de culpabilité. Maman n'était pas souvent là quand nous étions petites, toujours au travail pour payer le loyer et les courses. Je me suis promis que Callie se sentirait entourée d'amour. Qu'elle n'aurait jamais l'impression que je n'ai pas de temps à lui consacrer.

Elle retourne s'asseoir devant l'écran, apparemment satisfaite de son sort. J'éteins la télé et la soulève pour l'emmener jusqu'à notre coin lecture dans l'angle du salon. Ses livres et sa girafe en peluche ont disparu.

– Tiens, mais où sont passés nos livres ?

Je devrais dire « tes » livres, mais je ne peux pas m'empêcher de lui parler comme à un bébé. Dès que je franchis le seuil, fini le jargon corpo, je me mets toujours à parler de moi à la troisième personne d'une voix suraiguë.

– Ça déménage, Mimi ! explique Callie.

– Ça déménage ? dis-je en me mettant à bouger les hanches. En mode rock'n'roll ?

Nous dansons souvent ensemble, ce qui pour elle signifie sauter partout en agitant les bras.

– Non, nous déménageons, lance Simone derrière moi.

Sa voix glaciale tranche sur nos babillages. Je me retourne pour la découvrir dans le couloir, les bras croisés, comme si je venais d'apprendre à sa fille une litanie de gros mots.

La terre s'arrête de tourner. Je dois avoir mal entendu. Ce « nous » ne m'englobait pas comme j'aurais pu l'espérer.

– En voilà, une nouvelle…

Simone se contente d'afficher une grimace irritée. J'essaie d'empêcher mon menton de trembler. *Merde, merde, merde.* Je tais la première pensée qui me vient : *C'est ma faute.* Ce qui est parfaitement vrai. Je l'ai mise au défi de le faire, et elle m'a prise au mot.

Je passe en mode manager. Elle se comporte comme une employée rebelle, alors je n'ai qu'à la traiter comme telle.

– Je vois, dis-je d'une voix égale. Et quand partez-vous ?

– Ce soir, répond-elle en relevant le menton.

Un autre choc. Et le dîner ? Et le coucher de Callie ?

– Si vite ?

– Je ne voulais pas vivre une seconde de plus à tes crochets, puisque nous sommes un tel fardeau.

– Je n'ai jamais dit ça ! Écoute…

Je m'arrête. Puis je reprends, en m'efforçant de rester ferme.

– Simone, si c'est ce que tu veux, déménage, prends le temps de t'installer. Une fois que ce sera fait, que tu seras certaine de te plaire chez toi et de ne pas avoir besoin de changer à nouveau, Callie pourra te rejoindre. En attendant, il vaut mieux qu'elle reste avec moi, pour plus de stabilité.

J'ai fait cette proposition sans même y réfléchir. Je ne suis pourtant pas prête à vivre en mère célibataire – ni émotionnellement, ni en termes de planning, vu que le mien est plein à craquer. Mais je ne peux pas laisser Callie tomber entre les griffes du pasteur Tom et de sa secte.

– Ça te plairait bien, rétorque Simone. Mais Callie est *ma* fille.

Elle s'enfonce l'index dans la poitrine pour souligner l'argument. Ses ongles, autrefois si soignés, sont coupés court, limés, sans vernis.

– Tu ne veux pas te poser un moment pour en discuter ? J'ai l'impression que tu te précipites un peu.

Une approche calme et rationnelle, voilà ce que m'a appris notre mère, rejetée par Simone. Notre mère qui voyait le monde en termes de dollars et de centimes, qui calculait déjà ce que mon colostrum pourrait lui rapporter au marché noir quand j'ai eu un retard dans mes règles au lycée. Heureusement, je les ai eues deux jours plus tard…

Simone n'écoute que son instinct. Ce qui la rend très influençable – un véritable aimant pour les hommes comme le pasteur Tom, qui peuvent aisément la manipuler.

– Pas de discussion qui tienne, Mina. Le pasteur Tom trouve qu'il vaudrait mieux que nous vivions ailleurs, voilà tout.

– Tu es bien sûre que c'est ce qu'il y a de mieux pour Callie ? dis-je, la voix tendue. Qui est-ce qui décide, toi ou le pasteur Tom ?

– C'est justement pour le bien de Callie que je fais ça ! Pour le bien de son âme, réplique-t-elle en serrant les poings. J'ai compris que nos enseignements ne t'atteignent pas. Tu continues à vendre ton lait, tu t'es battue pour cet amendement aussi inepte qu'inutile ! Tu défilais dans les rues au lieu de réfléchir à tes fautes, au lieu d'encourager les autres à faire de même. C'est la goutte qui a fait déborder le vase.

Elle secoue la tête, dégoûtée.

– Callie pourrait se mettre à croire que pécher n'est pas si grave, m'explique-t-elle comme si elle ne l'avait pas déjà fait cent fois. Alors que ça l'est !

Ces derniers mots sont à l'adresse de sa fille. Je pourrais gifler ma sœur, la secouer. Par colère, mais aussi pour qu'elle reprenne ses esprits. Mais si je m'abaissais à ce genre de choses, je ne vaudrais pas mieux que le père de Callie.

La situation m'échappe, je le sens. Je ne sais plus à quoi me raccrocher pour retarder leur départ. *Je peux encore les arrêter tant qu'elles n'ont pas franchi le seuil.* Changeons d'angle d'attaque.

– Alors, où comptes-tu vivre ?

– Je n'ai pas envie de te le dire, rétorque Simone en croisant encore les bras.

Elle n'aurait jamais dû travailler là-bas. Dès l'instant où elle est tombée sur cette petite annonce, je savais que ça finirait mal. J'aurais dû faire plus d'efforts pour lui trouver du travail chez MLM. J'aurais dû demander à Rhea de faire jouer ses contacts professionnels. J'aurais dû faire n'importe quoi d'autre. Mais j'espérais que Simone perdrait son travail en quelques mois, comme toujours. Soit qu'elle abandonne, irritée par tant de prosélytisme, soit qu'elle soit renvoyée pour avoir juré ou porté une tenue jugée trop provocante. Au contraire, elle s'est laissé convertir par ces fous dangereux, et maintenant, j'en paye le prix.

– Ce n'est pas juste. Tu sais à quel point je vous aime, toutes les deux ! Tu sais à quel point j'ai travaillé dur pour vous aider. Et maintenant, tu m'expulses de ta vie ?

– L'argent ne fait pas tout, Mina ! Ce n'est que la prière et le repentir qui t'ouvriront les portes du paradis, pas la richesse !

Cette fois, je laisse éclater ma rage.

– Tu me reproches toujours d'être comme Maman, parce que je vends mon lait ! Tu lui en veux parce qu'elle n'avait pas le choix, tout comme je n'ai pas eu le choix quand elle est tombée malade ! Ce n'était pas la meilleure des mères, et tu ne l'es pas non plus. Mais maintenant, tu te caches derrière ta religion ! Et abandonner sa mère mourante, refuser de la voir alors que c'étaient ses dernières volontés, il n'a rien à dire là-dessus, Dieu ? Si on parlait de tes fautes à toi, pour changer ?

Je devrais me retenir, mais je n'y arrive plus. Je suis en train de perdre la seule famille qu'il me reste. Je revois ma mère, émaciée, trempée de sueur, appelant Simone. Chaque fois qu'elle prononçait son nom au lieu du mien, c'était comme un coup de poignard. Chaque fois qu'elle me demandait où elle était, je devais mentir. Lui dire qu'elle était en route, ou encore au travail, prise par une urgence.

Ma sœur lâche un rire cruel.

– Jusqu'au bout, tu espérais que Maman finirait par t'aimer. Mais ça n'a jamais pris.

– Tu… tu racontes n'importe quoi, dis-je d'une voix rauque.

– Je sais très bien de quoi je parle, crache-t-elle, les yeux étrécis. Au moins, quelqu'un m'aime, moi ! Au moins, je ne paye pas pour avoir des amis !

– Tu ne comprends pas le concept de « collègues », ou quoi ?

Et Keenya est vraiment mon amie ! Annabelle aussi – enfin… Elle l'était… Et Rhea est bien plus encore. Mon mentor. Simone ne pourrait pas comprendre.

Elle lève les yeux au ciel et secoue la tête comme si je lui faisais pitié. Comme si j'étais toujours sa petite sœur un peu pathétique, qui ne comprend rien à rien.

– Si c'est comme ça que tu te rassures, continue à te mentir, Mina.

Puis elle se détourne et disparaît à grands pas dans le couloir. Ses mots m'ont transpercée. Je me laisse choir sur le canapé et je regarde Callie jouer, hébétée. Je hais ma sœur parce qu'elle a raison. Tout ce que je dis, tout ce que je fais est motivé par cet horrible besoin de plaire, d'être aimée.

Quand elle revient, je sors de ma transe. Elle porte à l'épaule un énorme tote bag plein à craquer – sans doute de vêtements, d'affaires de toilette, de jouets. Ce qu'il reste de notre vie de famille.

– Allez viens, ma chérie, lance Simone à sa fille.

Je ne veux pas que ce moment traumatise Callie. Je ne veux pas qu'elle pleure, qu'elle crie. Ou peut-être que si. Peut-être qu'en luttant pour garder sa fille hurlante dans ses bras, Simone comprendrait à quel point elle veut rester. Peut-être qu'elle le comprendrait dans sa chair, à force de coups décochés par les petits pieds d'une enfant en crise. Oui, c'est une pensée égoïste. Horriblement égoïste.

J'ai bien le droit d'être égoïste de temps en temps, non ?

Callie saute du canapé pour aller voir sa mère, obéissante. Puis je la vois se laisser distraire par la télécommande de l'écran. Elle s'en saisit et se met à appuyer sur les boutons.

– Allez, Callie, on se dépêche ! hurle Simone, impatiente.

Callie l'ignore, peu disposée à se plier à ses désirs. Je me force à me lever malgré mes genoux qui flageolent.

– Ma chérie, c'est au tour de Mimi de jouer avec la télécommande, dis-je en m'approchant d'elle. Tu me la donnes, s'il te plaît ?

Callie examine la télécommande tout en réfléchissant à ma requête. C'en est trop qui Simone, qui jure entre ses dents – ce qui déplairait sans doute au pasteur Tom. Elle fait le tour du canapé, en perdant presque l'équilibre sous le poids de son sac, et arrache la télécommande à Callie d'un geste si brusque qu'elle me la flanque presque dans l'œil. Bien sûr, sa fille se met à pleurer.

– Arrête de chouiner ! grogne Simone.

– Sois un peu plus patiente avec elle…

Ma sœur me foudroie du regard.

– Tais-toi, Mina. Tu n'as pas toujours raison.

Sous le bras de sa mère, Callie est rouge et en larmes. On lui a enlevé sa télécommande ; moi, c'est ma nièce qu'on m'enlève, et je voudrais me mettre à hurler comme elle. Je vois dans ses bras tendus une supplication – elle voudrait que je vienne l'aider, la sauver !

Ne pleure pas. Je me le répète encore et encore. Je ne veux pas que Callie me voie pleurer.

Je pourrais me jeter sur Simone, lui arracher Callie, exiger de régler l'affaire au tribunal pour qu'on me confie la garde, au moins le temps que ma sœur trouve un peu de stabilité. J'ai un appartement et de quoi payer le loyer. Je suis cadre exécutif. Mais en passer par là ne serait que plus traumatisant pour Callie, et je n'ai pas le cœur de lui dire que sa mère n'est pas à même de prendre soin d'elle.

– Au revoir, ma chérie ! Sois gentille avec Maman, d'accord ?

Elles disparaissent d'un coup, la porte claquant derrière eux. Je n'ai même pas gardé une dernière image de Callie en tête. Et si je ne la revoyais jamais ? Et si elle ne me reconnaissait plus ?

Je reste face à la porte blanche, comme un carré de vide. Comme si elle reflétait mon état d'esprit. Effacée, lavée de tout sentiment. Plus de couleur, plus de famille dans ma vie. Je sens les larmes me brûler les yeux. Ma mâchoire me fait mal à force de les retenir. Puis une autre source d'humidité m'interpelle : une fuite de lait, sans doute du fait des hurlements de Callie.

Je cours dans ma chambre enfiler ma tireuse, aussi vite que possible. Je pleure, et mes seins aussi.

Je guette des bruits de pas, l'annonce d'un retour. Mais seul le ronronnement rythmique de la pompe remplit l'appartement.

Historique des appels
– Appels entrants pour Mina Hodge

4 novembre 2070

NUMÉRO INCONNU : Bonjour, ceci est un appel en PCV du centre de rééducation Debra K. Johnson, de la part de la détenue Annabelle Logan. Dites « oui » si vous souhaitez accepter les frais d'appel.

MH : Non.

MENACE

Je suis la dernière à arriver à la réunion du Troupeau ce mercredi matin. Clairement, je ne suis plus au top. Il a fallu que je m'arrache à mon lit ce matin. Callie n'est pas venue me réveiller en fanfare à 6 heures, avec des câlins et des chatouilles. Je n'arrête pas de regarder mon portable, espérant un appel de Simone. Mais la seule à avoir essayé de me joindre est Annabelle, depuis la prison. C'est bien la dernière personne à qui j'aie envie de consacrer du temps en ce moment.

Je me force à sourire et j'annonce :

– Il y a un nouveau carton de FloBar dans la salle de pause !

Une panique 100 % gluten s'empare de mes collègues. *Est-ce qu'il en restera encore après la réunion ?* Grand seigneur, je lâche une autre boîte en plein milieu de la grande table.

– Et en voici un à partager tout de suite !

Je suis peut-être en retard, mais j'apporte de quoi manger.

Plusieurs membres du comité exécutif se jettent sur les barres nutritives comme si je rentrais de la chasse. Je m'installe et je parcours le planning du jour. Heureusement, pas grand-chose au programme : plus que les affaires courantes maintenant que l'amendement a été ratifié. N'était-ce qu'un geste symbolique ? Oui, bien sûr. Ça n'en reste pas moins une victoire. Nous venons de vivre une semaine historique, dont je me souviendrai longtemps pour plusieurs raisons.

Rhea, qui préside, parcourt son Troupeau du regard, radieuse.

– Je tiens à vous remercier toutes pour les heures supplémentaires que vous avez consacrées au vote. Vos efforts ont porté leurs fruits !

Quelques vivats et applaudissements lui coupent un instant la parole.

– Et maintenant, faisons un tour de table. Faites-moi chacune un rapport sur vos priorités avant LactCon.

C'est ainsi qu'elle entame chacune de nos réunions exécutives, et je n'arrive pas à croire qu'elle ne sera bientôt plus là. Je n'arrive pas à croire que Rhea me quitte, elle aussi. J'avale une bouchée de ma FloBar pour faire passer le sentiment d'abandon.

– Sylvia, tu commences ? suggère Rhea.

Sylvia Rodriguez, notre RH, a des cheveux châtains rassemblés en chignon, des pommettes bronzées à peine fardées. C'est quelqu'un de carré, d'efficace, ce que j'apprécie beaucoup… et cela fait aussi d'elle une candidate idéale pour le poste de P.-D.G. Elle s'éclaircit la voix et pose la question qui nous préoccupe toutes.

– Qui va te succéder à la tête de MLM ?

L'atmosphère de la pièce se transforme. Chacune se pétrifie. Nous avions toutes envie de le demander, mais seule Sylvia aurait pu le faire. Près de deux semaines après la nouvelle, nous ne savons rien de nouveau. Rhea, très détendue, parcourt son comité du regard.

– J'annoncerai ma décision à la convention.

Son ton posé, calculateur, ne laisse planer aucun doute. Elle n'a pas encore décidé qui d'entre nous est digne d'accéder au pouvoir. Elle veut que nous nous battions pour cette place.

Et c'est bien normal. Cette compagnie, c'est son bébé. Elle ne va quand même pas confier le trône à la première venue ! Je la comprends. Celle qui méritera le poste sera celle qui l'aura le plus voulu, celle qui aura démontré qu'elle est capable de tout pour l'avoir, comme il lui faudra être capable de tout pour nos membres.

Nous échangeons des regards. Nous avons beau être une équipe, nous sommes aussi en compétition. Et avec un tel trésor à la clé, nous nous découvrons sous un nouveau jour. Sans compter que l'absence d'Annabelle se fait sentir plus clairement que jamais, comme un fantôme dans nos murs.

Heather, la spécialiste des affaires politiques, se lance dans son rapport. Elle ne peut s'attribuer seule le succès du vote, mais elle y est tout de même pour beaucoup, ce qui doit compter aux yeux de Rhea.

– Nous organiserons le forum « Allez, on allaite » dans l'atrium de nos bureaux en début de semaine prochaine, nous informe-t-elle.

Je retiens une grimace. Encore un événement de dernière minute pour lequel trouver des sponsors. Encore une urgence pour mon équipe alors que nous devrions consacrer toute notre énergie à LactCon.

– C'est un peu soudain, non ? s'enquiert Isis.

En tant que responsable conformité, elle aussi va se retrouver submergée de travail pour s'assurer que l'événement soit aux normes. C'est Rhea qui lui répond :

– Je sais que cela vous rajoute des tâches alors que vous en aviez déjà bien assez, mais ce forum nous donnera la parole dans la discussion autour de la production de lait avant le LLG la semaine prochaine.

Le LLG, soit « Lactation Leadership Gala », est l'événement annuel où les divers intervenants de l'industrie se mettent sur leur trente-et-un pour se rencontrer, manger des petits fours et faire semblant de s'apprécier.

Rhea nous adresse un sourire radieux. Impossible de lui dire non. Je glisse un regard vers Heather qui suit la conversation avec attention, en acquiesçant pile aux bons moments, les mains sur les genoux, le dos bien droit. L'image même d'une directrice pleine d'assurance. D'une P.-D.G.

– Ce sera aussi l'occasion de faire campagne pour l'annulation de la loi contre le lait maternel, nous dit-elle comme si nous aurions pu l'oublier. Notre victoire sur l'amendement pourrait nous porter plus loin encore.

Franchement, on croirait qu'elle singe Rhea. Cette loi n'est passée que parce que quelques femmes profitaient du système, en le ruinant pour toutes les autres. Comme ma mère.

– Est-ce que Winnie ne risque pas de profiter de l'événement pour manifester pour les droits des ouvrières du lait ? Elle ne pense qu'à ça, lance Sylvia à Heather.

La question est pertinente. Rhea lâche un soupir, puis recompose son masque d'impassibilité avant de répondre :

– Dans un forum sur l'allaitement, nous aborderons forcément le sujet.

Même si sa formulation laisse entendre qu'elle n'y voit aucun mal, son ton suggère le contraire.

– Et celui d'Annabelle, place Sylvia. Nous devrions nous y préparer.

Rhea plisse les lèvres. Sylvia a raison. Loin de lâcher l'affaire, les médias s'y accrochent. J'ajoute quelques remarques :

– Peut-être nos membres auront-elles aussi des questions là-dessus pendant LactCon. Impossible d'éviter le sujet.

Et si Rhea savait qu'Annabelle a cherché à me joindre ? Non. Elle ne partirait pas du principe que je la soutiens. Je dois faire en sorte qu'elle comprenne à quel point je suis dévouée à la compagnie, pas à Annabelle, même si nous avons pu être amies autrefois.

Rhea croise mon regard, pleine d'approbation, et je me rengorge.

– Absolument. Tu pourras préparer quelques réponses ? Et voir ce que nos sponsors pensent de l'affaire ?

– Je m'en occupe.

Je hoche la tête si fermement qu'on dirait un salut militaire. Annabelle ne saura jamais que je calcule chacune de mes actions, que je me préoccupe des apparences plutôt que de son sort. *Elle n'en saura rien.* Je me le rappelle pour combattre la culpabilité qui me brûle jusqu'à l'os. *Elle ne sortira jamais de prison.*

– Ce qui m'amène au sujet suivant, annonce Rhea en se redressant. Les nouvelles mesures de sécurité au bureau et durant la conférence. Il ne faut pas prendre les menaces qui pèsent sur LactCon à la légère.

Nous hochons toutes la tête, comme elle l'attendait. La responsable juridique, Michele Ly, agite la main comme pour disperser ces inquiétudes, ses grands yeux marron baissés sur ses notes, ses joues encore joliment rosies par son jogging quotidien (oui, elle part courir tous les jours, même quand il fait froid).

– Comme chaque année, élude-t-elle.

La liste des gens qui voudraient nous empêcher de produire du lait est longue. À commencer par ceux qui nous reprochent de ne pas produire davantage. Ils meurent de faim, leurs enfants ne mangent pas assez pour grandir, et ils nous en tiennent pour coupables. Nous ne tirons pas assez de lait, nous n'en vendons pas assez.

Des organisations comme les Mères Laitières voudraient que les mamans d'un enfant de plus de deux ans puissent vendre leur lait en toute légalité, et elles considèrent les Génisses comme des obstacles. Sans parler des super-féministes qui n'appartiennent pas à un groupe précis mais crient plus fort que les autres, en soutenant que nous dégradons toutes les femmes par notre production. Comme si des millénaires de sexisme se résoudraient en un clin d'œil pourvu que nous arrêtions d'allaiter. Comme si les kidnappings de femmes pour leur lait s'arrêteraient si nous cessions de répondre à la demande du marché.

Rhea jette un regard critique à Michele.

– Bien sûr. Mais j'ai bien peur qu'il faille prendre celles-ci plus au sérieux, dit-elle sombrement. Depuis la convention de l'an dernier, il y a eu deux importants rappels de produits à base de lait humain, suite à une attaque de nationalistes blancs sur les camions de livraison. Ils s'étaient fait passer pour des éco-puritains. Chaque jour ou presque, les faits divers rapportent des attaques de femmes à la sortie des supermarchés.

Elle énumère les incidents en comptant sur ses doigts.

– Trois mille de nos membres seront présentes. Nous devons tout faire pour qu'elles se sentent en sécurité. Deux organisations majeures ont déjà demandé des autorisations pour manifester devant l'hôtel… et ce ne sont que celles qui se préoccupent de suivre les règles.

Voilà qui attire l'attention. Nous cessons de prendre des notes et de composer des e-mails, toutes ces petites tâches qu'on règle en marge des comités exécutifs. Ceux qui nous détestent ne seront que plus remontés après la ratification de l'amendement. Le pasteur Tom n'est qu'un exemple parmi d'autres.

Tu es trop conne pour trouver un travail qui sollicite ton cerveau plutôt que tes seins ?

Étouffe-toi avec ton lait !

J'ai vu ta tête sur un carton de lait… maintenant, je sais à quoi tu ressembles.

Les messages que je continue à recevoir défilent dans mon esprit. Rhea reprend ses explications, avec un signe vers Heather :

– Et nous recevrons le sénateur Lugh, donc quiconque tenterait de faire passer un message aura une cible de plus.

Mes yeux croisent ceux de Becca juste avant qu'elle les lève au ciel. Au sein du troupeau, nous ne sommes pas toutes fans de Lugh et de ses visites toujours plus régulières. Quelque chose chez lui me déplaît. Peut-être que je me méfie des hommes politiques, tout simplement. Mais il vient de nous aider avec le vote, il faut le reconnaître.

– Raison de plus de ne pas accueillir un forum ici, non ? insiste Isis. Nous aurons besoin de davantage de mesures de sécurité !

Je suis d'accord, mais je n'en dis rien. Si quelqu'un doit déplaire à Rhea sur ce point, ce sera elle, pas moi.

Mais Rhea ignore ces protestations et continue.

– Il suffirait d'un illuminé pour blesser nos membres, ou notre image de marque, voire pire ! Malheureusement, je n'ai pas l'autorisation de discuter de ces menaces en détail, en raison du besoin de sécurité du sénateur. Mais je compte sur vous toutes pour rester attentives ensemble.

– Le nouveau rapport Jachère sortira la veille de LactCon, et ce ne seront sans doute pas de bonnes nouvelles, dis-je en guise de rappel.

L'observatoire Jachère rassemble des données agricoles, météo et scientifiques partout dans le pays pour tenter de prévoir quand finira la famine, quand baissera le niveau des eaux. Tous ceux qui ne mangent plus à leur faim y verront de bonnes raisons de s'en prendre à nous.

– Exactement, approuve Rhea. Merci, Mina.

Dans ma tête, je m'imagine ajouter un autre bon point à ma collection, comme chaque fois que je contribue de façon pertinente à cette réunion.

Heather ne retient qu'à peine sa grimace en listant les organisations et individus ayant demandé la permission de manifester aux portes de LactCon. Grâce au compliment de Rhea, j'ai l'estomac moins serré qu'avant. Je suis aussi qualifiée que Heather pour prendre la tête de MLM, même si je n'ai pas fait de prestigieuses études comme elle.

Puis mon cœur rate un battement : au fil de son énumération, Heather a mentionné l'Église de l'Arche. Je sens mes joues s'embraser. Que Simone et le pasteur Tom aillent manifester à la convention n'est pas un choc, mais tout de même, quel coup dur. Je regarde les autres, puis je baisse les yeux sur mes papiers avant de les relever sur Rhea. Elle hoche la tête en signe de sympathie. Heureusement, personne d'autre n'a remarqué mon trouble.

Soudain, la porte de la salle de conférences s'ouvre sur l'une des assistantes de Heather, qui court lui murmurer quelque chose à l'oreille. Heather ouvre de grands yeux, puis relaie le message :

– Le bureau du procureur vient de donner une conférence de presse au sujet d'Annabelle Logan. Ils vont chercher à faire appliquer la peine maximale prévue par la loi sur le gâchis délibéré d'aliments au Tennessee, pour la première fois.

Nous retenons toutes notre souffle.

– Ce qu'ils vont réclamer, c'est donc la peine de mort.

Ces mots me semblent d'abord dépourvus de sens. C'est impossible. La peine de mort. Annabelle pourrait être exécutée. Pas pour meurtre, mais pour avoir gâché de la nourriture. Si elle est reconnue coupable, que nous arrivera-t-il ? Nous échangeons des regards en attendant une réaction. Que quelqu'un fasse quelque chose, dise quelque chose. En faveur d'Annabelle ou contre elle. N'importe quoi. Pour une fois, Rhea ne trouve rien à dire. Il faut que je colmate la brèche.

– Je ferai passer l'info à nos sponsors. Michele, Heather ? dis-je pour m'assurer que j'ai leur attention. Je vous enverrai notre déclaration officielle avant la fermeture des bureaux pour que vous puissiez y revenir, afin que nous préparions un communiqué ce soir ou demain matin à la première heure.

Rhea penche la tête sur le côté, comme si elle me voyait sous un angle nouveau. Ce n'est pas pour rien si je me suis spécialisée dans la relation sponsors : c'est d'eux que vient l'argent. Si leur soutien s'étiole, nous aussi. Encore une chose que ma mère m'a enseignée. Rhea le sait bien, elle aussi.

– MLM ne se réduit pas à la somme de ses employées, déclare-t-elle en se levant. Les actions d'une seule femme ne signeront pas notre fin. Nous ne plierons pas sous la menace. Nous continuerons, nous porterons haut et fort la voix de notre industrie, nous mènerons nos Génisses avec courage et détermination !

Winnie Jones exige une enquête approfondie et une révision des normes de sécurité des supermarchés après la mort d'une Génisse des mains de l'agent censé la protéger

Créez un compte pour accéder à des articles gratuits en exclusivité, des alertes d'actualité et des newsletters.

« Vache folle » : ces Génisses qui nous trahissent tous... Annabelle Logan n'est que la dernière en date. Toutes les productrices de lait qui ont manipulé le système par avidité

Créez un compte pour accéder à des articles gratuits en exclusivité, des alertes d'actualité et des newsletters.

Le Delaware remporte la médaille d'argent d'absentéisme (après les districts comportant des délégués non votants). Hawaï semble prêt à suivre le mouvement alors que la saison des ouragans menace

Créez un compte pour accéder à des articles gratuits en exclusivité, des alertes d'actualité et des newsletters.

L'histoire de la peine de mort aux États-Unis : avancées technologiques, crimes, statistiques, confessions dans le

couloir de la mort... Rafraîchissez-vous la mémoire avant le procès d'Annabelle Logan

Créez un compte pour accéder à des articles gratuits en exclusivité, des alertes d'actualité et des newsletters.

Les sénateurs Wayne Treat (parti Abondance, Floride) et Russell Lugh (parti Jachère, Michigan) forment une coalition pour s'entendre sur le budget de la défense nationale

Créez un compte pour accéder à des articles gratuits en exclusivité, des alertes d'actualité et des newsletters.

Retour des seventies ! La population mondiale est désormais remontée jusqu'à celle de 1970 (quatre milliards dans le monde, deux cents millions aux US) mais les prévisions démographiques anticipent un ralentissement de la croissance dans les cinq prochaines années

Créez un compte pour accéder à des articles gratuits en exclusivité, des alertes d'actualité et des newsletters.

Le parti Abondance s'empare de dix sièges au Congrès et trois au Sénat

Créez un compte pour accéder à des articles gratuits en exclusivité, des alertes d'actualité et des newsletters.

Opinion : un agriculteur jure de « brûler [ses champs] plutôt que de les abandonner à l'État »

Créez un compte pour accéder à des articles gratuits en exclusivité, des alertes d'actualité et des newsletters.

À tous les voyageurs : les cartes de train changent de visage le mois prochain ! Suite au vote sur l'égalité femmes-hommes, le pass transport n'indiquera plus le genre

Créez un compte pour accéder à des articles gratuits en exclusivité, des alertes d'actualité et des newsletters.

La Norvège annonce le retour de son festival des moissons : le pays émerge victorieux de la famine, avec une exportation de cultures et de bétail record

Créez un compte pour accéder à des articles gratuits en exclusivité, des alertes d'actualité et des newsletters.

Hausse des adoptions d'animaux de compagnie : les bénévoles trient sur le volet pour empêcher la cynophagie

Créez un compte pour accéder à des articles gratuits en exclusivité, des alertes d'actualité et des newsletters.

SEULE À LA MAISON

J'ai perdu des années de ma vie pourtant si précieuse à nettoyer toutes les pièces ridiculement petites de ma tireuse.

J'ai usé des milliards de Coton-tige pour bien récurer chaque minuscule recoin.

J'ai essuyé des bavures de lait au moins une fois sur chaque meuble de la maison.

J'ai fait livrer de nouveaux filtres le jour même quand le dernier que j'avais est tombé dans l'évier.

Et une fois de plus, soirée de folie en semaine, je nettoie ma tireuse de fond en comble. Je suis en appel vidéo avec Keenya, qui me tient compagnie : projeté au mur, son visage laisse voir même les plus infimes de ses expressions.

– Typique de Heather, prendre la parole comme ça, grimace-t-elle.

Elle est d'accord avec moi sur le déroulement des événements durant la dernière réunion du Troupeau. Oui, je lui raconte toujours tous les détails, mais aujourd'hui, je cherche surtout à échapper au silence de mon appartement, mortel après le départ de Simone et Callie. En fond, j'entends la nièce et le neveu de Keenya qui réclament son attention. Ces cris familiers me réconfortent.

Mais elle ne peut pas rester avec moi toute la nuit. Les jumeaux doivent prendre leur bain, et moi, je dois m'habituer à la solitude.

Nous raccrochons et je commence à préparer le dîner. Faire à manger pour une seule personne n'a rien de satisfaisant. Autant d'efforts, sans personne pour les apprécier.

D'abord, une poêle. J'ouvre le verrou enfants du placard où s'entassent les casseroles comme des poupées gigognes. Au moment de le refermer, je me rends compte que ce n'est plus la peine. Je peux le laisser ouvert, voire l'enlever complètement.

Mais si elles me rendent visite ? me dis-je. Puis la part trop franche de moi-même répond amèrement : *Tu sais bien que ça n'arrivera pas.*

– Lovelace, dis-je pour activer mon assistant virtuel. Mets-moi une playlist pop en fond.

J'ai besoin de remplir le silence, peu importe comment. De me distraire de mes pensées. Pourvu que la première chanson soit du genre qu'on fredonne toute la journée, pourvu que je n'arrive plus à me la sortir de la tête. Quand je pense qu'il m'arrivait de rêver secrètement d'un peu de calme… Quand je pense que mon indépendance me manquait parfois… Comment ai-je pu éprouver cela ? Je voudrais revenir en arrière de deux semaines. Pas de canal bouché, pas de textos inquiétants, pas d'amendement à la Constitution pour déclarer l'égalité des genres. Je voudrais bien renoncer à cette victoire si cela me rendait ma famille.

La première piste arrive au refrain, et je me mets à chanter, d'une voix d'abord mal assurée, puis plus ferme. Je verse de l'huile dans la poêle, j'y jette quelques oignons hachés. Puis la musique est abruptement interrompue par la sonnerie familière de mon smartphone.

– Lovelace, décroche, dis-je sans réfléchir.

Là, oui, le silence se remplit. D'une respiration profonde, régulière. J'ai l'impression que la température a grimpé, comme si je sentais un souffle brûlant sur ma nuque. Je me retourne d'un coup, je ne fais plus un bruit.

Je ne savais pas qu'on pouvait respirer aussi fort. À fond dans les haut-parleurs, on croirait entendre un concert de poumons occupés à pomper l'atmosphère. Difficile à dire, mais je crois que c'est un homme. J'imagine le bruit sortir d'une paire de lèvres sans visage, tout près de moi. J'ai vraiment l'impression que je pourrais les voir en me retournant assez vite. Le couteau est là, sur le comptoir. Il me suffirait d'un geste pour m'en emparer. Mais je suis pétrifiée.

Puis, passé le premier instant de choc, je me rends compte que ce n'est pas d'une arme que j'ai besoin. Je me jette sur mon téléphone et je mets fin à l'appel aussi vite que possible, avant de bloquer le numéro. Face à mon écran vide, je me remets enfin à respirer – trop vite, en manque d'oxygène, et le bruit de mon propre souffle n'est pas pour me calmer.

Voilà, c'est fini, me dis-je, comme si je venais de chasser un monstre du placard de Callie. Mais je n'ai plus l'âge d'y croire.

– Lovelace, allume la lumière. Toutes les lumières, ordonné-je, encore perturbée.

Je dois me retourner vers la plaque pour finir de cuisiner, mais cette idée m'inquiète. Et si quelque chose se matérialisait derrière moi ?

Les oignons se mettent à grésiller, un bruit qui me ramène à la réalité. Je ne vais quand même pas les laisser brûler, laisser ce salopard ruiner mon dîner en même temps que ma sérénité. Je reviens à ma poêle en m'efforçant de me concentrer sur la recette, mais la colère s'attarde en moi, comme si j'avais traversé une toile d'araignée qui me collerait encore à la peau. L'huile crépite et, lorsque je retourne le poulet, une poche d'air éclate en me brûlant la main.

– Merde !

C'est en attrapant un torchon que je me rends compte que je pleure – pas de douleur, bien que ça fasse mal, mais de peur.

– J'ai le pouvoir de penser positif, me murmuré-je. Je décide comment réagir, je décide combien d'énergie consacrer à la négativité…

Si je me le répète suffisamment, peut-être finirai-je par y croire.

Le poulet est prêt. Je le saupoudre d'orge et de farine d'amande, autant de façons de stimuler ma production. Je mange la même chose depuis des années. Mais cette monotonie n'est pas chère payée.

Après l'invasion de ma maison par ce souffle lourd, je n'ai plus faim. Le dernier refuge qu'il me restait… Mais sauter un repas est un luxe que je ne peux me permettre. *La nourriture, c'est du carburant.* Je me force à tout finir, en mastiquant comme une machine. *J'ai déjà tellement de chance d'avoir de quoi manger ! Et chaque calorie se transformera en lait.* À grand renfort de platitudes, j'arrive à bout de mon assiette.

Cela fait, je reviens à mes e-mails pour achever d'y répondre. Une fois ma boîte vide, je sens la tension qui me plissait le front s'alléger. Ce travail qui m'apporte d'ordinaire tant de joie n'est désormais plus qu'une source d'angoisse. Que faire ? Comment retrouver un sentiment de sécurité ? Comment me distraire autrement ?

Je reprends mon portable, puis j'hésite. J'ai déjà contacté Keenya. En temps normal, la prochaine sur la liste serait Annabelle. Mais elle est en prison et j'ignore ses appels. Je crois que je ne pourrais pas la joindre même si je le voulais. J'espère qu'elle s'en sort là-dedans. Si, vraiment. Simone s'imagine que je paye pour avoir des amies, mais c'est parce qu'elle ne comprend rien à notre communauté chez MLM.

La communauté, c'est ça ! Je vais aller faire un tour sur les réseaux. Je me laisse aller sur le canapé comme si je comptais y dormir. Les coussins sont imprégnés du parfum à la vanille de Simone.

– Lovelace, un peu de jazz.

J'ouvre mon ordinateur, posé sur le bras du sofa, et mon tableau de bord m'apparaît en trois colonnes sur l'écran. Les statistiques de mon dernier post en date – quelques trucs et astuces pour gagner du temps avec sa tireuse – sont affichées à gauche. J'essaie de ne pas décompter les petits cœurs qui s'affichent un à un.

À droite, mes sources de relaxation favorites : de courtes vidéos de gens qui traversent des forêts, arrivent au sommet d'une montagne, se prélassent sur la plage. Des choses que je n'ai jamais faites moi-même, que j'aimerais bien tenter dans un futur rêvé.

Sur la colonne du milieu, les dernières vidéos des gens que je suis. La plupart font partie de MLM. Quelques amies de lycée y ressortent de temps à autre, mais l'algorithme a bien compris ce qui m'intéresse et me montre principalement des filles comme moi. Beaucoup de vidéos de tireuses. Un écran rempli de seins plus ou moins à découvert. On pourrait croire que ça m'excite. Mais non, ils occupent simplement la plus grande partie de ma vie.

Malheureusement, l'algorithme n'a pas *tout* compris et me montre aussi ce qu'on dit des Génisses dans l'actualité – les meilleures choses comme les pires, et les pires vont très loin. Entre les extrémistes religieux qui nous traitent de pécheresses, les affamés qui nous en veulent, les misogynes qui nous mettent tous les maux du monde sur le dos… Que de fragments de haine. Je bloque autant que je peux, mais vu l'intérêt des médias pour Annabelle, il est difficile d'éviter son visage et la vague de rancœur à l'encontre des Génisses, qui semble avoir envahi tous les recoins du monde, réel comme numérique. D'une pression sur un bouton, je passe un énième réquisitoire contre elle.

Un sourire me détend le visage lorsque je tombe sur la vidéo suivante : des images des nièce et neveu de Keenya. Les jumeaux, qui ont désormais trois ans, suivent la chorégraphie endiablée d'un challenge de danse qui enflamme les réseaux. J'aime ces images et je laisse un commentaire – *Mais noooon ! Trop chou !!!* Puis c'est une publicité pour FloBar, et je sens l'eau me venir à la bouche en songeant à leur nouvelle saveur. *Je crois qu'il en reste une dans mon sac !* Puis une vidéo de chatons postée par un refuge animalier, l'un de mes comptes préférés.

Puis, soudain, Simone et Callie. Mon cœur rate un battement. Elles font les folles en préparant quelque chose dans leur nouvelle cuisine. Bien propre, très design : le pasteur Tom ne s'est pas moqué d'elles. Mon curseur s'attarde au-dessus de la vidéo, j'hésite à cliquer *like*, mais elle prend fin et laisse place à la suivante. Je n'ai pas été assez rapide.

Mon écran affiche *Rhea Price* – elle est en train de me téléphoner. Je réponds aussitôt, affamée de présence humaine.

– Salut, Mina ! Désolée de t'appeler si tard…

– Tout va bien ? dis-je en m'attendant à une urgence de boulot.

– Oui, oui, je ne voulais pas t'inquiéter, répond-elle avec un petit rire. Je voulais juste prendre de tes nouvelles en buvant mon thé du soir.

Je l'entends avaler une gorgée.

– Tu sais, avant de rencontrer John, je me sentais parfois si seule la nuit, entre le travail et mes seins douloureux…

Un silence s'installe.

– Je sais qu'elles te manquent toutes les deux, Mina. Mais Simone doit tracer son propre chemin. Tu ne peux pas gérer sa vie pour elle et garder le contrôle de la tienne en prime.

Comment fait-elle ? Comment cette femme, P.-D.G. d'une puissante compagnie, trouve-t-elle le temps de songer à mes petits problèmes ? De m'appeler pour en discuter ? Moi qui étais si déprimée, je me sens déborder d'amour face à tant d'amitié.

– Tu as raison, bien sûr. Mais je n'arrête pas de penser à Callie… Qui va s'occuper d'elle ? Se battre pour elle ?

– Ce que je veux dire, Mina, soupire Rhea, c'est que tu arrives à un tournant de ton existence. Tout ça ne sera bientôt plus qu'un mauvais rêve si tu restes concentrée sur tes objectifs.

Un tournant de mon existence ? Elle parle d'une promotion, là ? Du poste de P.-D.G. ?

– Oui ! Bien sûr ! dis-je en me redressant. Tu as parfaitement raison.

Voilà la motivation dont j'avais besoin. Mes sombres pensées pourront attendre.

– Bien sûr que j'ai raison, s'amuse-t-elle. Et si tu venais dîner chez moi vendredi soir ? Entre filles ?

– Ce serait super ! Je peux apporter quelque chose ?

Heureusement qu'elle ne peut pas voir mon sourire niais. Voilà le but de ma vie : prendre la tête de ma communauté. Être la meilleure. Les mener vers l'avenir. Mon apitoiement sur moi-même, mes regrets s'évanouissent.

L'annonce si vague de Rhea, le délai si court avant son départ, l'espoir si vif de lui succéder – tout cela a fait exploser mes ambitions. Un nouveau niveau à battre, une nouvelle carotte pour me faire avancer. Quelques mots de Rhea ont suffi à me rappeler que je ferais tout pour m'en emparer. Même s'il ne me reste rien en cas d'échec.

5 novembre 2070 – Lettre annuelle aux membres de WNA (Nourrices de l'Amérique)

À chaque nouveau membre, notre organisation gagne en puissance. Beaucoup s'imaginaient qu'avec l'accroissement du nombre de nourrices professionnelles, la compétition deviendrait rude. Beaucoup s'imaginaient que nous finirions par nous entredéchirer pour survivre. Mais c'est tout le contraire qui s'est produit. Avec toujours davantage de nourrices unies et certifiées par notre organisation, nous nous rendons compte que de plus en plus de parents ont recours à ce service pour leurs enfants.

Maintenant que l'année 2070 touche à sa fin, maintenant que nous revenons sur tout ce que nous avons accompli ensemble, je veux prendre le temps de la célébration. Réjouissons-nous, profitons de ce moment.

Car il nous reste encore beaucoup de travail.

Eh oui, Winnie repart pour un tour ! Vous me connaissez, à force... Comment pourrais-je me taire quand une nouvelle nourrice m'appelle pour me dire que ses employeurs l'ont abandonnée, mise à la rue ? Qu'ils ont rompu leur contrat avant l'heure en refusant de la payer ? Rien d'inhabituel. Ces témoignages, nous les connaissons : des nourrices agressées par le père, le frère, le grand-père de la famille pendant que la mère dort. Des nourrices dont on exige des tâches ménagères sans aucune compensation supplémentaire.

Notre travail est vital mais notre position est vulnérable.

C'est pourquoi je vous invite aujourd'hui à vous syndiquer. Pour un salaire et des heures de travail plus justes, pour des contrats standardisés, pour une meilleure protection sociale, pour tous ces bénéfices à venir.

Nous avons la force du nombre.

Car ce syndicat ne défendra pas seulement les nourrices, mais toutes celles qui allaitent. Toutes celles qui vivent de leur tireuse, comme on dit. Toutes celles et ceux qui transportent et traitent ce liquide vital. On nous critique, on dit que nous pourrions travailler plus. Mais notre santé, nos conditions de vie doivent passer en premier ! Nous ne nous laisserons pas intimider jusqu'à l'effondrement.

Le Syndicat des Ouvriers du Lait d'Amérique est un syndicat pour tous et toutes. Notre puissance est dans notre lait : à nous de la déployer !

Je vous embrasse,

Winnie

Winnie Jones

Directrice de l'organisation Nourrices de l'Amérique

Laissez-nous votre adresse pour en apprendre plus sur le Sola !

ORDRE DU JOUR

L'atrium de notre immeuble, d'habitude si ouvert et aéré, s'est transformé en une place de village avec des rangées de chaises et une estrade où s'alignent quatre tabourets et autant de micros.

Les gens meurent de faim : seuls l'argent, l'influence et le pouvoir peuvent encore nous faire avancer. C'est pour cela que Rhea fait tant d'efforts pour allier MLM au sénateur Lugh, l'enfant chéri du parti Jachère.

Bien sûr, Rhea animera l'échange entre nos invités : Lugh, Winnie Jones et Mercedes Lopez. Ce dernier nom a fait lever plus d'un sourcil parfaitement épilé. En tant que directrice des Mères Laitières, elle milite pour l'abrogation de la loi qui interdit aux mères de vendre leur lait.

Beaucoup chez MLM sont d'accord avec elle. Une femme qui supporte de tirer du lait si longtemps devrait pouvoir le vendre une fois son enfant sevré. Et pourtant, Mercedes adore prendre MLM et les Génisses pour cibles. Les femmes sont les pires ennemies des femmes…

Winnie Jones est là aussi, pas seulement parce qu'elle a appelé tous les ouvriers du lait à se syndiquer, mais parce qu'elle représente les Nourrices de l'Amérique. Tout le monde n'est pas une Génisse, et nous souhaitons faire entendre chaque voix dans ce forum. Certaines de nos membres sont aussi nourrices. D'autres travaillent dans les hôpitaux, qui bénéficient exclusivement de leur production. D'autres encore, en faible proportion, ne vendent leur lait qu'aux compagnies industrielles.

Certaines Génisses vendent tout ce qu'elles peuvent – selon le maximum autorisé par la loi – aux compagnies de cosmétiques, avant de céder le reste à la nutrition comme l'exigent les textes. Les régulations peinent à garder le rythme devant notre ingénuité. Chez MLM, nous ne jugeons pas nos Génisses à leurs clients. Le choix leur appartient.

J'achève de préparer l'estrade, en m'assurant notamment que le logo de notre sponsor est face au public sur les bouteilles en inox qui s'alignent sur la table. C'est Guzzlr qui finance ce forum, en le diffusant à tous nos membres. J'espère que le sénateur Lugh, Winnie ou Mercedes boiront une gorgée ou deux pendant l'échange.

J'ajoute quelques FloBar sur la table pour faire bonne mesure. J'avais sollicité mon contact pour sponsoriser l'événement ; il n'est malheureusement jamais revenu vers moi, mais la compagnie nous a tellement couvertes d'échantillons gratuits ces derniers temps qu'elle mérite bien un petit geste de ma part. Je devrais manger une barre, d'ailleurs – je meurs de faim, et ma production est toujours en berne avec ce canal bouché.

J'ai beau rester derrière la caméra aujourd'hui, professionnelle jusqu'au bout des ongles, je porte un tailleur blanc, un peu trop grand pour ajouter du style. Une chemise rose pâle et une ceinture fine complètent mon look. On dit qu'il faut s'habiller à la hauteur de ses ambitions.

Mes cheveux sont serrés en un chignon bas pour laisser voir mes boucles d'oreilles de perle. Ce sont des vraies, un héritage familial qui a traversé l'océan avec mes ancêtres irlandais, à l'époque où ils subissaient eux aussi une famine. Simone n'a pas été contente quand Maman me les a léguées. Mais je les ai bien méritées, un centilitre de lait après l'autre. C'est mon bien le plus précieux, et c'est le genre de bijou qui sied à une P.-D.G.

Depuis ma conversation avec Rhea, j'ai retrouvé ma détermination. Je réponds aux e-mails, je signe des contrats. J'ai changé de numéro : seuls le Troupeau exécutif et mon équipe en ont connaissance, désormais. Pour me joindre, les sponsors doivent m'appeler au bureau. Je ne sais toujours pas qui me harcelait – un loser anonyme, ou le pasteur Tom, voire Simone, même si cette idée m'arrache une grimace. Mais qui que soit cette personne, elle ne peut plus m'atteindre. Je ne me laisserai plus distraire.

Encore quelques minutes avant le coup d'envoi. Je parcours rapidement mes e-mails. Devin de chez LactBlast voudrait un pass de plus pour la convention. Kathy chez FloBar m'envoie un e-mail avec pour objet « Livraison échantillons ». Ah oui, nous avons reçu encore plusieurs cartons ce matin, de quoi remplir nos sacs cadeaux pour toutes celles qui viendront à LactCon. Je marque l'e-mail comme lu et je passe au suivant.

Un nouveau sponsor potentiel pour la convention, qui se signale à retardement : Power Pump X. *Voyons voir... Nous avons déjà un sponsor pour le salon allaitement, mais un soutien de plus nous permettrait d'organiser un atelier sanitaire.* Je suis en train d'ébaucher une réponse et de préparer ce que je forwarderai à mon contact sur le lieu de la convention lorsque Rhea monte sur l'estrade.

– Bonjour à toutes et tous ! s'écrie-t-elle, un micro à la main, en vraie rock star des affaires. Merci de votre présence à notre forum sur le futur de l'allaitement !

Lugh est dans les coulisses, prêt à faire son entrée. Il est grand – près de deux mètres, avec des oreilles décollées. On dirait un ogre. La malnutrition générale a fait baisser la taille moyenne des gens à l'échelle globale, mais lui semble avoir mangé à sa faim dans son enfance. Ce qui lui permet de prendre tout le monde de haut – littéralement – et d'attirer l'attention sans effort.

Winnie et Mercedes entrent en scène et se serrent la main. Mercedes ne serre pas celle de Rhea, ce qui se remarque. La foule murmure.

Rhea demande à chaque intervenant de se présenter, et Lugh se lance dans un discours qu'il semble avoir soigneusement préparé.

– Je viens de notre bel État du Michigan, mais je sais que les défis du lait humain ne sont pas confinés aux Grands Lacs. On les retrouve à l'échelle nationale, à l'échelle mondiale.

Il n'a pas le charisme débridé, aveuglément dogmatique, de ses opposants au parti Abondance. Ils ont beau être plus agréables dans la conversation, leur stupidité en termes décisionnels est terrifiante. Ils font grimper l'audimat mais signeront la perte de l'électorat.

– Je peux cerner les problèmes principaux grâce à ce que Rhea et mes électeurs m'ont communiqué, mais ces soucis appartiennent déjà au passé. Nous devons garder un œil sur ce que pourrait nous réserver l'avenir. Anticiper, régler ce qui ne marche pas aujourd'hui afin de triompher demain.

Russell Lugh s'est bien habitué à sa célébrité nouvelle, quoique toute relative. Il croit encore au système. De tout son cœur, il veut le faire fonctionner. Voilà le personnage qu'il s'est composé.

Car c'est le système, l'homme, le patriarcat, qui nous a plongés dans cette réalité. Un ouragan n'est pas raciste, un océan qui monte n'a pas de préjugés. Mais les maisons construites en zone inondable n'étaient pas habitées par des Blancs. Les réfugiés climatiques n'ont pas le même visage que moi, que Rhea, qu'Annabelle, que Lugh. Et ils ne viennent pas seulement de l'étranger : ce sont aussi nos propres citoyens – des gens nés ici et à qui l'on a garanti des droits inaliénables – qui se sont retrouvés sans eau, sans nourriture, sans abri sur les côtes de la Californie, à l'est du Texas, au Delaware, dans l'insoutenable fournaise de l'Utah et de l'Arizona, sur les terres infertiles du Michigan.

Lugh énumère ses priorités.

– Avant toute chose, abrogeons la loi sur la vente de lait humain pour la prévention de la mise en danger des enfants, c'est-à-dire la loi contre le lait maternel !

Il s'interrompt pour laisser applaudir le public. Mercedes hoche la tête avec emphase.

– Mettons fin au trafic de lait qui a lieu sous notre nez !

Les applaudissements forcissent à mesure qu'il s'anime.

– Et faisons en sorte que vous puissiez partir à la retraite, Mesdames, sans perdre votre couverture santé et nutrition !

Voilà qui mérite une ovation debout. Il a parfaitement compris nos inquiétudes. La Sécurité sociale n'a jamais été notre point fort, dans ce pays. Comment continuer à prendre soin de ma santé quand je ne tirerai plus mon lait ? Cette question m'a beaucoup préoccupée cette dernière année. Si je n'ai plus accès à ma mutuelle, à mes avantages alimentaires, à quoi ressemblera ma vie ? Si je dois me rabattre sur des suppléments artificiels, que vais-je devenir ? Combien de temps avant d'être frappée d'un cancer ?

Peut-être pourrais-je continuer à produire assez pour dépasser le seuil minimum, qui me permettra d'avoir au moins accès aux rappels de vaccins et à de la vraie viande de bœuf ? Je sais que je ne suis pas la seule à m'inquiéter de tout cela.

La foule adore Lugh. Pas étonnant qu'il soit le favori du parti Jachère, qu'il ait des vues sur la campagne présidentielle. Difficile de briller après une telle performance.

C'est au tour de Winnie, qui se présente sous les acclamations des sages-femmes au fond de la salle.

– Je suis heureuse d'entendre que notre bien-être vous préoccupe, sénateur, place-t-elle. Mais nous avons besoin de soutien avant même de remiser nos tireuses. Une meilleure protection, de meilleurs salaires, et de meilleurs avantages pour supporter ce dur métier.

Je hoche la tête en l'écoutant. C'est un travail très exigeant, physiquement et mentalement. Il faut toujours être sur le pont, sans jamais se relâcher. Ne jamais ingérer de mets ou de substances interdits. Ne jamais sauter une séance à la tireuse. Ne jamais bâcler la stérilisation. Ne jamais prendre de congés, jamais, jamais.

– Je suis parfaitement d'accord, une meilleure protection est indispensable pour les ouvrières du lait. Regardez ce qui s'est passé la semaine dernière, ce qui se passe encore chaque jour !

Il fait référence à une énième agression de femme pour son panier de provisions. C'est peut-être le gouvernement qui décide qui peut acheter de la viande, mais ce sont les supermarchés qui régulent son accès, ce qui nous rend vulnérables.

– Votre travail est vital pour le pays, Mesdames ! poursuit-il.

Ce « Mesdames » m'agace. Dans sa bouche, c'est assez condescendant.

– Mais…

– Comment peut-il y avoir un « mais » après une telle déclaration ? l'interrompt Winnie. Vu les risques que nous courons, il est évident qu'il nous faut de meilleures compensations !

Mercedes en profite pour ramener la conversation vers ce qui l'intéresse, alors qu'on ne lui a pas encore officiellement donné la parole.

– Eh bien, sans ce goulet d'étranglement qui interdit aux mères de vendre leur lait, l'offre et la demande ne seraient pas en tel déséquilibre ! s'écrie-t-elle, tendue. Cette loi n'existe qu'à cause de quelques criminelles, des mères qui ont affamé leur bébé pour le profit. Mais la plupart des femmes peuvent encore allaiter après avoir sevré leur enfant ! Pourquoi ne pas les laisser faire ?

Je suis d'accord avec elle. Et si ma mère avait pu continuer à vendre son lait après avoir accouché ? Elle n'aurait pas eu besoin de prendre un deuxième travail. Elle aurait pu économiser, acheter de la nourriture de meilleure qualité. Ma vie et celle de Simone auraient sans doute été bien différentes.

Ce n'est pas qu'on interdise aux femmes de produire du lait – ces choses-là ne peuvent pas être régulées. Mais acheter du lait à une mère est devenu un crime fédéral, associé à une mise en danger d'enfant. On peut les menacer de leur retirer leur bébé. Comme à l'époque de la Prohibition, qui n'interdisait pas aux gens de consommer de l'alcool, seulement d'en transporter et d'en vendre.

Lugh prend une gorgée d'eau, le temps de réfléchir aux paroles de Mercedes. Je vois presque les rouages tourner dans son esprit. Au moins, Guzzlr sera content : le sénateur boit à leur bouteille en plein live internet.

Le débat suit son cours, très animé, ce qui n'a rien d'anormal vu l'importance du sujet. Rhea est une excellente modératrice et fait en sorte que Lugh puisse répondre aux déclarations de Winnie et Mercedes. Sans elle, ces deux-là l'auraient acculé sans le laisser respirer. Rhea coupe même la parole à Winnie pour laisser parler Lugh – elles ont beau être amies, il faut être juste. Enfin, c'est l'heure des questions du public.

La première vient d'un journaliste de l'antenne locale de *News Across America*. Ils ont tendance à soutenir le parti Jachère, donc je m'attends à une question facile. Elle ne l'est pas.

– Une question pour tous les intervenants : j'aimerais beaucoup entendre ce que vous avez à dire sur l'arrivée de l'industrie cosmétique sur le marché. Comment peut-on accepter qu'ils emploient du lait humain pour leurs crèmes hydratantes alors que les gens meurent de faim ?

Winnie répond aussitôt, sarcastique :

– C'est au capitalisme qu'il faut poser la question.

Après un rire du public, elle continue :

– Les ouvrières du lait ont des factures à payer, et les cosmétiques rapportent beaucoup. Pour qu'elles vendent davantage à l'industrie alimentaire, il faut que ces ventes soient plus rentables pour elles !

Quelqu'un la hue depuis le fond de la salle. Lugh prend la parole, coupant court à ces objections grossières.

– Si vous me permettez… Winnie exprime un besoin bien réel, celui d'être payé à sa juste valeur pour ce travail. Ça ne signifie pas que les prix doivent monter pour les consommateurs. Vous croyez que les dirigeants de l'industrie alimentaire vont se coucher le ventre vide ?

– Vous m'enlevez les mots de la bouche, sénateur ! reprend immédiatement Winnie.

Elle lui adresse un sourire charmant, mais je n'ai aucun mal à deviner ce qu'elle pense – *Super, merci pour le mansplaining.* Ils ont raison tous les deux, l'argent est le nerf de la guerre.

– Oui, merci beaucoup, Russell, répond Rhea avec bien plus de sincérité, du moins en apparence.

– Si nous avions davantage de productrices sur le marché, les prix baisseraient ! intervient Mercedes, qui ne se laissera pas oublier comme ça.

– Si les prix baissaient, nous ne pourrions plus survivre ! crie une femme au deuxième rang.

Ce n'était pas à elle de dire ça, et ce n'était pas le moment. Rhea invite le public à poser d'autres questions pour changer de sujet. Mais un homme se lève subitement au dernier rang. Il a de longs cheveux gris, coincés derrière ses oreilles. Les mains en porte-voix – ce qui n'est pas nécessaire, sa voix est si forte que les mots résonnent dans tout l'atrium –, il se met à scander :

– Sans les Génisses, prix plus bas ! Les Génisses, on n'en veut pas !

Rhea et Lugh font signe aux agents de sécurité à l'arrière. En les voyant approcher, l'inconnu crie encore plus fort.

– Non ! Vous ne pouvez pas me faire taire ! Vous ne pourrez pas tous nous faire taire, hurle-t-il tandis qu'on l'empoigne par le bras pour le mener vers la sortie.

Au moins, il ne s'est pas battu pour rester. Pas de lutte, pas de menottes. Je songe à nouveau à notre réunion plus tôt dans la semaine. Vu les menaces proférées contre LactCon, peut-être n'aurions-nous pas dû organiser ce forum… Mais regardez ce qui vient de se passer : se débarrasser de cet agitateur n'était pas compliqué. On ne va tout de même pas se laisser intimider. Non, c'est hors de question.

Confessions de Casey Lynn
– Chaîne vlog et tutos

Comment j'ai ÉCHAPPÉ aux griffes de la secte My Lactation Membership !

J'ai toujours cru que produire du lait serait hyper facile. On n'arrête pas de répéter aux petites filles : « C'est ce qu'il y a de plus facile à faire pour une femme. » Puis je me suis lancée et laissez-moi vous dire que ce n'est pas si facile que ça ! Tirer du lait était un tel parcours du combattant que j'avais l'impression de perdre de l'argent au lieu d'en gagner.

Déjà, j'ai dû faire certifier que je m'alimentais correctement pour trouver des clients. Les premières poches de lait ont été testées, et si on y avait détecté des allergènes ou des produits synthétiques, on m'aurait immédiatement retirée des listes. Genre, je n'aurais pu vendre que du savon au lait. Ou alors me tourner vers l'industrie du sexe... Et, genre, j'ai beaucoup de respect pour les gens qui font ça mais ce n'est pas ce que je voulais dans ma vie, dans ma carrière.

La première chose qu'on produit, c'est du colostrum, de l'or liquide – on l'appelait comme ça autrefois parce qu'il est incroyablement riche en nutriments. Mais maintenant, on l'appelle comme ça parce qu'à l'époque où on avait le droit d'en vendre, ça rapportait des milliers de dollars au centilitre. L'industrie pharmaceutique faisait des bonds de géant en l'utilisant dans toutes sortes de traitements, mais il a fallu arrêter quand le gouvernement a décidé qu'on ne pouvait plus en donner qu'aux bébés. Donc quand on est Génisse, quand on arrive *enfin* à produire quelque chose, ce qui sort vaut une fortune mais il faut obligatoirement en faire don !

Moi qui voulais arrondir mes fins de mois comme ça, j'étais loin du compte. Donc si vous y songez pour vous faire de l'argent rapide, laissez tomber.

Peut-être que vous voulez rejoindre MLM parce que vous rêvez de « sororité » ? Étudions ça une seconde. Tout ce qui m'a donné l'impression d'appartenir à une communauté au début… eh bien, quand j'y repense, je me rends compte que ce n'était pas du tout l'idée.

MLM prétend nous encourager en organisant des marathons à la tireuse et en proposant des récompenses pour chaque palier de production. Mais ça met les membres en compétition. Imaginez des milliers de femmes qui ont toutes le même but : être la meilleure, gagner encore plus, produire davantage que toutes les autres… L'ambition peut faire bien plus de dégâts que les phéromones.

Après deux ans là-dedans, j'ai décidé de partir. Et alors que j'en avais très envie, je suis restée bien trop longtemps à cause de la pression qu'on nous met. J'avais survécu à la phase initiale, c'est vrai que j'en étais fière. Mais on nous répétait sans cesse de penser aux autres, comme si abandonner, c'était trahir notre société en laissant les gens mourir de faim. Sauf que moi, je n'en pouvais plus. Mon corps n'en pouvait plus.

Quand j'ai dit à mes amies chez MLM que je songeais à laisser tomber, la plupart ont été très compréhensives. Mais dès que j'ai cessé d'être membre, toutes ces copines se sont évaporées.

Personne ne répondait plus à mes textos. Les verres qu'on devait prendre ont été oubliés. Elles m'ont complètement ghostée, quoi. J'essaie de prendre soin de moi, de mon corps, et je me fais ostraciser…

De vraies sœurs ne m'auraient pas traitée comme ça.

FESTIN

Rejoindre MLM, c'est pour l'esprit de communauté, pour l'amitié entre femmes. Pour la convention annuelle, pour le prix du Litre d'Or qu'on remet à celle qui a produit le plus, pour les récompenses accordées à celles qui ont atteint l'échelon Diamant. Mais MLM est un business, et l'industrie du lait humain est en plein essor. Rejoindre MLM, c'est aussi pour l'argent.

C'était ce qui me motivait, au départ. Je suis restée pour Rhea, pour ses idées, pour sa dévotion envers moi et les autres Génisses. M'inviter à une soirée filles est tellement généreux… mais rien d'étonnant venant d'elle.

Vendredi soir, je vais donc chez elle pour dîner, heureuse d'échapper à mon appartement vide. Rhea vit dans une résidence sécurisée au sud de Nashville, avec son époux John – ils y ont emménagé après leur mariage. Avant, elle vivait en centre-ville, comme moi. Chaque année, MLM bat des records de ventes, et chaque année, elle peut se permettre de tout avoir et tout donner.

En voyant sa maison, on pourrait la croire vénale. Mais elle fait don d'une énorme partie de sa fortune, et de son temps. Par la fenêtre du taxi, je vois défiler les champs, les églises en briques, l'entrée d'une école privée. Puis nous arrivons dans la résidence de Rhea.

La pelouse est immaculée sous le soleil couchant, et les lampes le long du chemin s'illuminent pour mon arrivée. Ce n'est que la deuxième fois que je viens ici. La première, c'était l'an dernier, pour une retraite avec les autres membres du Troupeau. Et je n'ai plus vu Rhea en tête à tête depuis les débuts de MLM.

C'est John qui m'ouvre la porte. On peut dire qu'il complète parfaitement Rhea : un peu plus grand qu'elle, avec des cheveux blonds toujours parfaitement coiffés. Il travaille dans la finance, je crois. Elle l'a rencontré à un déjeuner de business il y a quelques années, un vrai coup de foudre.

– Il faut qu'on dise à l'équipe de surveillance du quartier de se secouer, ils laissent entrer n'importe qui ! crie-t-il à Rhea en me voyant.

– Très drôle, dis-je en le prenant brièvement dans mes bras.

Comme j'envie Rhea. Ce n'est pas que John m'attire plus que ça : c'est plutôt leur relation que je jalouse. Elle a quelqu'un qui partage sa vie, quelqu'un qui la soutient sans conditions. Difficile de trouver un partenaire quand on est Génisse. On tombe soit sur des fétichistes qui ne pensent qu'à ça, soit sur des mecs qui sont dégoûtés par le liquide qui suinte, découragés par les horaires très stricts de la tireuse. Mieux vaut me consacrer pleinement au travail en laissant la romance de côté tant que je n'en ai pas fini avec cette carrière. Mais tout de même, voir John me rappelle tout ce que je rate.

Quand je passe le seuil, un arôme de bœuf me parvient. Impossible de se méprendre, rien d'autre n'a cette odeur. Quel goût unique.

– Je me suis dit qu'un classique américain vous plairait ce soir, Mesdames, lance John en m'accompagnant jusqu'à la cuisine. Cheeseburgers maison !

De la vraie viande de bœuf… J'en ai l'eau à la bouche. Même si j'ai la priorité pour acheter de la viande en tant que Génisse, j'opte plutôt pour le poulet ou le poisson, moins chers. Le bœuf est si rare, un vrai luxe. J'en ai déjà senti l'odeur en voyant passer un steak au restaurant, tout crépitant dans l'assiette. Mais je n'en ai jamais mangé.

Rhea, debout devant l'immense comptoir de marbre, coupe une tomate en dés. Je n'avais jamais vu de tomate si dodue, si juteuse. Pas en vrai.

Elle s'essuie les mains et vient me serrer contre elle.

– J'ai apporté le dessert, dis-je en lui présentant mon plateau de cookies galactogènes.

Ils semblent bien minables, désormais, à côté du festin qu'ont préparé Rhea et John.

– Parfait ! me dit-elle, radieuse, avant de revenir à ses préparatifs.

– Je vous laisse, il faut que j'apprenne à mes losers de copains comment jouer au poker, lance John en enfilant sa veste.

– Interdit de revenir tant que notre soirée filles n'est pas finie, lui crie Rhea. Pas même pour avoir du dessert !

John revient au comptoir, dérobe un cookie à l'avoine et s'en va en agitant la main. Rhea a beau lever les yeux au ciel, je sais qu'elle n'est pas vraiment agacée, mais amusée.

Nous mangeons dans le « coin cuisine », comme l'appelle Rhea – une table qui ne serait pas déplacée dans un salon ordinaire. Mais sa salle à manger est assez grande pour accueillir douze personnes, ce qui aurait fait un peu trop pour nous deux. Je l'aide à mettre le couvert tandis qu'elle prépare un cocktail sans alcool au citron, qu'elle place au centre avec soin. Tout est pensé, soigné, des assiettes assorties aux verres gravés. Rien à voir avec mes couverts, incassables et garantis sans bisphénol A – tous choisis avec Callie en tête. L'intérieur de Rhea semble sorti d'un catalogue, sans aucun désordre afin de laisser la place aux élégants sets de table.

Nous levons notre verre, puis Rhea me regarde prendre mon cheeseburger à deux mains.

– Bon appétit, m'encourage-t-elle.

J'hésite. Je ne veux pas me précipiter pour cette expérience.

– Allez, ça va refroidir, insiste-t-elle.

La première bouchée est un avant-goût du paradis. Ou plutôt non, l'inverse : je comprends maintenant pourquoi certains versets de la Bible interdisent de marier la viande et le fromage. Le bœuf parfaitement grillé, le fromage véritable et à demi fondu… On se damnerait pour manger ça. Le jus de viande imprègne le pain en lui donnant une saveur décadente.

Je mâche lentement en laissant le goût s'épanouir sur ma langue. Il faut que je me souvienne de prendre des pauses, de ne pas tout engloutir d'un coup, de faire durer le repas. Enfin, je comprends ce que radotent les plus vieilles générations. Rien ne remplace la vraie viande.

Tout en savourant mon repas, je promène le regard sur ce qui m'entoure, recettes des ambitions de Rhea, de sa détermination à construire MLM pierre par pierre. La salle de réception (il fallait bien donner un nom particulier à un salon si grand). Le frigo rempli aux portes transparentes. La cuisine extérieure que j'aperçois par la baie vitrée à ma droite.

– C'est trop, Rhea, vraiment… dis-je à la moitié de mon cheeseburger, pour retarder le moment de prendre une autre bouchée. Merci, merci !

– Tu travailles si dur, Mina. Tu as bien mérité de te faire plaisir de temps en temps, élude-t-elle. Et moi aussi, d'ailleurs.

Elle a tout pour me comprendre. Elle a grandi dans la pauvreté, comme moi. Sa mère a déserté le foyer et son père a fait tout ce qu'il pouvait pour la nourrir. Il lui a appris comment monter son affaire. Rhea sait ce que cache ma détermination – la peur de retomber dans le caniveau dont je suis sortie.

– Sans compter que si tout se passe comme prévu pour MLM, nous devrions connaître une croissance sans précédent l'an prochain. Tu pourras te permettre ce genre de choses plus souvent.

Elle croise mon regard d'un air entendu, ce qui attise ma curiosité.

– Tu veux parler de l'expansion à l'international dont tu discutais l'autre jour avec Michele ?

Je prends une autre bouchée pour lui laisser le temps de répondre – toute notre conversation a été ponctuée par une mastication lente et délibérée. Au début, je trouvais un peu bizarre qu'elle me regarde manger avec une telle attention, mais maintenant, je comprends. Si je pouvais servir un tel repas à Callie, je guetterais ses réactions pour revivre la première fois, moi aussi.

– Je n'en dis pas plus pour le moment, répond-elle avec un clin d'œil.

Si mystérieuse, comme d'habitude. Peut-être que nous sommes bel et bien sur le point d'ouvrir d'autres branches à l'international. Ou alors… peut-être que la loi contre le lait maternel sera bientôt abrogée ? Lugh serait au courant avant tout le monde.

– Mais dis-moi vraiment, reprend-elle en se penchant vers moi. Comment vas-tu ?

Elle plisse le front, son attention tournée vers moi. Elle ne dit rien – on lui a appris à laisser respirer le silence dans une retraite de leadership. Ne pas parler la première, attendre que l'autre se sente mal à l'aise.

Nos volontés s'affrontent, je le sens. Cherche-t-elle un signe de faiblesse de ma part ? Est-ce un test pour déterminer si je suis digne de lui succéder ? Une idée me traverse : peut-être devrais-je lui expliquer en quoi mes collègues ne méritent pas le poste, selon moi. Mais ce serait mesquin, et une femme mesquine ne finit pas P.-D.G.

Je préfère mentir.

– Ça va. J'ai toujours trop à faire avant la convention annuelle. Je pourrai me détendre quand ce sera passé.

– Je ne te parle pas du travail, mais de *toi*, Mina, dit-elle en m'étreignant la main.

Dois-je admettre à quel point je me sens seule ? Dois-je lui parler des textos que j'ai reçus ? Du fait qu'Annabelle a encore essayé de m'appeler ?

Autrefois, je n'avais aucun mal à me confier à Rhea. Elle m'écoutait toujours. Chaque fois que j'avais du mal à gérer un sponsor qui tentait de tirer parti de mon jeune âge, de ma nature crédule. Chaque fois que je manquais de sommeil après m'être occupée de Callie toute la nuit avec Simone, quand elle faisait une otite ou quand elle avait attrapé un rhume à la garderie. Chaque fois que ma production de lait était en berne. Rhea est mon mentor, mon exemple. Elle inspire la crainte autant que le respect. J'aurais aimé que ma mère soit comme elle.

Je voudrais lui poser des questions, tant de questions, mais les mots me restent dans la gorge.

Comment as-tu su qu'il était temps de quitter MLM ? Je peux venir avec toi ? Tu pourrais rester, pour que rien ne change ?

– J'ai pris tes conseils de l'autre soir à cœur, dis-je en secouant la tête. Simone a pris un nouveau départ, il faut que j'accepte cette décision, que je la laisse respirer.

Un mensonge éhonté, mais que j'articule avec le calme et l'assurance d'une P.-D.G. Je dis ce qu'il faut que je dise. Et si je me le répète suffisamment, je finirai par y croire.

Mon estomac se tord. Je dois manger trop vite. Mon organisme a besoin de temps pour faire passer le bœuf et le fromage. Mon léger sifflement de douleur n'échappe pas à Rhea.

– Je m'inquiète pour toi, tu sais. Pour vous toutes, dans le Troupeau. Vous êtes tellement impliquées dans ce travail, et dans votre production de lait… Ça n'a rien de facile.

Elle s'interrompt un instant.

– Comme tu le sais, je suis en train de vous évaluer pour choisir qui héritera de la compagnie.

En l'entendant, je me rends soudain compte que j'étais partie de ce principe, mais que personne ne me l'avait dit. A-t-elle déjà dîné avec les autres membres du comité exécutif ?

Suis-je la dernière sur la liste ?

– Voilà le problème avec une équipe si compétente, s'amuse Rhea. Vous seriez toutes capables de faire ce travail. Mais ce que je prends soin de vous demander à toutes, c'est : Ce poste de P.-D.G., en voulez-vous ? Voulez-vous de cette charge de travail, de ces responsabilités ? Des défis qui accompagnent ce rôle, celui de la figure de proue de l'industrie du lait humain ?

– Bien sûr que je le veux !

Les mots ont fusé de ma bouche dès l'instant où Rhea s'est tue. J'aurais dû rester plus posée. Elle hausse les sourcils.

– Aucune appréhension ?

– Aucune. Notre entreprise est une famille, je l'aime, et travailler dur ne me fait pas peur.

Je promène mon regard sur sa cuisine si bien équipée, sur les petites touches qui ne se révèlent qu'avec un peu d'attention. Je cherche les mots justes.

– MLM est tout pour moi, et je veux tout lui donner.

Rhea me fait un clin d'œil, et embrasse elle aussi du regard la cuisine et le salon attenant.

– Et MLM te le rendra au centuple.

Sénat – Débat – Session 75 – Loi sur la localisation des ouvrières du lait humain

Sénateur Wayne Treat (parti Abondance, Floride) : Et c'est pour cela que cette nouvelle législation exigerait que toutes les femmes produisant du lait activent leur service de localisation, sans jamais l'éteindre. Cela réduirait la fraude, aurait un effet dissuasif sur les criminels tels que cette Annabelle Logan, et protégerait ces femmes des trafiquants de lait. Merci, j'ai terminé.

Sénatrice Amy Schraeder (parti Abondance, Delaware) : Je dois dire que je suis en désaccord total avec mon collègue de Floride. Les services de localisation ? Ces femmes se sentent déjà menacées par leur production. Exiger qu'on puisse toujours les localiser à distance, c'est offrir une carte de victimes aux kidnappeurs et agresseurs potentiels ! D'autant plus qu'eux ne se préoccuperont pas de laisser leur service de localisation allumé après s'être emparés d'une femme. Non, cette solution n'est pas applicable et ne représente qu'une perte de temps. J'implore mes collègues sénateurs concernés par cette proposition de voter contre.

Sénateur Russell Lugh (parti Jachère, Michigan) : Pour une fois, la sénatrice Schraeder et moi-même tombons d'accord, quoique pas entièrement. Nous savons que les femmes victimes des trafiquants de lait sont manipulées, plutôt que kidnappées dans la rue. Nous savons que ces régulations supplémentaires ne font que compliquer les choses, même si elles nous donnent l'impression d'agir. Cette proposition de loi ne saurait déboucher sur du concret. Plus nous augmentons le nombre de règles auxquelles doivent se soumettre les productrices de lait, plus nous courons le risque qu'elles jettent l'éponge. Or nous avons de vrais problèmes à régler, comme l'a rappelé le sénateur Treat : la fraude, le gâchis, l'empoisonnement du lait. Vers quel recours nous tourner ? Certainement pas vers ces mesures temporaires, bâclées, qui ne feraient qu'ajouter au chaos. Il nous faut une solution tranchée.

Sénatrice Hannah Kane (Parti I, Pennsylvanie) : Si le sénateur Lugh a une solution à nous offrir, je serais ravie de l'entendre ! Au lieu de refuser cette proposition de loi, qu'il en formule une lui-même. Peut-être sait-il comment rassurer nos concitoyens – leur promettre que les produits laitiers humains ne sont pas dangereux, libres d'allergènes et de poison !

PREMIER SANG

De retour de chez Rhea, je n'ai qu'une envie, tirer mon lait du soir et me mettre au lit. Je n'ai pas l'habitude de manger si riche, et surveiller mes paroles toute la soirée était épuisant. Tandis que je traverse le lobby d'un pas lourd, un des agents de nuit m'interpelle et désigne un grand carton sur le comptoir de la réception.

– Un colis pour vous !

Me voilà tout excitée, comme un enfant au matin de Noël. Qu'est-ce que c'est ? Un cadeau, peut-être ? Sitôt chez moi, je l'ouvre, et un haut-le-cœur me saisit. À l'intérieur se trouve un colis de lait ouvert. Le lait tourné a empoissé le revêtement de plastique. Sur la boîte, un visage que je connais bien : le mien. L'encre a coulé, les mots sont brouillés, la date d'expiration est illisible, mes traits, déformés, comme si le liquide nauséabond allait me dissoudre.

Quelques mots sont écrits sur un papier détrempé, collé au carton : *Ce lait n'est plus bon, comme toi. Dieu te regarde.*

La panique de l'autre jour, quand j'ai reçu cet appel inquiétant au téléphone, me reprend. Chaque ombre du couloir me semble dissimuler quelqu'un. Les cheveux sur ma nuque se dressent, ma peau se hérisse de chair de poule.

Je jette un coup d'œil vers la porte. La diode au-dessus de la poignée est rouge : verrouillée. Tant mieux. Personne ne peut entrer. Mais mon harceleur anonyme sait à quoi je ressemble et où j'habite.

Je prends une profonde inspiration pour me calmer, mais l'odeur rance me donne la nausée. Après avoir vidé le lait dans l'évier, je jette la boîte dans le vide-ordures avant de courir à la salle de bains. Rien qu'au souvenir de cette puanteur, mon estomac trop plein se retourne. Assise sur les toilettes, j'agrippe mes genoux jusqu'à retrouver enfin une respiration régulière.

Même si je n'ai plus envie de vomir, les crampes continuent.

Personne ne peut arriver à mon étage sans passer devant la sécurité. Je ne risque rien. Je ne risque rien. Je le répète encore et encore, à haute voix, dans l'espoir de finir par y croire.

Qui peut bien me haïr à ce point ?

Il faut que je tire mon lait. Il faut que je dorme. Je me force à bouger. En me levant, je vois dans les toilettes quelque chose que je n'avais pas vu depuis cinq ans.

Du sang.

***

J'ai réussi à m'endormir. Avec toutes les lumières allumées, assise sur le canapé jusqu'à ce que l'épuisement l'emporte sur la peur. Qui que soit celui qui m'a envoyé le lait tourné, il n'est pas revenu, mais j'ai d'autres ennemis.

Comme mon propre corps, qui m'a trahie alors qu'il devait être mon refuge.

Une bonne session de travail en ce samedi matin, avec une bouillotte sur le ventre, voilà ce qu'il me faut. Mes règles ne sonnent pas le glas de ma carrière de Génisse… Mais elles en présagent la fin.

Mes règles. On ne peut pas dire qu'elles m'aient manqué. L'idée qu'elles s'arrêtent chez les femmes qui allaitent n'est qu'un mythe. Du vent. Elles s'allègent chez certaines. Chez d'autres, elles redémarrent normalement une fois les hormones stabilisées. Mais d'autres encore ont de la chance, et ne saignent plus du tout. Apparemment, ma chance a tourné.

Cinq ans que mes culottes restaient sans tache, cinq ans que mon utérus avait fermé boutique. Voilà que c'est fini.

Que faire, maintenant ? Abandonner au premier sang ?

Jamais ! crie une voix dans ma tête comme pour inspirer un public imaginaire. Je n'abandonnerai jamais. Je suis une survivante. Je ne renoncerai pas à mes ambitions, à mes rêves. Ce ne sont pas des menstrues qui m'arrêteront. Après m'être étiré la nuque et les épaules, je me mets au travail.

Mon énergie de guerrière ensanglantée, je l'emploie à ignorer les messages haineux qui s'amassent sur mon portable. Posé au bord du canapé, à moins d'un mètre, il me fait l'effet d'une petite bombe, noire et mince. Je n'aurais qu'à tendre le bras pour l'attraper. Silencieux, immobile. Prêt à exploser une fois de plus, comme il l'a fait toute la journée.

> Tu sais que tu n'es qu'une pute, pas vrai ? C'est
> ce que font les putes, elles vendent leur corps,

exactement comme les Génisses !

Petite salope !

Quelle vache finira à l'abattoir ?

Une série de numéros inconnus qui me harcèlent. Changer le mien n'aura pas suffi, à l'évidence. Au contraire, ils semblent encouragés par le fait que j'ai cherché à fuir, et redoublent d'efforts.

Sans même entrer chez moi, sans casser les verrous ni abattre la porte, cet inconnu m'a blessée. Mes fondations sont ébranlées, fissurées, désormais. Ce n'est plus qu'une question de temps avant que l'eau ou les mauvaises herbes s'y glissent, élargissent les failles, continuent à saper mon intégrité.

Il peut m'atteindre, cet inconnu. Par le biais de ce portable que je touche, auquel j'ouvre mon cerveau.

Il passe partout où Simone passait autrefois. Les textos, les appels, le seuil même de ma porte… Ce qui me semblait auparavant si sûr, si accueillant – des zones de ma vie sous mon contrôle – paraît maintenant rempli de danger. Je sursaute à chaque notification.

Mon existence s'est remplie d'une atmosphère de menace. Les textos ne promettent rien de précis, mais une atteinte physique représente forcément la prochaine étape, non ? Je vais finir au journal de 20 heures. Un fait divers de plus.

Maintenant que je sais que mon harceleur peut se glisser dans le lobby de mon immeuble, je ne peux plus l'ignorer. J'appelle la réception en espérant que l'agent de sécurité d'hier soir est encore là. Je décris le contenu de la boîte, le lait rance, l'inquiétante lettre.

– Dites donc, quel tordu !

Cette réaction n'est pas pour me réconforter.

– Vous n'avez pas vu qui a déposé la boîte ?

Il me décrit un homme blanc en imperméable noir. Pas de signe distinctif – en tout cas, rien qui l'ait marqué.

– Au début, j'ai cru que c'était pour Simone, et je lui ai dit qu'elle avait déménagé, mais il a bien précisé que c'était pour vous.

Ça, je ne m'y attendais pas.

– Pourquoi avez-vous cru que c'était pour Simone ?

– À cause de sa casquette, explique-t-il. Il y avait un logo dessus, un soleil qui se lève… Elle avait un pull comme ça. Bref, je peux vérifier les caméras de sécurité, mais la visière aura sans doute caché son visage…

J'acquiesce en mode automatique. Car je voudrais croire qu'il existe des dizaines de compagnies de livraison au logo similaire. Je voudrais croire que le fait que la casquette de mon harceleur ressemble à celle d'un membre de l'Église de l'Arche n'est qu'une pure coïncidence. Je voudrais croire que rien ne relie ma sœur à cette affaire.

Se défouler derrière le masque de l'anonymat, c'est la marque d'un lâche. D'accord, et alors ? Les lâches armés ont tué plus de gens qu'on saurait les compter. *Et donc ? Je suis la prochaine sur la liste, c'est ça ?*

La prochaine attaque se fera-t-elle encore par message, ou viendra-t-elle quand je rentrerai chez moi le soir ? Devrai-je changer de trajet ? Si je figure sur la liste noire de cet inconnu, c'est parce qu'il ne m'aime pas – moi, mes cheveux, mes seins, ma façon de répondre aux e-mails, mon métier. Je ne peux rien faire contre ça.

Quelles que soient ses vraies intentions, les choses s'aggravent. J'hésite à en parler au Troupeau, vu la menace potentielle qui pèse sur la convention. Mais ces messages semblent personnels.

Comme si j'étais le seul objet de leur haine.

Mon téléphone vibre à nouveau et je sursaute imperceptiblement. Après une inspiration, je regarde l'écran. Ce n'est qu'un e-mail du bureau, Dieu merci. Isis et Heather ont composé le premier jet d'une réponse à de potentielles nouvelles régulations de la production du lait.

Merde, je me suis laissé distraire. Je suis déconcentrée.

Je pars dans ma chambre pour rassembler les éléments de ma tireuse. C'est l'heure de produire du lait tout en travaillant devant mon écran mural. Je vais dénicher quelques sponsors de dernière minute pour LactCon, je répondrai aux questions de nos membres restées en suspens depuis le départ d'Annabelle. Je rappellerai au Troupeau, même à Isis et Heather, de taguer nos sponsors dans les posts pour leur montrer que notre compagnie est fière de les représenter. Je ferai tout pour prouver que je mérite d'être P.-D.G.

Car ainsi, je serai au sommet. Je pourrai me défendre, me protéger, quelle que soit la menace.

Me MITCHELL : Votre Honneur, l'État est prêt à entamer l'affaire Annabelle Logan.

Me GULCH : Votre Honneur, Henry Gulch, représentant Annabelle Logan.

LA COUR : Il s'agit donc de l'État VS Annabelle Logan.

Me GULCH : En effet. Miss Logan est présente et nous sommes prêts à entamer le procès.

Me MITCHELL : L'accusation appelle Rhea Price à la barre.

Témoignage de Rhea Price, P.-D.G. et fondatrice de My Lactation Membership, après avoir juré sur l'honneur. Interrogatoire direct par Me Mitchell.

Q : Comment connaissez-vous l'accusée ?

R : Je travaille avec elle. C'était l'une de mes premières employées chez MLM.

Q : Nous cherchons aujourd'hui à déterminer si Miss Logan peut être libérée sous caution. Pouvez-vous vous porter garante d'elle, nous assurer qu'elle ne prendra pas la fuite ?

R : Je suis choquée par les accusations à son encontre, comme tout le monde. Cela ne lui ressemble pas du tout. Je connais bien Annabelle. Elle a toujours suivi les règles. Si on la relâchait, elle ne fuirait pas. Mais...

Q : Oui ?

R : Après le battage médiatique autour de cette affaire, les violences à l'encontre des productrices de lait ont augmenté. Libérer Annabelle sous caution – pardon, je veux dire Miss Logan – ne ferait qu'aggraver ces tensions. Je ne voudrais pas qu'une autre femme, peut-être Annabelle elle-même, en soit la victime.

AVENIR

Le samedi précédant Thanksgiving, nous arrivons à la première heure au refuge pour femmes, chargées de cartons de nourriture et de dons. Je connais bien certaines des résidentes, qui reviennent régulièrement au fil des ans. Je ne sais pas qui apporte à manger aux hommes.

Chaque année, nous organisons une action de charité dans un refuge local. Nous nourrissons femmes et enfants, nous faisons don de vêtements et de jouets, et nous passons la journée à leur servir à manger ou à faire du bricolage dans le refuge. Nous portons nos T-shirts « Généreuses Génisses » et posons devant le bâtiment pour la photo, que nous posterons sur nos réseaux. C'est notre équipe recrutement qui se charge d'organiser tout cela. Car, soyons honnêtes, ces femmes ont besoin de travail, et nous ne sommes que trop heureuses de leur proposer une réduction sur notre kit de démarrage pour les aider à entrer en production, et ainsi gagner de l'argent.

Annabelle étant derrière les barreaux, elle n'a rien pu préparer, si bien que son équipe doit s'empresser de rattraper le retard.

Je n'allais pas laisser MLM rater une année là-bas. Notre communauté a besoin de nous. Un vrai leader, c'est quelqu'un qui prend le commandement sans attendre. Et puis, comparé à la convention, c'est tellement facile à organiser ! Comme j'ai aidé Annabelle l'an dernier, j'ai retrouvé l'adresse e-mail du refuge dans mes archives, j'ai laissé une liste d'inscriptions pour les volontaires dans la salle de pause, et j'ai commandé de quoi manger grâce à notre fonds caritatif. La directrice du refuge m'a fait parvenir une liste de petits travaux à réaliser. Plus qu'à envoyer un e-mail de rappel pour que tout le monde vienne en T-shirt MLM, et voilà le travail !

Soyons honnêtes, j'essaie de compenser mes petits seins par un record d'efficacité au travail. En grandissant, j'étais la reine des limandes, mais je ne nourris plus aucune jalousie envers celles qui ont plus de monde au balcon. Elle paie le loyer, ma planche à pain ! Et le reste de mes revenus vient de mes sponsors, de mon salaire chez MLM, et de mes commissions. Tout cela finance mon niveau de vie ou s'en va nourrir mon épargne. J'ai déjà atteint l'échelon Diamant des productrices, ce qui signifie que je pourrai me payer une opération de reconstruction mammaire aux frais de MLM quand je prendrai ma retraite. Petits, mais costauds, mes seins. Organiser cette action de charité est aussi une façon pour moi de faire oublier à Rhea ma réponse maladroite quand elle m'a demandé si je voulais être P.-D.G.

Les mamans du refuge sont heureuses de nous voir et de regarder leurs enfants s'amuser tandis qu'elles fouillent dans les tas de vêtements pour trouver leur taille. Keenya se met à fredonner la chanson aigrelette qu'émet l'un des jouets.

– Amani et Isaiah ont le même, m'explique-t-elle tandis que le petit air reprend. Callie pourrait venir jouer avec, un de ces jours.

Malgré son regard appuyé, j'allais lui rappeler que Simone et Callie sont parties – j'avais même l'intention de lui parler de l'horrible paquet que je soupçonne le pasteur Tom de m'avoir envoyé – mais elle m'arrête d'un geste.

– Ce mec-là ne durera pas éternellement, et tu le sais, affirme-t-elle avec confiance avant de passer à la tâche suivante de notre liste.

Son assurance me rend plus optimiste.

Nous nous consacrons surtout à celles qui n'ont pas d'enfants. Nous discutons avec elles, nous construisons une relation, nous leur demandons si elles ont déjà essayé de produire du lait.

À la fin de la journée, les sols sont nickels, les enfants surexcités par le sucre se sont calmés, et les restes ont été emballés.

– Bravo d'avoir organisé tout ça, Mina, lance Rhea en me tapotant l'épaule. J'avais complètement oublié et je m'en serais voulu à mort de rater une année.

Je suis bien d'accord. Même si c'était une stratégie de ma part, aider la communauté est tellement important. Ma solitude s'en trouve allégée – c'est un rappel que mes efforts ont un impact.

– Oh, il fallait bien que quelqu'un s'en charge, dis-je en haussant les épaules.

Derrière ma façade de modestie, je m'imprègne de l'approbation de Rhea. J'en ai besoin, plus que jamais.

J'essuie une dernière fois la table du réfectoire en prenant garde à ne pas toucher les desserts qui y traînent encore – nous les laisserons là pour que les résidentes en profitent après notre départ. Il reste deux bonbons au lait dans l'un des bols. Même en pleine famine, les femmes sont trop polies pour prendre le dernier.

Je les jette dans un bol encore plein. Ce sont les sucreries préférées de Callie.

Soudain, sans prévenir, mes yeux se remplissent de larmes brûlantes. Ma nièce me réclame-t-elle ? Aime-t-elle sa nouvelle maison ? Simone lui achète-t-elle ses biscuits préférés au supermarché ?

Finalement, je glisse les bonbons dans ma poche pour les lui donner la prochaine fois que je la verrai. Oui, ils étaient destinés aux femmes du refuge et à leurs familles, mais à l'évidence, personne n'en voulait. Ce ne sont que deux sucreries, ce n'est pas comme si je commettais un vol ou détournais de l'argent. Et de toute façon, sans moi, cette journée n'aurait même pas eu lieu.

Ce qui ne m'empêche pas de regarder autour de moi pour m'assurer que personne ne m'a vue les prendre. Je repère Rhea qui me fixe. Elle parlait avec Isis et Becca, mais elle me fait un clin d'œil et se tapote le nez. *Ce sera notre petit secret.*

Voilà que je voudrais me justifier, maintenant. Mais les bonbons sont déjà dans ma poche. Les en sortir serait admettre que j'ai fait quelque chose de mal. *C'est pour ma nièce !* Je vais les lui donner. Je la reverrai bientôt… En tout cas, je veux y croire. Je suis sa tante adorée. C'est pour elle que je fais ça. Pour elle, je ferais n'importe quoi.

L'idée qui m'avait traversée la nuit du départ de Simone me revient. Et si je me battais pour la garde ? Le pasteur Tom n'est qu'un imbécile, c'est évident. Je suis certaine que c'est lui qui m'envoie ces messages, ces colis. Si elle est en couple avec lui, Simone n'est pas une bonne mère pour sa fille.

Oui, ces bonbons sont un cadeau pour ma nièce. Et quand je serai P.-D.G., je pourrai me payer un bon avocat qui fera en sorte qu'elle retrouve un toit stable, auprès de quelqu'un qui lui donnera toujours la priorité.

***

En sortant du refuge, je suis giflée par le vent glacial qui s'engouffre entre les bâtiments. Une femme s'approche de moi – une résidente du refuge, sans doute.

Elle a les cheveux sombres, les yeux pâles. Elle doit être dans la fin de la quarantaine. Son visage est couvert d'une crasse qui souligne ses pommettes et les rides de ses yeux comme le ferait un mauvais fond de teint. Ses cheveux secs et horriblement emmêlés dépassent de sous son bonnet de laine usé. Une mendiante qui pourrait être ma mère.

Quand elle ouvre la bouche, je me rends compte qu'elle n'a rien à voir avec mon souvenir – ses dents sont jaunies et pourries, son accent, trop campagnard. Elle sort des montagnes plutôt que de la ville.

– T'as pas à manger ? aboie-t-elle.

Je tressaille. Elle est trop près. La ressemblance avec ma mère, sa voix rauque qui éclate dans le silence de la rue… Et cette question qui la rapproche encore plus de ma génitrice, toujours à demander quelque chose, la main tendue.

– Alors ? s'impatiente-t-elle.

Voilà la réalité que je m'efforce d'ignorer entre deux réunions sponsors et sessions de tireuse à lait. Ces gens qui meurent de faim.

– Nous venons de tout remballer, mais un membre de notre équipe pourrait vous aider à lancer votre propre entreprise. Vendre du lait est un excellent moyen de gagner de l'argent…

– Je suis pas une bête, crache-t-elle avec une grimace de dégoût.

Je sursaute à nouveau devant la brutalité de sa colère.

– Le refuge est complet. J'ai tiré du lait pendant sept ans avant que ça lâche, explique-t-elle en me désignant sa poitrine cachée sous les couches de ses vêtements.

Elle veut à manger. Elle meurt de faim. Quelle idiote je suis, avec mon petit discours sur « votre propre entreprise », comme si elle allait me remercier. Je lui ai offert une chance d'être une boss, une Génisse. Mais elle l'a déjà été, et voilà ce qu'elle est devenue.

Je continue mon chemin, ce qui me force à me rapprocher d'elle. Ce n'est pas la première fois que je fais ce trajet, que je me retrouve devant ceux qui vivent dans la rue, mais c'est la première fois que l'un d'eux m'interpelle en me demandant à manger, à boire, de l'argent. Quand je n'aurai plus de lait, est-ce ainsi que je finirai, moi aussi ?

– Alors, t'as rien ? crie-t-elle comme je m'éloigne.

Je plonge les mains dans mes poches pour trouver un peu de chaleur, et j'y sens les bonbons pour Callie. Quelque chose à lui donner. Mais ce n'est pas vraiment de la nourriture, ça n'a rien de nutritif.

Je devrais faire demi-tour. Je devrais l'aider, l'aider vraiment. Je fais tourner les bonbons entre mes doigts. Si je mourais de faim, j'accepterais n'importe quoi.

Je suis sur le point de revenir sur mes pas lorsqu'elle me lance :

– Salope !

Et je sors de ma transe. On m'a trop infligé ce mot ces dernières semaines. Les messages, cet horrible colis, l'impression d'être constamment suivie. J'ai assez joué la gentille. Ces bonbons, je les garderai pour ma nièce, ma nièce si innocente qui mérite toute la générosité du monde.

Je continue ma route en refusant de regarder en arrière, de revoir cette femme. Elle ne représente pas mon avenir. Elle s'est fourrée dans cette situation toute seule. Moi, je contrôle mon destin.

Archives – ScrollFeed – Octobre 2070

Notification : Brenda Connors vient de poster une photo !

Légende : « Le lait maternel est sacré. Il ne devrait être partagé qu'entre une mère et son enfant. »

Commentaires – Le plus récent d'abord

Tommy D'Agostino : Berk, Brenda ! Personne n'a envie de voir tes nichons à la première heure !

> Brenda Connors : Alors arrête de les regarder.

Honoree Thompson : Magnifique. 😊 Profite bien de ces câlins pendant tes nuits blanches...

Corrine Fabian : Tout le monde ne peut pas allaiter si facilement ! Le lait en poudre humain est notre seule option. Le biberon, c'est ce qu'il y a de mieux ! > : (

Linda Rice : Allaiter, c'est bien mieux !

> Corrine Fabian : @Linda Rice Ça n'a aucun sens. Le lait qu'on donne aux bébés, qu'il soit en poudre ou sorte du sein, c'est du lait maternel !
>
> > Linda Rice : @Corrine Fabian Renseignez-vous... Le bébé a besoin d'anticorps issus directement de sa mère.
> >
> > Brenda Connors : @Corrine Fabian Si vous vous offensez si facilement, ce n'est pas la peine de me suivre ! Franchement, arrêtez de laisser n'importe quoi vous trigger...

Marina Wilks : Brenda, en tant que membre des Nourrices de l'Amérique et de My Lactation Membership, je dois vous dire que votre post – qui représente un beau moment partagé avec votre enfant – contribue à la violence contre les Génisses. Dire que seule une mère peut nourrir son bébé, quelle vision passéiste de l'allaitement ! Si c'était vrai, je n'aurais pas de travail. Mais parce que certaines mères sont incapables d'allaiter, elles ont recours à mes services. À l'avenir, essayez de songer à l'impact que vos paroles peuvent avoir sur les autres, ce qui vous permettra de construire un meilleur avenir pour votre enfant. En tant que nourrice, j'ai été harcelée par une mère qui ne pouvait pas nourrir son bébé. Elle déchargeait ses frustrations sur moi. Mais je savais bien que je ne faisais rien de mal. Elle aurait dû s'en prendre à la société qui lui répétait que personne d'autre qu'elle ne devait lui donner à manger. Tristesse...

Brandon Holt : Quelle chance, pas besoin de produire du lait pour d'autres que ton bébé... Et nous, alors ? On meurt de faim !! Garder tout ce lait pour toi et ton enfant, c'est de l'égoïsme pur et simple !

> Marina Wilks : Les mères n'ont pas le droit de vendre leur lait, tu es au courant ?
>
> Corrine Fabian : Exactement. Cette loi existe pour empêcher les mamans d'affamer leurs enfants pour nourrir des abrutis comme toi.

ABONDANCE

Tirer du lait n'a rien de glamour. Des cloques, des canaux bouchés, des compresses chaudes, des smoothies au chanvre et à l'avoine... Mais ce soir, oui, nous sommes glamours. Le Lactation Leadership Gala rassemble toutes celles et tous ceux qui comptent dans l'industrie du lait humain pour nous féliciter de nos victoires et discuter de l'année à venir.

Ce dîner nous offre à tous et à toutes l'occasion de nous mettre sur notre trente-et-un, de profiter d'un festin, et de participer à des enchères caritatives dont les profits iront aux enfants affamés. Mais c'est aussi une occasion pour nos leaders de faire assaut de luxe. Le gala est organisé dans la salle de bal d'un hôtel cinq étoiles au centre de Nashville. Nappes blanches, assiettes pleines – de vraie nourriture, même si elle reste industrielle.

Après la journée d'hier au refuge, j'ai l'impression d'avoir changé de planète. La famine ? La crise ? Jamais entendu parler.

Nous avons vécu tant de belles choses ici. Surtout moi. C'est l'endroit qui a hébergé notre première LactCon, il y a deux ans. MLM avait connu une croissance spectaculaire en seulement vingt-quatre mois, et nous voulions nous rencontrer. Trois cents personnes sont venues à cette première convention. La plupart arrivaient du Tennessee et des États alentour. Celle qui nous attend bientôt rassemblera des milliers d'invitées issues de toute l'Amérique, et même du Canada.

Nous sommes tirées à quatre épingles – bien coiffées, bien maquillées, les seins vides afin de ne pas devoir nous éclipser en plein discours. Mon canal est à nouveau bouché. Toujours le sein gauche. Voilà ce que je gagne à tirer davantage afin de tenter de rattraper mon retard de production. Après la convention, je lèverai le pied en vue de donner à mon corps le temps de se remettre.

J'ai partagé un taxi avec Keenya pour venir. Je n'ai eu aucun mal à persuader Rhea de lui transférer l'invitation d'Annabelle : j'ai parlé de son travail qu'il convenait de récompenser, des relations qu'elle pourrait nouer afin de nous trouver plus de sponsors. Je cherchais surtout à voir si Rhea estimait Keenya capable de reprendre mon poste quand je serais P.-D.G.

Nous retrouvons le Troupeau devant la salle de bal afin de rentrer ensemble. À l'intérieur, de grandes tables rondes : au fond, un bar pris d'assaut par les invités qui veulent remplir leur verre avant d'aller s'asseoir. Sur les nappes blanches, un sobre bouquet de fleurs – fausses, bien sûr. Les fonds que nous comptons lever ce soir ne suffiraient pas à pallier la dépense pour des fleurs fraîches.

Des amies d'autres organisations sont là. Certaines nous ont aidées à préparer les manifestations pour le vote sur l'égalité femmes-hommes. Certaines sont des influenceuses que je suis sur les réseaux, un soutien durant les longues nuits passées à tirer du lait qui ne venait pas. Rencontrer ces célébrités me fait un drôle d'effet.

Rhea quitte notre petit groupe pour serrer des mains et prendre la pose. Elle serre Winnie Jones dans ses bras, puis nous inclut dans la conversation, Keenya et moi, comme nous ne sommes pas loin. Winnie accepte de prendre un selfie avec Keenya. Je ne peux m'empêcher de remarquer que Rhea n'a pas sollicité Isis ou Heather, ni aucun autre membre du Troupeau, alors qu'elles étaient toutes à portée de voix.

– Comment ça va, en ce moment ? demande Winnie à Rhea, en lui effleurant le bras.

– Oh, toujours aussi occupée, s'amuse cette dernière en rejetant ses cheveux blonds vers l'arrière. C'est du boulot, de quitter son entreprise, je n'avais pas idée !

– Il faut qu'on parle de la suite, d'ailleurs !

Alors Winnie non plus ne sait pas ce que compte faire Rhea après son départ...

– Et toute cette histoire autour d'Annabelle Logan ! Ils la détruisent dans les médias, et maintenant, les gens s'en prennent à des Génisses qui n'ont rien fait de mal...

Je me raidis. Je n'ai aucune envie de parler d'Annabelle. Je continue à cacher le fait qu'elle a essayé de m'appeler. Chaque fois que Rhea a abordé le sujet, je lui ai répété que nous n'étions pas du tout proches. Mais tous les soirs, je l'imagine en train d'essayer de s'endormir sur un banc de métal. J'imagine sa douleur tandis qu'elle perd son lait.

Winnie et Rhea nous demandent de les prendre en photo. Keenya et moi sommes ravies de leur rendre ce service. Notre conversation se disloque – Winnie murmure à l'oreille de Rhea, puis quelqu'un s'approche et se met à discuter avec elles. Keenya et moi nous éloignons de quelques pas pour échanger à nouveau sur les mystérieux projets de Rhea pour la suite.

La salle se remplit, et quelqu'un me bouscule. C'est Mercedes Lopez, qui m'adresse un sourire crispé.

– Oh, pardon… Mina de chez MLM, c'est bien ça ?

Elle n'a pas l'air de me porter dans son cœur. J'imagine que toutes les Génisses se ressemblent à ses yeux. Elle porte une robe rouge vif, et ses cheveux noirs sont retenus par une broche en verre taillé qui scintille à chacun de ses mouvements de tête.

Je m'efforce d'imiter Rhea dans ces moments-là. Je reste polie, je souris quel que soit le degré d'animosité. Rester sympathique pour neutraliser l'adversaire.

– C'est bien ça ! Je suis contente de vous voir, Mercedes.

Je lui tends la main mais elle ne la prend pas. Quand je lui présente Keenya, elle la fusille également du regard.

– Vous savez, ma mère était Génisse avant d'accoucher de ma sœur et moi, lui dis-je de mon ton le plus sincère. La loi contre le lait maternel a été instaurée alors qu'elle était enceinte… Toute ma vie, je l'ai entendue se plaindre du gouvernement qui avait tranché net dans ses revenus. J'espère vraiment que cette loi sera bientôt abrogée.

Mercedes me jauge du regard, puis répond :

– De belles paroles, mais si les jeunes cessaient de produire du lait en sacrifiant leurs années les plus fertiles, je suis certaine que cette loi aurait déjà disparu.

Son ton est sans appel : à ses yeux, Keenya et moi – toutes les membres de MLM – faisons partie du problème. Keenya vole à mon secours :

– Il y a bien assez de demandes pour que nous puissions toutes produire et vendre ! Rhea n'a encore rien annoncé, mais Mina va sûrement lui succéder.

Je jette un regard stupéfait à Keenya. Son audace est à la fois réconfortante et terriblement risquée. Et si Rhea apprenait qu'elle a dit ça ?

– Ah, j'ai donc affaire à Rhea 2.0., se moque Mercedes.

Ce qu'elle vient d'apprendre n'a fait qu'intensifier son mépris. Je sens que je ne pourrai rien faire pour emporter son approbation.

– Non, je ne suis que Mina Hodge. Rhea m'a beaucoup enseigné, mais j'apprends aussi de mon équipe, et de toutes les voix qui comptent dans notre industrie, dis-je en désignant Keenya.

Mercedes secoue brièvement la tête, puis un demi-sourire lui tord les lèvres.

– Allez, mon petit veau, retourne voir ta mère, lance-t-elle avec un geste vers Rhea.

Puis, se désintéressant de nous, elle se détourne pour rejoindre son siège.

– Franchement, ça lui aurait fait mal de nous dire : « Oh, désolée, je ne voulais pas vous bousculer » ? me murmure Keenya à l'oreille.

– C'est clair… réponds-je.

Sa présence soulage un peu la solitude qui me ronge depuis le départ de Simone. Nous gagnons notre table, mais les mots de Mercedes me résonnent encore aux oreilles lorsque je m'assois. Je ne suis pas un petit veau naïf. Je ne suis pas un pantin. Je peux penser par moi-même, et d'ailleurs, je ne m'en prive pas.

Je cherche Rhea du regard et la trouve sur l'estrade avec les autres intervenants. Je lui adresse un sourire en levant le pouce, un geste qu'elle me rend, ce qui me ravit. Nous sommes amies. Elle est mon mentor. Mais j'ai beau me répéter ces justifications, mes doutes s'attardent jusqu'à ce que l'on apporte le dîner.

Les serveurs travaillent de concert pour servir tous les convives en même temps, sans laisser refroidir les plats. J'ai tellement faim que je dois me souvenir de ralentir, de faire une pause, sans rester constamment le nez dans mon assiette. Nous avons tous appris à le faire : on peut apaiser la faim si l'on met plus longtemps à manger, si l'on fait durer le repas.

Une fois l'entrée servie, les conversations se réduisent. Du pain chaud, avec du vrai beurre, de la crème de tomate ou de butternut, au choix. Avec du lait de vache, je le vois à la façon dont la soupe enrobe la cuillère.

Je viens de reposer ma cuillère lorsqu'on emporte le bol vide pour le remplacer par un plat de faisan et de champignons à la béchamel. Le goût de la graisse et du sel m'emplit la bouche, et j'ai du mal à ne pas manger trop vite.

Ensuite, d'énormes pattes de crabe, aussi épaisses que mon poignet. Les briser est presque aussi satisfaisant que les tremper dans le beurre fondu – du vrai beurre, là encore. Tout en dévorant mes pommes de terre rôties, je vois Keenya attraper deux petits pains pour les glisser dans son sac. Je sais qu'elle les destine aux jumeaux, alors je ne dis rien.

Je songe à la mendiante que j'ai vue l'autre jour. Celle à qui je n'ai même pas donné deux pauvres bonbons.

Son rictus de mépris si elle me voyait attablée devant ce banquet…

Tandis que je savoure mes asperges, qui me paraissent aussi grosses que des troncs d'arbre, Rhea se lève pour son discours.

– Nous avons été forgés par l'évolution de l'humanité, commence-t-elle. Chaque génération n'a gardé que les plus forts, en éliminant les autres par sélection naturelle. Les survivants étaient ceux qui pouvaient succéder à la famine, qui pouvaient supporter de manger moins, à l'époque où nous n'étions que des chasseurs-cueilleurs. Mais rien de tout cela ne rend la faim plus tolérable.

Surtout pas aux États-Unis, me dis-je, *pays de la liberté et des concours de bouffe.*

– Depuis l'aube de notre espèce, les femmes ont allaité. Mais cela les enchaînait à leur enfant… Jusqu'à ce que l'avancée de la science et de la technologie nous permette de changer les choses.

Une vidéo se lance derrière Rhea.

– La tireuse à lait manuelle a été inventée en 1954. La première tireuse portative a été inventée en 1908, la première tireuse électrique, en 1942, et enfin le premier modèle portatif électrique, en 2018. Les femmes pouvaient maintenant avoir le beurre et l'argent du beurre, sans devoir choisir entre le biberon et l'allaitement. Ce dont elles se trouvaient capables est devenu une obligation. Nourrir leur propre enfant ne suffisait pas, il fallait qu'elles produisent davantage, toujours davantage ! Comment pouvaient-elles laisser leurs seins se tarir alors que des enfants mouraient de faim ? Comment pouvaient-elles assécher cette source naturelle alors que la malnutrition frappait le monde ? Mère Nature avait de la fièvre, Mère Nature était malade, alors nous – oui, nous tous et toutes, sans exception – nous sommes tournés vers nos propres mères, celles qui avaient des enfants, celles qui pouvaient encore en avoir. Voilà qui seraient nos nourricières. On attendait beaucoup des femmes, et les femmes ont répondu présent. Car c'est dans notre nature.

Elle a hypnotisé la foule, je le vois bien. Plus personne ne mange, tout le monde la fixe. *Oh, pourvu qu'elle se présente à la campagne présidentielle, pourvu qu'elle gagne !* me dis-je. Elle est brillante, fascinante, la femme la plus captivante que je connaisse. Elle nous sert le gospel de la lactation.

– L'humanité a faim, et les femmes ont la capacité physique de la nourrir. De nourrir notre espèce, résultat de millions d'années d'évolution. Les êtres humains ont su s'adapter au froid, à la chaleur, à la famine. Nos corps savent comment survivre presque sans rien. Nos gènes nous poussent à continuer, à donner à la prochaine génération ce qui nous aurait aidés !

Elle s'interrompt, croisant les regards levés vers elle.

– Ce soir, nous célébrons les efforts des femmes – et des hommes – qui portent notre industrie. Qui nourrissent ce pays. Et nous continuerons ce travail jusqu'à ce que nos champs redeviennent fertiles et nos assiettes, pleines !

Évidemment, elle reçoit une ovation. J'applaudis avec tant de force que j'en ai mal aux mains. Le maître de cérémonie invite ensuite Mercedes Lopez à partager ses remarques. *Bonne chance, après une performance pareille !*

Son discours n'est pas mauvais, juste un peu prévisible. Pas assez intéressant pour me détourner du dessert – fruits rouges à la crème.

Si la soirée se déroule comme prévu, ce sera au tour de Winnie Jones. Vu ses commentaires lors du forum et sa dernière lettre aux membres des Nourrices de l'Amérique, elle abordera sûrement la question d'un syndicat.

Je regarde Rhea prendre une bouchée de son dessert avant de tourner poliment son attention vers Mercedes. Winnie, qui hochait la tête, s'est mise à dévorer le sien avec nervosité. Je n'ai jamais vu quelqu'un manger si vite : elle ne doit même pas en sentir le goût.

Le maître de cérémonie donne la parole à Winnie. Elle se lève, vêtue de son boubou bleu clair, en hommage à ses racines sénégalaises. Les feux de la scène font scintiller la sueur qui perle à son front.

– On m'a dit qu'en cas de trac, il fallait s'imaginer le public tout nu, mais je crois que ça ne ferait qu'empirer la situation pour moi, alors je vais devoir trouver autre chose.

La plaisanterie détend l'atmosphère, saluée par un rire. C'est drôle de la voir si nerveuse. Je l'ai déjà vue s'adresser à de grandes foules, portée par sa passion, par la nécessité de faire passer un message.

Winnie s'interrompt, murmure quelque chose à Rhea qui lui passe un verre d'eau.

– Bon, allez, je me lance : nous avons besoin de nous syndiquer ! Personne n'osait aborder le sujet, mais tout le monde y pense. Comme vous le savez sans doute, je crois fermement que nous devons assurer notre protection sociale, et je n'en ai pas honte…

Elle s'arrête encore, se masse le front du pouce.

– Je vous implore toutes de soutenir…

Puis elle s'effondre sans finir sa phrase.

Publicité FloBar : Campagne « Fêtes 2070 »

La scène s'ouvre sur une femme à son bureau, fatiguée, penchée sur sa paperasse. Son téléphone émet une notification : un rappel. Elle se rejette en arrière dans son fauteuil pour sortir une tireuse de sous son bureau.

NARRATEUR : Vous travaillez pour deux ? La faim vous épuise ? Nourrir l'Amérique est un dur travail.

Plan sur son tiroir du haut, rempli de FloBar. Gros plan sur l'emballage qui se déchire, puis sur sa première bouchée, suivie d'un grand sourire !

NARRATEUR : Prenez donc une FloBar ! Naturellement riche en glucides, protéines et nutriments, ce snack tout-en-un vous remplira l'estomac et vous donnera l'énergie dont vous avez besoin pour votre production !

Ralenti : Une FloBar tombant dans un océan de lait.

NARRATEUR : Les meilleurs ingrédients pour les meilleures des productrices. La FloBar, toujours à portée de main.

Plan fixe sur toutes les saveurs de FloBar avec sceau officiel « Approuvé par My Lactation Membership ».

DÉBANDADE

Rhea bondit vers l'avant pour rattraper Winnie, puis appelle à l'aide. Nous sommes tous pétrifiés. C'est une blague, c'est ça ? Une mise en scène qui a mal tourné ?

Le maître de cérémonie se penche sur le micro.

– Y a-t-il un médecin dans la salle ?

Ce n'est pas une blague.

Soudain, chacun se lève, les mains sont plaquées sur les bouches qui répandent déjà des ragots. Rien n'est plus bruyant que le chaos.

Une médecin se fraie un chemin jusqu'à l'estrade, sur laquelle elle grimpe après avoir retroussé sa jupe et envoyé valser ses talons. Je ne vois pas ce qui se passe derrière le podium.

Tout le monde s'agite mais sans aller nulle part, les yeux fixés sur l'estrade, en attente de nouvelles. Des groupes se forment : les curieux et les inquiets sur le devant, les outragés à l'arrière. D'autres cherchent à sortir.

Winnie va très mal, c'est évident. Malade ? Victime d'une crise d'angoisse ? Il faut que je fasse quelque chose.

J'écarte les silhouettes immobiles, dociles, et je m'extrais sans difficulté de la salle de bal pour gagner l'accueil.

– Vous avez appelé une ambulance ?

– Non, pourquoi ? réplique la réceptionniste comme si j'étais folle.

Je lui apprends ce qui vient de se passer, et elle pâlit puis décroche son téléphone, presque trop fébrile pour composer le numéro d'urgence. Son collègue semble inquiet et contrarié de se retrouver chargé de tant de responsabilités. Tandis que la réceptionniste explique la situation, un cri retentit depuis la grande salle, très clair bien qu'étouffé par les murs épais et les longs couloirs. Impossible de le confondre avec un rire ou des clameurs saluant l'efficacité de la médecin. C'était un hurlement d'effroi.

Quittant l'accueil, je me hâte de regagner la salle de bal, en vacillant sur mes talons. Le personnel sur l'estrade s'est multiplié, et les tables les plus proches ont été repoussées vers le centre de la pièce. Les voix emplissent l'espace en résonnant sous les hauts plafonds, faisant trembler le lustre de cristal.

Rhea et Mercedes sont elles aussi effondrées sur la scène. La médecin, toujours seule, leur prend le pouls et vérifie la dilatation de leurs pupilles, passant rapidement de l'une à l'autre.

Winnie Jones n'a donc pas fait une attaque de panique. Trois femmes, toutes importantes dans l'industrie, toutes à terre. Ça n'a rien d'un accident.

Quelqu'un déclenche l'alarme. Les panneaux EXIT au-dessus des portes se mettent à clignoter. Ceux qui n'étaient pas encore sortis de la salle de bal partent en courant vers le couloir. Le rythme de la sirène me rappelle celui de ma tireuse. *Alerte rouge ! Alerte rouge ! Alerte rouge !*

Les convives si pleins de dignité se changent vite en une foule hystérique. À ma gauche, j'entends un cri : une femme a perdu l'équilibre, une douzaine de gens passent avant que quelqu'un s'arrête pour l'aider à se relever. Je repère Becca et Isis qui se dirigent vers la porte sur ma droite. J'espère que Michele et Heather sont déjà dehors, en sécurité.

Devant moi, près de l'estrade, une silhouette en rose : Keenya. Elle semble atterrée de voir les invités si gais il y a un instant changés en survivalistes frénétiques. Elle a nos deux sacs à main dans les bras. Misère, c'est moi qu'elle attend. Je me fraie un chemin jusqu'à elle. Le temps que je l'atteigne, la grande salle est quasiment vide, mais l'alarme résonne toujours. Je crie pour me faire entendre :

– Sors, va dans le couloir ! Retrouve le Troupeau !

Elle hoche la tête et me tend mon sac, que je dépose sur une table avant de courir vers l'estrade. Quelques-uns des membres du personnel, ceux qui cherchaient à aider, sont partis. Certains par la sortie principale, mais j'en repère un dans les coulisses, ouvrant l'entrée de service, bloquant la porte. Pour laisser passer les services d'urgence, j'espère.

La médecin qui s'est portée volontaire pince le poignet de Mercedes, sa robe vert sombre toute froissée, le souci des apparences s'effaçant devant l'appel du devoir.

Je m'agenouille près de Rhea et lui soulève la tête pour la poser sur mes genoux. Elle a le front moite, mais ce n'est peut-être qu'à cause des spots. Ses cheveux sont désordonnés ; quelques mèches lui collent au front. Je revois les derniers jours de ma mère à l'hôpital, son oreiller saturé de transpiration, ses cheveux trempés. Je revois les joues rouges de Callie, sa peau brûlante le jour de sa première vraie fièvre.

J'aurais dû garder mon sac. J'aurais pu envoyer un message à John, lui dire ce qui se passe. J'espère qu'Isis ou Heather l'ont contacté.

– Rhea, tu m'entends ? Tu vas t'en sortir.

Je n'en sais rien, et je n'ai rien d'autre à offrir que des platitudes, mais lui parler et la garder éveillée me semble une bonne idée. J'ai besoin qu'elle s'en sorte. Elle secoue imperceptiblement la tête et marmonne quelque chose que je ne comprends pas.

La médecin revient se pencher sur elle. Au loin, j'entends les premières sirènes.

– Qu'est-ce qui leur arrive ? Vous avez une idée ? je demande en espérant naïvement une réponse.

Elle secoue la tête. Des mèches rousses s'échappent de son chignon bouffant.

– Je ne peux pas en être certaine, mais on dirait qu'elles ont ingéré du poison.

Je retiens un cri, sous le choc.

Du poison.

La pensée qui me vient alors éclipse mon souci pour Rhea, à savoir comment l'accompagner dans l'ambulance, comment joindre John. Plus rien de logique ni de pragmatique. Seule une image me hante : un carton de lait tourné d'où se dégage une odeur putride, ce carton que j'ai enfoncé dans le vide-ordures.

Mon estomac plein se retourne. Si même Rhea, Winnie et Mercedes peuvent être ainsi prises pour cible, qu'allons-nous toutes devenir ?

Archives – News Across America –
24 novembre 2070

Flash info : Empoisonnement lors d'un congrès sur la production de lait humain. Winnie Jones assassinée

Winnie Jones, directrice de l'association des Nourrices de l'Amérique et fondatrice du Syndicat des ouvriers du lait d'Amérique, a été empoisonnée hier lors d'un dîner. Jones, fervente défenseuse de la production de lait humain, a été déclarée morte sur place.

Rhea Price, de My Lactation Membership, et Mercedes Lopez, des Mères Laitières, ont également été transportées aux urgences. Nous n'avons pour l'instant aucune nouvelle.

Personne n'a encore revendiqué l'acte. Les partisans des Nourrices de l'Amérique et de la production de lait humain accusent pour l'heure les Mères Affamées ou les nationalistes blancs et autres groupes terroristes nationaux. Certains envisagent même un acte de la part d'anciennes employées de Rhea Price.

DÉCLARATION

Vers 4 heures du matin, John revient, accompagné du médecin de Rhea. Nous avons attendu des nouvelles toute la nuit. Heureusement, elles sont bonnes.

– Rhea s'est réveillée et ne devrait pas avoir de séquelles, dit le docteur d'un ton aussi calme et apaisant que les couleurs pastel aux murs.

Je veux en savoir plus. Que s'est-il passé ?

De la strychnine. Ce seul mot me fait froid dans le dos.

Le médecin me demande de me rasseoir sur l'une des chaises de la salle d'attente.

– Vous étiez également présente au dîner ?

Il m'interroge sur le menu. Sur l'heure d'arrivée des plats. Il me dit de me méfier en cas de vertiges, d'angoisses accrues, de problèmes respiratoires – des signes que j'aurais pu moi-même ingérer du poison.

J'ai le vertige, oui, mais seulement à cause de ce qu'il vient de m'apprendre. Des angoisses ? J'en ressens depuis ce premier texto bizarre, depuis que Rhea a annoncé son départ, depuis que Simone est partie en emmenant Callie.

Le médecin dit à John qu'il peut aller voir Rhea. John me dit de rentrer chez moi, de me reposer. Je lui rappelle que lorsque Rhea se réveillera, elle sera en mode « état d'urgence ». Je resterai pour travailler avec elle. Rien qu'une heure. Ce n'est que lorsque nous aurons élaboré un plan de bataille qu'elle s'autorisera enfin du repos.

– C'est effrayant de voir à quel point tu as raison, admet John.

Je ne m'arrête pas là, car je sais exactement quoi faire.

– Toi, en revanche, après l'avoir vue, tu devrais rentrer, te reposer, et lui rapporter des vêtements de rechange et sa tireuse.

– Oh, des tireuses, ils en ont ici.

C'est vrai. Mais le secret que tout le monde connaît, sans jamais l'évoquer, c'est que Rhea ne produit plus guère que trois cents millilitres par jour. Elle consacre trop d'énergie au travail ; le reste ne pouvait pas suivre éternellement. Nul n'en parle. Et je sais qu'elle ne voudrait pas que le personnel de l'hôpital mesure sa production.

– C'est la sienne qu'elle voudra, je rappelle.

John comprend que ce n'est pas la peine de discuter, car j'ai raison. Je le sais bien.

Il part trouver Rhea. En son absence, j'essaie de me reposer, mais les chaises de la salle d'attente ne se prêtent guère à l'exercice. L'une des infirmières m'apporte des chaussons d'hôpital pour que je puisse quitter mes talons.

Je n'aime pas ces établissements. Ils me rappellent mes nombreuses visites, des années plus tôt, pour les traitements de ma mère. Pour payer les médecins qui lui remplissaient les veines de poison, je vidais mon corps de son lait.

Un cancer de l'estomac. Voilà ce qui arrive après une vie passée à manger des aliments pleins de microplastiques. La plupart des gens de son âge en souffraient et tombaient comme des mouches, au point de faire chuter la courbe de l'espérance de vie. Elle n'y a pas coupé.

Chimiothérapie, opérations, radiothérapie, colostomie, interventions, probabilités... Du jour au lendemain, mon vocabulaire a changé. Tout comme la trajectoire de mon existence. Parce qu'il fallait que je reste à ses côtés, que je l'aide. Parce qu'il fallait régler les factures pour qu'elle puisse suivre son traitement. Parce qu'il fallait bien que quelqu'un le fasse. Parce que même si elle n'était pas la meilleure mère du monde, ni même dans la moyenne, elle restait ma mère.

Le jour de l'anniversaire de sa mort, Rhea m'a posé la question sans détour :

– Que vas-tu faire, maintenant ? Ta motivation d'origine a disparu. Pourquoi continuer ?

J'étais stupéfaite. Personne d'autre n'aurait osé évoquer ma mère, ni la sienne, d'ailleurs. Tout le monde redoutait ce sujet sensible, craignant de me faire pleurer. Rhea était allée droit au but.

Et la réponse qui m'a échappé, coulant comme de l'eau de source, m'a surprise moi-même :

– Parce que j'aime ça.

J'aime le poids de mes seins remplis de lait le matin, la tension dans les bretelles de mon soutien-gorge. J'aime ce sentiment de satisfaction lorsque je mesure ma production, celle de mon corps. J'aime ce que je gagne, j'aime avoir des sponsors. J'aime ce travail et j'aime ma place dans cette compagnie. Ce n'est tout de même pas un crime.

En attendant que John me donne le feu vert pour aller voir Rhea, je regarde mon portable. Le groupe du Troupeau – celui qui n'inclut pas Rhea – est rempli d'une telle quantité de messages que je ne peux pas tous les lire. J'écris ce que je sais, soit pas grand-chose. Isis répond d'un pouce levé.

Je scrute le Net sans trop savoir ce que j'y cherche. Les dernières nouvelles parlent toutes du gala. De l'assassinat. Voir ce mot noir sur blanc me fait grimacer.

Je sais bien qu'il ne faut jamais lire les commentaires, mais je le fais quand même. Moi qui m'attendais à une vague de soutien pour Winnie, sa famille, son équipe, à de l'angoisse pour Rhea et Mercedes, je ne lis que de la haine. Les gens se plaignent que, pour éviter ce genre de situation, il faudrait interdire aux Génisses de manger ensemble. On s'inquiète d'une possible pénurie de lait. Je trouve des arguments semblables à ceux de l'Église de l'Arche – c'était la volonté de Dieu, Winnie n'a eu que ce qu'elle méritait.

Personne ne parle de son travail, de ce qu'elle nous laisse en héritage.

Une heure s'écoule avant que je puisse rendre visite à Rhea. John m'a dit qu'elle voulait me voir. Je ne sais pas trop à quoi je m'attendais en entrant dans sa chambre – le spectre de ma mère dans son lit ? Mais elle est assise, le portable à la main, son petit déjeuner d'hôpital poussé sur le côté pour laisser place à un bloc-notes. Sa tenue a la couleur crème qu'elle affectionne, comme si le personnel n'avait pas voulu faire défaut à son look.

Elle me salue d'un ton brusque, puis s'adoucit.

– Je suis vraiment contente que tu sois restée. Je vais avoir besoin de ton aide.

Je voudrais lui demander comment elle se sent, si elle a mal à la tête, à l'estomac. Mais à l'évidence, elle ne pense qu'au travail. Elle débite une liste de choses à faire. Avant tout, donner des nouvelles au Troupeau. Vérifier que Mercedes va bien et vite sortir des urgences, avant toute déclaration officielle.

– Lugh sera bientôt là, son vol vient d'atterrir, poursuit-elle.

– Lugh ?

La question m'a échappé avant que j'aie pu la retenir.

– Oui, il a sauté dans l'avion en apprenant la nouvelle. Il est très inquiet. Il faudrait lui donner quelques éléments à intégrer dans sa conférence de presse – il compte en donner une avant de repartir à Washington. Il veut organiser une session d'urgence du comité de… Je ne sais plus lequel, celui dans lequel il siège et qui gère ce genre de merdier, soupire-t-elle en se massant le front.

Son masque de bravoure vient de se fendiller un instant. L'instant d'après, elle grimace et retrouve contenance.

– Hors de question que cet incident ait un impact sur LactCon. Je ne renoncerai pas à mes adieux à notre communauté.

Voilà que ses yeux se remplissent de larmes. Je fouille la pièce pour trouver des mouchoirs, un gant de toilette, n'importe quoi.

– Quel merdier, vraiment, répète-t-elle en secouant la tête. Je ne voulais pas vous quitter là-dessus.

Je ne l'avais pas vue exprimer autant d'émotion depuis un moment. Les larmes qu'elle s'efforçait de retenir roulent sur ses joues, malgré son sourire forcé. Elle quitte sa marque, son entreprise, son bébé alors que nous sommes en pleine crise. Mais on ne choisit pas son départ. Soit on nous l'impose, soit les circonstances ne sont jamais exactement telles qu'on les souhaiterait. On aurait espéré plus, après tant de dévotion, tant de sacrifices. Voilà qu'elle semble partir sous l'effet de… quoi donc ? La honte ? Le désespoir ? Certainement pas l'échec. Ce n'est qu'un incident isolé. Nous éluciderons l'affaire. Nous relancerons la machine.

– Tu ne me quittes pas vraiment, dis-je en posant ma main sur son bras.

C'est vrai qu'elle ne sera plus P.-D.G. Que je ne travaillerai plus pour elle. Mais son héritage, son exemple, ses conseils me resteront.

Elle essuie ses larmes et m'offre un sourire embarrassé.

– Une vraie P.-D.G. ne pleure pas, lance-t-elle.

Je retrouve la Rhea que j'aime : celle qui a toujours le mot pour rire, justement quand on en a besoin.

– Allez, au travail, dis-je.

Mon ton ferme la remplume un peu. Elle m'adresse un nouveau sourire.

– Je savais que je pouvais compter sur toi.

J'envoie un message au Troupeau pour le tenir au courant :

> Rhea est réveillée et prête à attaquer. Lugh sera bientôt là pour préparer sa conférence de presse. On se donne rendez-vous au bureau dans deux heures ?

Il y a de tout dans les réponses : du soulagement en apprenant que Rhea est réveillée, de l'inquiétude à l'idée qu'elle remonte si vite en selle, du dédain devant la quasi-omniprésence de Lugh.

> Nous sommes une association, pas une plate-forme politique…

Elle vient de se faire empoisonner ! Il faut qu'elle se repose ! Il n'a pas de cœur, ou quoi ?

Quand Lugh arrive, flanqué de ses gardes du corps, Rhea et moi avons listé nos éléments de discussion. Il les parcourt brièvement, puis sort sa propre liste qu'il lui tend. Elle la lui rend avec un signe de tête.

– Quand commence la conférence ?

– Ils préparaient les caméras quand je suis arrivé. Je voulais te voir d'abord, dit-il en croisant les bras.

– Je vais très bien. Très bien, insiste-t-elle. Je suis prête à rentrer chez moi. Mais Mina sera à la barre dans les jours à venir, pour s'assurer que rien ne déraille côté MLM et LactCon.

En l'entendant parler, Lugh passe un bras autour de mes épaules. Un signe de réconfort, de camaraderie ? Je ne sais pas trop, mais je comprends bien qu'il soit difficile de trouver les mots justes en un moment pareil. Au moins, il fait des efforts.

– Merci, me dit-il avant de sortir.

Rhea me demande d'allumer la télé pour que nous assistions à son discours, même si nous savons déjà ce qu'il va prononcer. Enfin, je pense que nous le savons.

Les nouvelles ne parlent que de l'empoisonnement, sous tous les angles. Un journaliste devant l'hôtel retrace les événements. On passe au pasteur Tom qui manifeste devant les bureaux de MLM en criant qu'il s'agit d'une manifestation de la vengeance divine.

On présente le sénateur Lugh. Sans être passé par la case coiffure et maquillage, il semble moins lisse que d'habitude, mais peut-être est-ce voulu.

Il parle d'abord de Winnie Jones et de son travail. Il présente ses condoléances à sa famille, comme si elle regardait l'émission – comme si elle n'était pas encore sous le choc, incrédule.

– Il s'agit de l'assassinat d'une femme puissante, et à l'évidence, de la tentative d'assassinat de nombreuses autres femmes encore. Des femmes qui nourrissent cette nation ! Alors qu'elles ne peuvent pas se fier à ce qu'elles mangent, alors qu'elles ne peuvent pas faire leurs courses sans garde du corps, alors qu'on les menace dans la rue ! Comment en vouloir à celles qui hésitent à s'engager ? Comment nous indigner que leur production baisse ? Un tel niveau de stress ne saurait la favoriser ! Il nous faut des solutions plus ambitieuses, plus durables, et il nous les faut d'urgence ! J'en discuterai aujourd'hui avec d'autres membres du Congrès afin de proposer des mesures directement au président Rogers la semaine prochaine, après Thanksgiving. Nous ne plierons pas !

Archives – ScrollFeed –
24 novembre 2070

Mères Affamées

Objet : Manifestation sur la grand-place de Franklin, Tennessee ce matin

Nous sommes consternées par les événements d'hier au soir.

Nous sommes affamées et nous EXIGEONS que les grandes entreprises prennent leurs responsabilités !

Nous exigeons de l'ACTION de la part de nos politiciens !

Mais ces attaques à l'encontre des productrices de lait vont trop loin !

Si elles ont peur de produire du lait ou de conduire les camions de livraison, comment allons-nous manger ?

Nous formerons un rempart humain contre les insultes et les menaces !

Nous devons protéger les travailleuses de MLM comme si notre vie en dépendait, car C'EST BIEN LE CAS !

Tori Olin : Attendez, je suis perdue, là… On les soutient, maintenant ?

> Michelle Yoast : Non, nous nous battons toujours contre ceux qui tirent profit d'un système injuste, mais nous voulons montrer que nous sommes contre les entreprises, pas contre les gens. Nous ne voulons pas décourager les

femmes de produire du lait, ce qui nous priverait encore plus de ressources.

Tori Olin : Ah bon, d'accord.

Susan Ward : S'en prendre à ces femmes, c'est s'en prendre à nous tous ! C'est du terrorisme ! Il faut les protéger, pas les attaquer ! Personne n'en voulait aux vaches et aux cochons quand ils tombaient malades. Au contraire, on exigeait qu'ils soient mieux traités. Pourquoi la situation serait-elle différente ?

PIERRE

En arrivant au bureau, j'ai l'impression que mes seins vont éclater. Je me moque bien de la foule qui grandit sans cesse sur la place – ceux qui protestent et veulent d'autres morts, ceux qui nous soutiennent et pleurent Winnie. Je les vois, mais ils ne m'atteignent pas. J'ai raté deux sessions à la tireuse, et j'ai si faim et si sommeil que la tête me tourne. J'ai encore ma coiffure de gala, mon maquillage a coulé. Mes oreilles me font mal, martyrisées par leurs lourdes boucles. Je me changerai ce soir en rentrant chez moi.

Je rentre en courant dans le bureau. Première chose : tirer mon lait. Je me réfugie dans mon « nid à lait » préféré, où le diffuseur de parfum à la lavande échoue complètement à m'apaiser, et j'envoie des dizaines d'e-mails.

Dont un à Keenya pour m'assurer qu'elle va bien, et lui demander de venir au bureau dès que possible, en la prévenant qu'il lui faudra se frayer un chemin dans la foule. Puis, après avoir rangé mes bouteilles de lait trop pleines dans le mini-frigo de mon bureau, je file dans le couloir jusqu'à celui de Rhea : elle m'a indiqué plusieurs documents qu'il faut envoyer au service juridique.

Mon regard s'arrête sur les placards et étagères de bois blanc derrière sa table de travail. Son diplôme n'est plus là. Les photos d'elle et John non plus. Le presse-papiers en verre a disparu en laissant son empreinte dans une fine couche de poussière.

Elle est vraiment en train de rassembler ses affaires. Elle va vraiment partir. Elle nous quitte morceau par morceau. Petit à petit.

Après avoir récupéré les papiers, je sors aussi vite que je suis venue. Le temps que le Troupeau se rassemble dans la salle de conférences, j'ai griffonné des kilomètres de listes. Par bonheur, quelqu'un a apporté un panier de muffins. Tout le monde a pu dormir un peu, tout le monde a pu commencer à digérer l'incident. Maintenant, c'est l'heure de se noyer dans le travail pour oublier nos soucis – ça marche à tous les coups.

Première chose : je demande à Heather de rédiger une déclaration officielle. Sylvia me confirme que nous signalerons à nos employées qu'elles peuvent se mettre en télétravail aussi longtemps qu'elles le souhaitent. Nous leur octroierons également un jour de congé pour les funérailles de Winnie. Isis se propose pour assembler un panier cadeau de condoléances à envoyer aux Nourrices de l'Amérique, de notre part à toutes. Michele nous confirme l'arrivée de notre thérapeute spécialisée dans le deuil. Nous travaillons ensemble jusqu'à ce que l'inévitable question se profile.

– Qui a bien pu faire ça ? demande Becca en secouant la tête, les joues rouges à force de larmes, sa peau d'habitude si radieuse ternie par l'angoisse.

– Un nom figure en tête de ma liste de suspects, lâche Sylvia.

Michele relève aussitôt la tête, les sourcils froncés en une question muette.

– Annabelle Logan, évidemment ! s'écrie Sylvia en agitant les bras.

– Ce n'est pas juste de l'accuser, objecte Michele. Non seulement elle est en prison, mais elle n'avait rien contre Winnie. Peut-être quelqu'un qui la prenait pour cible… ?

– Elle ou Mercedes, fait remarquer Isis.

– Je suis d'accord, il ne faut pas tirer de conclusions hâtives, ajoute Becca. Même si c'est Winnie qui n'a pas survécu, Rhea et Mercedes ont toutes les deux été empoisonnées également. La cible aurait pu être n'importe laquelle des trois… Ou toutes les trois.

Puis elle se tourne vers Sylvia :

– Et au cas où tu n'aurais pas remarqué, il y a une foule de tarés en train de manifester devant l'immeuble, et n'importe laquelle de ces organisations ou de ces personnes aurait pu faire ça !

Un silence s'ensuit. Oui, nous pouvons les entendre. Ils scandent leurs messages d'une voix si forte qu'elle traverse les murs, les fenêtres. Ces insultes, ces petits slogans qui riment pour mieux se moquer de nous.

Concentrons-nous. Nous avons trop à faire, et c'est à peine si j'ai entamé la liste que Rhea m'a donnée, à laquelle j'ai ajouté mes propres éléments. Je passe à Michele le dossier de contrats que Rhea voulait faire finaliser.

– Nous devrions aussi jeter un coup d'œil aux conditions d'annulation de nos contrats pour la convention, lance Sylvia en désignant Michele de son stylo.

– Si nous annulons, ce sera un signe de panique aux yeux de nos équipes et de nos membres, dis-je en secouant la tête. Continuons à préparer LactCon, ce sera un geste fort.

Seules quelques-unes hochent la tête, et même parmi elles, certaines semblent inquiètes.

– Vérifions quand même ces conditions pour être prêtes à tout.

Puis nous passons à ce qui aurait dû être notre planning normal en ce lundi. LactCon nous donne une tonne de travail. Ces détails à fignoler… Il faut que tout soit parfait.

J'allais les relâcher lorsque Keenya passe la tête dans la salle de réunion.

– Un certain agent Facteau du FBI est là pour te voir ? demande-t-elle d'une voix imprégnée d'inquiétude et de curiosité.

Je hoche la tête comme si je m'y attendais, comme s'il était pile à l'heure, alors que je n'ai jamais entendu parler de cet homme. Mais pas besoin de se demander ce qu'il fait ici.

– Bon, vous savez ce que vous avez à faire. Nous étions toutes présentes au gala hier, dis-je en incluant Keenya dans ma déclaration d'un signe. Réservez un peu de votre temps à ses questions.

Je me lève pour signaler la fin du meeting. Isis m'imite et ramasse les muffins qui restent pour les emporter dans la salle de pause.

– Merci d'avoir pris la tête des opérations aujourd'hui, Mina.

Je sens un léger reproche dans ses mots. Elle aussi voudrait être P.-D.G., et j'ai sauté avant elle sur cette occasion de briller. Mais il fallait bien le faire.

– Qu'est-ce qu'un mec du FBI fout ici ? me murmure Keenya à l'oreille quand je quitte la pièce.

– Il veut sûrement nous interroger sur les événements d'hier…

– Mais pourquoi lui et pas la police de Nashville ?

Je soupire, car bien que je connaisse la réponse depuis longtemps, je ne voulais pas l'admettre, et je ne l'avais encore jamais dite à haute voix.

– Parce que c'était un acte de terrorisme national.

– De terrorisme ?

– Une mise en danger de nos réserves alimentaires.

Keenya semble d'abord perdue, puis comprend ce que je veux dire et secoue la tête avec une moue de dégoût. Je poursuis :

– Annonce-lui qu'il peut commencer les interrogatoires, fais-le passer d'un bureau à l'autre.

Elle acquiesce et part vers le lobby.

Ces couloirs me faisaient autrefois l'effet d'un deuxième foyer. Par la fenêtre, je vois les gens qui manifestent devant l'immeuble. Certains ont des petits cartons faits à la main, mais l'Église de l'Arche a une énorme tente et une grande bannière imprimée : REPENTEZ-VOUS. Je presse le pas jusqu'à mon bureau.

À croire que les gens n'avaient encore jamais eu faim.

La famine était autrefois un problème récurrent. Les pays développés qui refusaient d'aider ceux en développement. Les habitants des riches résidences qui ignoraient le SDF de l'autre côté de la rue. Maintenant, plus personne ne peut se permettre d'ignorer la faim. Tout le monde doit se priver, tout le monde connaît les mêmes réalités. Car même les plus riches n'ont pas la priorité alimentaire sur celles qui produisent du lait. Nous serons les dernières à mourir.

Lorsque les riches et les puissants se sont mis à avoir faim – ceux qui ont l'habitude d'être entendus, ceux qui sont convaincus qu'on leur doit tout –, ils ont décidé de ne pas se laisser faire. Ils ont harcelé le Congrès, ils ont défilé dans les rues, ils ont détruit des supermarchés, même si cela semblait contraire à leur but. Ils tempêtaient, et ils tempêtent toujours.

Au moins, nous sommes tous dans le même bateau maintenant. Les pauvres ont encore plus faim, mais les riches découvrent ce que ça fait. C'est beau, cette union mondiale.

Et voilà qu'ils ont choisi de se rassembler devant nos bureaux.

Il y a d'abord les nationalistes blancs, ces pseudo-chrétiens, qui affirment que nous commettons un crime contre Dieu en tirant notre lait, ce qui retarde « Sa volonté ». Avoir des seins et s'en servir, c'est attirer l'attention dessus. Nous devrions avoir honte de cette partie pourtant parfaitement naturelle de notre corps.

Puis les Mères Affamées qui forment une contre-protestation. Elles voudraient que le lait soit gratuit pour tous. Leur message : se nourrir est un droit fondamental et nous n'avons pas à laisser des gens mourir de faim parce que cela coûte moins cher. Comme MLM est l'association de soutien aux Génisses la plus célèbre, nous sommes prises pour cible. Nous récoltons davantage de sponsors, mais aussi davantage de haine. De tous ceux de nos détracteurs, l'argument des Mères Affamées est le plus compréhensible. Mais aujourd'hui, étonnamment, elles militent pour nous : elles s'inquiètent que nous puissions décider d'abandonner la production de lait après ces attaques. *Elles nous témoignent enfin un peu de respect. Ce n'est pas trop tôt.*

Je m'efforce d'oublier ce que scandent les manifestants pour me remettre au travail. J'envoie un rappel à mon équipe – nous devons remplir les tote bags avec les produits sponsors entassés dans l'enclos de Marguerite. Nous n'allons pas laisser nos membres repartir sans leurs sacs bourrés de cadeaux : coussinets d'allaitement réutilisables décorés du logo du vendeur, bonbons favorisant l'allaitement, FloBar, échantillons de lanoline…

Je parcours le planning. Peut-on y insérer une minute de silence pour Winnie ? L'empoisonnement du gala jette une ombre sur la convention. Nous avons vraiment besoin que tout se déroule comme prévu. *Rien à voir, circulez ! Un terrible accident, c'est tout ! Ça ne se reproduira pas !* Mais il faut bien lui rendre hommage. Nous n'allons pas remettre le prix du Litre d'Or comme si personne n'était mort.

Un coup à la porte brise ma concentration. Un homme trapu à la peau mate et aux cheveux coupés court se tient dans l'encadrement.

– Mina Hodge ? demande-t-il, bien que mon nom soit affiché sur le battant.

Il se présente en me montrant son badge : agent Facteau, FBI. Il commence par me poser quelques questions basiques sur le gala, des choses que les autres doivent déjà lui avoir répétées cent fois.

– Et vous avez eu des nouvelles d'Annabelle Logan récemment, c'est ça ?

– Non…

– Elle vous a appelée, dit-il en levant la tête de ses notes. Depuis la prison.

Je m'en décroche la mâchoire. Ma réponse reste un instant coincée dans ma gorge.

– Eh bien, oui, elle m'a téléphoné… Mais je n'ai pas accepté l'appel. Je n'ai rien à lui dire, et après ce qu'elle a fait, elle non plus n'a rien à me dire. Je ne veux pas entendre ses excuses.

Après un regard soupçonneux, il griffonne quelque chose dans son carnet.

– Rien à signaler par ailleurs ? Un comportement suspect ? Menaçant ?

L'un des nombreux textos que j'ai reçus ces dernières semaines me revient en mémoire. *Quelle vache finira à l'abattoir ?*

Oh, mon Dieu.

Ces menaces.

Elles étaient parfaitement sérieuses. Et je les ai ignorées.

Je me mords la lèvre, tendue.

– Eh bien… À vrai dire… Oui. Ça fait un moment que je reçois des messages assez bizarres.

– Bizarres ? Comment ça ? demande Facteau en se penchant vers moi.

Je lui parle des menaces et du carton de lait tourné.

– Et vous n'avez pas pensé à en parler aux autorités ? demande-t-il, accusateur.

– Je croyais que ce n'étaient que de mauvaises blagues, quelqu'un qui cherchait à me faire réagir !

Il faut bien que je tente de m'expliquer, car il n'y comprend rien. Il ne sait pas que ce c'est que d'être une femme. Qu'on se plaigne qu'un homme semble menaçant, on s'entend répondre qu'on est paranoïaque, qu'il est inoffensif. Qu'on ne dise rien et qu'il nous agresse, voilà qu'on nous accuse d'avoir été trop confiante, trop naïve. Alors on garde tout pour soi. Ainsi vont les choses, ainsi nous apprend-on à les gérer.

– Là, ça dépasse la mauvaise blague, vous ne trouvez pas ? lance-t-il en secouant la tête, dédaigneux. Des idées sur l'identité de ce mystérieux harceleur ?

– Peut-être le pasteur Tom Newbold, de l'Église de l'Arche. Les messages avaient un ton religieux, et il sort avec ma sœur.

Je m'imagine ce sale con prétentieux, les menottes aux poignets. Callie de retour à mes côtés, loin de sa rhétorique haineuse et dogmatique. Mais comment le pasteur Tom réagira-t-il quand on l'interrogera ? Se vengera-t-il sur Simone et Callie ? Est-ce que je les mets en danger en le désignant comme suspect ?

Facteau hoche la tête et en prend note.

– Vous n'êtes pas la seule à avoir reçu ces messages, vous savez. J'aurais voulu que vous en parliez plus tôt, les filles. Nous aurions pu éviter cette tragédie.

Je fais de mon mieux pour ne pas lui aboyer qu'il n'a pas à nous appeler ainsi. Nous sommes des femmes adultes, des cadres exécutifs de l'une des cinq cents premières entreprises américaines.

– Bon, je crois bien que je n'ai plus de questions, dit-il en rebouchant son stylo. Mon équipe reviendra vers vous pour gérer la sécurité de votre convention.

– Oh, nous cherchons déjà une compagnie privée pour veiller sur notre comité exécutif, dis-je, fière d'y avoir déjà pensé.

– Ce n'est pas assez. Il s'agit d'un rassemblement de plusieurs milliers de femmes produisant du lait. Le sénateur est en train de débloquer les fonds. Nous veillerons sur vous.

À l'évidence, nous n'avons pas le choix. N'avoir ni à embaucher ni à gérer cette équipe de professionnels est une tâche de moins dans mon planning. J'apprécie l'offre, mais un tel déploiement de protection a quelque chose de paternaliste.

– Et celles qui étaient au gala ont ordre de jeter toute leur production de lait jusqu'à demain soir. Nous ne pouvons pas prendre le risque que du poison s'infiltre dans le lait et le fromage que mangent les gens.

– Pardon ? dis-je en espérant avoir mal compris.

Il ne doit pas se rendre compte de l'impact que cela va avoir sur la production alimentaire de la région. Il y avait au moins trois cents personnes au dîner, dont la moitié produisait du lait. Si nous jetons tout – la semaine de Thanksgiving, en plus – les prix des repas de fête vont crever les plafonds. À condition qu'il n'y ait pas de pénurie.

– Et le repas de Thanksgiving ?

– Il aurait fallu y penser quand vous avez commencé à recevoir des menaces, réplique-t-il avec un regard noir. Toute votre production pendant quarante-huit heures, à commencer par ce que vous avez tiré la nuit dernière.

C'est un ordre. Je songe aux bouteilles pleines dans mon frigo, au poids de mes seins qui réclament déjà une nouvelle session.

Facteau se lève pour partir. C'est là que j'entends un impact étouffé. Je me retourne : une mince ligne blanche s'étire sur ma fenêtre. Un autre impact. Je me jette par terre en entendant la vitre éclater : un bruit de tonnerre suivi par le tintement des morceaux de verre qui rebondissent au sol.

Facteau me relève déjà pour m'éloigner du carreau.

– Je vais bien, je vais très bien !

Il me repose dans le couloir devant mon bureau, criant déjà des ordres au téléphone. J'attends qu'il me dise quoi faire ensuite. *Que dois-je faire ?*

Des membres de mon équipe s'approchent, jettent un coup d'œil dans mon bureau. Keenya court me rejoindre.

Je vois d'ici le caillou par terre. Pas de message, pas d'explosif, rien qu'une pierre. Mais tout de même : une attaque. Un coup direct.

La foule semble à la fois plus bruyante et plus calme, les slogans disloqués par le choc. Le bruit s'engouffre par la fenêtre brisée. À quoi s'attendaient-ils, à lancer des pierres sur les vitres ? Ils ne comprennent donc pas que notre production diminue avec le stress ?

En pilote automatique, j'évacue mon équipe. Nous sortons toutes par l'arrière tandis que la police vient disperser les manifestants devant l'immeuble.

Notre sanctuaire ne nous appartient plus entièrement. Il n'a plus rien de sacré. C'est une attraction touristique, un lieu de manifestation, une note de bas de page dans l'histoire de la famine.

Ma carrière, ce qui me lie à ma communauté, ce qui constitue mon identité – tout se dissipe, tout me coule entre les mains comme du lait.

Amnistie présidentielle de Thanksgiving – 2070

La Maison-Blanche, roseraie

Président Rogers : Merci à tous pour votre présence en cette journée bien particulière. Pour perpétuer la tradition de l'amnistie de Thanksgiving, j'accueille aujourd'hui Suhaily Cruz.

Suhaily a été emprisonnée il y a trois ans après avoir vendu son lait maternel à une compagnie de produits de beauté. Cet argent lui a permis de payer ses factures, de faire vivre sa famille. Depuis son incarcération, ses enfants vivent avec leurs grands-parents. Comme beaucoup d'autres dans ce pays, ils rêvent d'une famille unie.

Aujourd'hui, j'accorde l'amnistie à Suhaily, et je suis heureux de vous apprendre qu'elle et ses enfants se joindront à nous pour notre repas de Thanksgiving. Un dernier arrêt avant de rentrer tous ensemble chez eux.

Suhaily, je suis fier de vous remettre cette figurine en symbole de pardon et de gratitude pour Thanksgiving.

SOUPER

On dit chez nous qu'il ne faut pas « pleurer sur le lait renversé ». Quiconque a inventé ce proverbe n'avait clairement jamais allaité. Ne savait pas ce que cela signifiait de travailler dur pour quelques centilitres de plus. Vider mes bouteilles, c'était perdre des milliers de dollars.

En ce jour de Thanksgiving, comme annoncé, les supermarchés n'ont pas assez de lait et de fromage pour tout le monde. Les manifestations ne feront qu'empirer. On réclamera toujours plus de notre corps, de notre temps. Toujours plus de lait.

Les bureaux de MLM ont fermé pour la journée, comme prévu, ce qui a nous a permis de faire remplacer la fenêtre, et de nous reposer – y compris les manifestants. Rhea est chez elle avec John, l'hôpital l'a laissée sortir mardi matin. Heureusement. J'adore MLM, j'adore ce que nous faisons, ce que nous représentons. Je veux prendre la tête de cette compagnie. Mais en voyant Rhea aussi bien adulée qu'empoisonnée, j'ai connu mes premiers doutes quant à ma capacité à lui succéder.

Je suis en route pour fêter Thanksgiving chez Keenya. Elle refusait catégoriquement que je sois seule, et comme je devenais folle d'angoisse chez moi, j'ai accepté l'invitation.

Elle me comprend si bien : nous avons toutes les deux des problèmes avec nos sœurs. Pas étonnant qu'elle ait été la première à m'écrire quand Simone est partie. Je suis contente de pouvoir célébrer cette fête avec elle et les jumeaux.

Les critiques qu'on adresse le plus souvent à MLM portent sur notre production de lait (jamais assez) et sur nos prix (toujours trop élevés). Mais on nous accuse aussi de perpétuer un type bien précis d'amitié entre femmes. Nos détracteurs le qualifient de « faux féminisme », de liens infectés par le capitalisme. Ils nous méprisent parce que nous parlons de sororité. Pourtant, Keenya est une sœur pour moi, bien plus que ma véritable jumelle.

Singer la coutume de Thanksgiving semble plus ridicule que jamais. Nous sommes en pleine famine : ne faudrait-il pas rendre grâce pour chacun de nos repas ? Nous avons désormais tous pleinement conscience de la fragilité du système. Ce dont nous rêvons, ce pour quoi nous prions, c'est à manger. Cet empoisonnement était plus qu'un crime : c'était une profanation. Si Annabelle a vraiment sali sa production, peut-être mérite-t-elle bel et bien la peine de mort. Et quiconque s'en est pris à Winnie, Rhea et Mercedes la méritent aussi.

Lorsque Keenya m'ouvre la porte, un délicieux arôme émane de l'intérieur, le résultat d'une journée aux fourneaux. Je le laisse dissiper ma morosité. Le panier à chaussures est à moitié vide, des baskets taille enfant sont éparpillées dans l'entrée.

Après m'avoir serrée contre elle, elle jette un coup d'œil à ce que je lui offre.

– Ne me dis pas que tu as apporté de la vraie glace pour mes petits monstres… Avec tout ce sucre, ils seront surexcités à l'heure de se coucher !

– J'ai bien peur que si, dis-je avec un sourire.

Je pars d'un pas dansant la mettre au congélateur – si Amani et Isaiah voient ça avant de manger, ils n'accorderont plus aucune attention au dîner préparé par Keenya.

Elle vit avec son beau-frère, sa nièce et son neveu. Derek travaille ce soir – il est camionneur pour une ferme locale. Et je tiens à préciser que c'est un bon père, vraiment. Pas le meilleur, mais quand même. Vu les circonstances, on peut dire qu'il fait de son mieux.

– Je n'ai pas tout à fait fini en cuisine, va donc distraire le prince et la princesse pendant que je termine, dit Keenya en m'éloignant d'un geste de la main.

Je pars trouver les jumeaux de trois ans dans le salon, au milieu d'un chantier de blocs de construction, de pions et de figurines. Un vrai champ de mines pour mes pieds d'adulte.

– Mimi ! crie Amani, qui m'a vue la première.

Les jumeaux ont adopté le surnom que Callie m'a donné. D'habitude, l'entendre me réchauffe le cœur, mais cette fois, c'est douloureux.

Ils appellent Keenya « Tatie K » – on adore ces petits surnoms, nous, les tantes. En l'absence d'Adrienne, elle accomplit tous les devoirs d'une mère : les emmener à la garderie chaque matin, aller les chercher le soir… Autrefois, elle leur donnait aussi le sein.

Elle a arrêté il y a deux ans : ils sont parfaitement sevrés. Mais elle tire toujours autant de lait que si elle les nourrissait encore. À ce rythme, elle va décrocher un nouveau record de production, en battant le mien.

Isaiah décide de faire un concours avec sa sœur – qui pourra coller le plus d'autocollants sur mes bras avant le dîner ? Lui et Amani prennent cette tâche très au sérieux.

Ils s'amusent, ils profitent de la vie, ils jouissent d'un foyer aimant, mais je sais que leur mère leur manque. Alors qu'ils ne l'ont jamais rencontrée. Les célébrations comme Thanksgiving sont difficiles pour eux tous. C'est pour ça que Derek a accepté de travailler aujourd'hui, c'est pour ça que Keenya m'a invitée – sauvant ainsi ma propre soirée – alors que je ne fais pas partie de la famille.

Adrienne, la sœur de Keenya, est morte en couches. Je ne l'ai jamais rencontrée, et Keenya ne m'en a parlé qu'une poignée de fois. Elle apparaît dans les cadres photo sur son bureau au travail, et sur les réseaux. Elle doit tellement lui manquer. Ce doit être dur de savoir qu'elle serait peut-être encore là sans les défaillances du système – ce système qui l'a ignorée quand elle a dit que quelque chose n'allait pas, que ses contractions semblaient anormales. Si on avait appris aux docteurs et infirmières à mieux écouter les patients au lieu de les ignorer, Adrienne aurait-elle survécu ? Ces adorables enfants auraient-ils encore une mère ?

Ils sont nés prématurés. Callie aussi était en avance, mais seulement d'une semaine, pas d'un mois entier. C'est de plus en plus commun : porter un bébé à terme devient rare pour cette population affamée. Les mères ont déjà bien du mal à se nourrir elles-mêmes. Pas idéal. Les experts n'arrêtent pas de répéter que nous courons à la catastrophe, que notre espèce ne pourra bientôt plus se reproduire à force de malnutrition. Nous cherchons à nous convaincre que les terres redeviendront bientôt fertiles. Il suffit d'emprunter encore un peu au futur pour survivre au présent, et tout ira bien…

Amani et Isaiah ont passé une semaine à l'hôpital. Ils étaient tous les deux en parfaite santé, mais les médecins ne voulaient prendre aucun risque. Derek était dévasté – il lui fallait faire face à une réalité que jamais il n'aurait envisagée, élever seul deux enfants. Les jumeaux ont reçu des dons de colostrum pendant quelques jours, puis Derek a dû choisir : passer au lait en poudre, en faisant assez de réserves pour les nourrir tous les deux, ou trouver quelqu'un pour leur donner le sein.

Keenya s'est aussitôt portée volontaire. Elle a reçu les injections nécessaires ainsi qu'une tireuse de qualité médicale. Au début, gérer sa production n'était pas facile. C'est là qu'elle a découvert My Lactation Membership. Un mois plus tard, elle avait trouvé son rythme, établi un planning pour nourrir sa nièce et son neveu, et formé des projets en vue de vendre sa production après leur sevrage.

– Elle est où, Callie ? me demande Isaiah qui continue à me couvrir les bras d'autocollants dinosaure.

Que répondre ? Je me décide pour la vérité, mais pas toute la vérité.

– Avec Simone.

J'ai pris bien garde à ne pas dire « avec sa maman ». Keenya fait son entrée et envoie les jumeaux se laver les mains avant le dîner.

– Sauvée par la tante, je lance tandis qu'elle me hisse sur mes pieds.

Elle me demande comment va ma production.

– Ça s'améliore, mais je crois qu'il faut que je lève le pied pour éviter un autre canal bouché.

Je secoue la tête. Ce cycle est décidément sans fin.

– Si ça peut te rassurer, chez moi aussi, ça baisse, en ce moment, admet-elle.

De fait, savoir que je ne suis pas seule à traverser une mauvaise passe me réconforte un peu.

– On n'a qu'à se faire une super séance après le repas, en se tenant les mains et en psalmodiant des invocations à la Divine Féminité…

Keenya éclate de rire. Elle ne trouve jamais mes blagues trop bizarres.

Mon estomac gargouille bruyamment lorsque nous nous asseyons pour manger. Avec un sourire angélique sur sa bouille aux joues rondes, Amani me demande :

– Il y a un dragon dans ton ventre ?

– Oui, et il est… affamé ! dis-je en faisant semblant de rugir.

Les enfants sont difficiles, si bien que notre repas de Thanksgiving consiste en des nuggets de poulet et des frites – bios et faits maison, sans rien de reconstitué. Keenya privilégie la qualité, malgré les prix, afin de ne pas faire ingurgiter trop de conservateurs aux petits. Je la comprends. Moi aussi, je faisais tout ce que je pouvais pour que Callie avale de vrais aliments – je lui préparais un déjeuner à emporter, je cuisinais matin et soir… Simone m'en voulait de m'occuper ainsi de la diététique de sa fille, mais je sais bien ce qui inquiète Keenya. Chaque fois que les jumeaux évitent de manger des saletés peut-être bourrées de microplastiques, ils gagnent en santé, en humanité.

– Tu sais, Mimi, la maîtresse nous a parlé de Thanksgiving à l'école, me dit Amani, radieuse.

Je lui demande plus de détails : quelle version de l'histoire lui enseigne-t-on ?

– Oui, avant, les gens avaient des tables pleines de nourriture, entassée jusqu'au ciel ! Trois sortes de tartes, dix plats aux pommes de terre ! ajoute Isaiah. Tu savais qu'on pouvait préparer autant de plats différents avec des pommes de terre ?

Ah, cette version-là.

Leur table est loin de ces images idylliques qui appartiennent désormais au passé, ces vieilles publicités qui montraient des familles – blanches, pour la plupart – en habits de fête, attablées autour d'un festin si gargantuesque qu'il leur bouchait la vue.

– Oui, et un jour, je serai riche. Je serai la meilleure productrice de lait du monde, c'est moi qui fera le plus de ventes, et on pourra avoir un Thanksgiving comme ça, nous aussi ! s'enthousiasme Amani.

Elle irradie la détermination, pleine d'une ambition enfantine, mais Keenya baisse la tête.

– Pourquoi ? dis-je. Moi, ce repas-là, je le trouve parfait ! Les nuggets de poulet, c'est bien meilleur que de la dinde toute sèche.

J'en avale un pour souligner mes paroles. Keenya croise mon regard et articule un « Merci ».

C'est fou comme ce que disent les petits, en toute innocence, peut nous ébranler. Même Keenya, toujours si confiante, n'est pas invulnérable. La faille dans son armure, ce sont ces enfants et la vie qu'elle s'efforce de leur offrir.

Son but est simple : lorsqu'elle aura mis assez d'argent de côté pour financer l'éducation des jumeaux, elle arrêtera de tirer du lait. Elle en a assez de porter un soutien-gorge d'allaitement, de compter ses calories et de jongler avec les contraintes. Elle en a assez de son bonnet F qui lui fait mal au dos. Comme elle a atteint l'échelon Diamant chez MLM, elle a bien l'intention de procéder à une reconstruction mammaire dès que possible. Elle sait déjà comment orienter sa carrière ensuite, quelles possibilités offrir aux jumeaux. Elle ne veut pas qu'Amani ait besoin de produire du lait. Jamais.

Assise parmi eux, je vois bien que Keenya leur laissera en héritage bien plus que de l'argent ou de bons gènes de productrice laitière : de l'amour, de la sécurité, un foyer. Une enfance heureuse, pleine de joie, de bons repas et de rires. C'était ce que je voulais offrir à Callie. J'imagine qu'elle et Simone devront compter sur le pasteur Tom, désormais. Mais il ne faut pas que mon amertume ruine ces moments précieux. Je m'imprègne de chaque éclat de rire des enfants, de chacune de leurs petites chansons.

Après manger, Keenya part leur donner le bain tandis que je m'occupe de la vaisselle – c'est bien la moindre des choses. Une fois les jumeaux propres et couchés, Keenya redescend et nous nous installons sur la terrasse, avec un bon thé au lait. Les tasses nous réchauffent les mains dans la fraîcheur du soir. Bientôt, l'hiver sera là. Pour l'instant, nous pouvons retenir encore un peu l'automne.

– Au fait… commence Keenya. J'ai entendu ce que tu as raconté au mec du FBI lundi…

Cette hésitation ne lui ressemble pas. Je me demande bien où elle veut en venir. Elle était assise à côté de moi au gala, elle aussi a dû jeter toute sa production.

– … sur ces messages que tu as reçus, ce colis. Pourquoi tu ne m'en as pas parlé ?

Ah.

Je hausse les épaules. Jamais il ne me serait venu à l'idée de la mêler à tout ça.

– Tu as des jumeaux à la maison, plus qu'assez de travail au bureau. Je ne voulais pas te surcharger. Et je pensais vraiment que ce n'était qu'une mauvaise plaisanterie. Ou je l'espérais.

Keenya hoche la tête.

– Je t'ai aussi entendu dire que tu soupçonnais le pasteur Tom.

Des visions de Simone et Callie à ses côtés, dans cette image rétro de Thanksgiving, me submergent. Une grande table croulant sous les plats et les rires, une table à laquelle je n'ai pas été invitée.

– Mais tu as changé ton numéro l'autre jour, insiste-t-elle. Et tu continues quand même à recevoir ces messages ?

– Oh, mon Dieu…

Elle a raison ! C'est justement parce que je soupçonnais le pasteur Tom, ou même Simone, que j'ai changé mon numéro. Mais ils n'ont pas le nouveau. C'est forcément quelqu'un d'autre.

– Le pasteur Tom est loin d'être aussi innocent qu'il l'affirme, mais je ne crois pas qu'il soit le coupable dans cette affaire, explicite Keenya.

Elle essaie de croiser mon regard :

– Et si c'était de ma sœur qu'il s'agissait, si elle me manquait en cette soirée de Thanksgiving, j'essaierais de la voir, et au moins de la contacter…

De mémoire de notre amitié, c'est la première fois qu'elle use d'un tel argument. Elle a raison, elle a parfaitement raison. J'étais trop butée pour le comprendre. Je la serre contre moi – je me doute qu'elle pense à Adrienne. Puis nous vidons nos tasses et je quitte mon siège pour prendre congé. Keenya lève les yeux vers moi, avec une expression indéchiffrable.

– Tu crois vraiment qu'Annabelle est coupable ?

J'imagine qu'elle m'a entendu parler de ça aussi avec Facteau.

– Je n'ai pas envie d'y croire, mais… ils ont des preuves, non ?

Si je me convaincs que notre amie était bel et bien capable de meurtre, c'est parce que l'idée qu'elle soit emprisonnée alors qu'elle est innocente est encore pire. Keenya hoche la tête et me raccompagne dans l'entrée.

Sur le trottoir, je l'entends me lancer :

– Tiens-moi au courant de ce que dit Simone.

Ce n'est pas vraiment une requête, plutôt un ordre – j'ai intérêt à contacter ma sœur.

Au lieu de retrouver le cocon protecteur de mon appartement, mon écran mural plein des idioties des réseaux, ma tireuse, je m'enfonce dans la nuit. C'est le premier pas à faire pour reconstruire ma relation avec Simone, à supposer que ce soit possible.

DÉCEPTION

Malgré ses discours vides de sens et son évangélisme agressif, l'Église de l'Arche se rend utile pour la communauté – voilà pourquoi il est si difficile de s'en prendre à elle. Ses membres nourrissent les SDF, ils financent le déménagement de ceux qui sont menacés par la montée des eaux, et, pour Thanksgiving, ils organisent un énorme dîner ainsi qu'une distribution de chaussettes, brosses à dents, et autres objets de première nécessité. Cette famine est censée nous punir de nos péchés, mais l'Église doit juger que les sans-abri souffrent déjà assez, et ne voit aucun inconvénient à leur donner à manger et à s'occuper d'eux.

Les minuscules fenêtres qui trouent la façade du bâtiment sont illuminées de l'intérieur. *Entrez donc. Venez soulager votre faim et sauver votre âme.* Que vais-je donc dire à Simone en la voyant ? « Salut » semble idiot. Comme la nuit devient froide, je fourre mes mains dans mes poches, et je sens quelque chose sous mes doigts. Les deux bonbons de la semaine dernière, encore parfaitement emballés.

Ah oui… Ma surprise pour Callie. L'envie de la revoir m'envahit comme une vague d'adrénaline, et j'attrape la poignée de la porte.

La chaleur du lobby m'étouffe, en plus de mes nombreuses couches de vêtements. Quand j'essaie de prendre une profonde inspiration, je suis confrontée à l'horrible odeur d'un hall d'église : des relents de vieux repas mêlés au parfum permanent de l'encens. La plupart des grandes tables sont désormais vides, mais quelques retardataires y traînent encore. Facile de différencier les membres de l'Église – chemise propre, cheveux bien coiffés – des autres, avec leurs habits crasseux et leurs cheveux gris de poussière.

Des plateaux sont gardés au chaud près de l'entrée : du pain de maïs bien jaune, des haricots verts trop cuits qui semblent en plastique, de la purée de pommes de terre sans doute reconstituée. Généreux, mais pas nutritif ; rien que des calories, à peine mieux que des suppléments artificiels.

Dans un coin, le pasteur Tom joue de la guitare pour une petite foule d'admirateurs. Un tube de son vieux groupe de rock chrétien, peut-être ? Il reçoit des applaudissements à la fin du morceau, repose l'instrument et serre la main de ceux qui l'entourent.

– Mimi !

En entendant cette voix, la plus jolie du monde, je me tourne vers ma nièce. Quand elle me saute dans les bras, je me sens pleine et entière, pour la première fois en un mois. Il n'existe plus que son étreinte.

– Callie, tu m'as tellement manqué !

Je lui donne les bonbons. Elle s'illumine et se met aussitôt à en ouvrir un.

– Non, non, Callie, on n'accepte pas les sucreries des inconnus ! chantonne le pasteur Tom en s'approchant.

Ses cheveux sont peignés vers l'arrière, révélant un front qui ressemble à s'y méprendre à un écrasé de pommes de terre. Il porte un costume trois-pièces aujourd'hui, un peu plus classe que ses habituels T-shirts et jeans déchirés censés lui donner l'air d'un homme proche du peuple.

– C'est pas une inconnue, c'est Mimi ! déclare Callie.

Je me redresse pour le regarder dans les yeux.

– Eh bien, peut-être vaudrait-il tout de même mieux me donner ces bonbons, dit-il en tendant la main.

– Non ! crie Callie.

Elle part en courant avant qu'il puisse la gronder. Les yeux du pasteur Tom, déjà petits, s'étrécissent davantage, comme s'il retenait sa sainte colère.

Quelque chose ne va pas. La réaction de ma nièce est allée plus loin que celle d'un enfant de cet âge qui adore dire non. Je la cherche des yeux, en m'imaginant qu'elle courra retrouver Simone, mais je ne vois pas ma sœur. Est-elle au travail dans la cuisine ?

– Cette soirée est une action de charité, lance le pasteur Tom d'un ton qui m'invite à partir.

Il me regarde de haut en bas. Ses yeux bleus et ses larges épaules m'aident à comprendre comment il a pu rassembler tant de fidèles dans sa jeunesse, et pourquoi Simone l'a trouvé attirant. Objectivement, c'est un bel homme. Et en plus, il joue de la guitare. Devant tant de charisme, elle n'avait aucune chance.

Je crois d'abord qu'il me considère comme on jauge un ennemi, ou un insecte à écraser. Puis ses yeux s'attardent une seconde de trop sur mes seins. Il me mate. Ma première impression de cet homme refait surface, toujours aussi mauvaise. Lui serrer la main me donne envie de laver les miennes. Son regard me donne envie de filer chez moi prendre une douche. Comme il est facile de deviner à quoi il pense : en tant que « pécheresse », je suis sans doute disposée à toutes sortes d'actes licencieux.

– Écoutez, c'est Thanksgiving… Je voulais juste saluer ma sœur. Ensuite, je m'en vais.

Je me dirige là où a disparu Callie, et j'aperçois Simone, tirée par sa fille dans la grande salle. Dans la main libre de ma sœur se trouvent les bonbons dans leur emballage doré.

Elle lève les yeux et croise mon regard. Ses cheveux sont retenus par une pince, ce qui lui donne l'air plus mûre. D'abord, ses traits expriment la surprise – voire la joie. Puis son expression se ferme : lorsqu'elle voit son homme à mes côtés, elle pince les lèvres, plisse les yeux. De la rancune, de la colère, et enfin de la désapprobation. Elle secoue la tête et soulève Callie dans ses bras pour repartir dans la cuisine. Je fais un pas vers l'avant : être loin d'elles me fait mal.

Le pasteur Tom m'empêche de passer, en me bousculant presque.

– Si elle voulait vous voir, elle le ferait. Mais elle a choisi la voie de la vertu. Vous n'allez pas essayer de l'en détourner ?

Je ne vais pas pouvoir leur parler. Peut-être que je ne leur parlerai plus jamais. Pas tant que le pasteur Tom sera sur mon chemin – littéralement comme métaphoriquement.

Je me détourne et je quitte l'église. La nuit glaciale m'enveloppe, un choc de plus. J'enfonce à nouveau les mains dans mes poches pour y chercher un peu de chaleur. Plus de bonbons. Le sourire de Callie était merveilleux, mais sans ces sucreries, j'ai l'impression d'avoir perdu tout espoir.

Je sors mon téléphone pour une dernière tentative, malgré tout.

> J'étais venue vous souhaiter un joyeux Thanksgiving. Désolée si tu aurais préféré que Callie ne mange pas de sucre.

J'envoie le message à Simone et m'arme de courage pour le court trajet jusque chez moi. Les rues sont vides, plongées dans un silence inquiétant. Puis je me souviens d'envoyer un second SMS :

> Au fait, c'est moi, Mina, j'ai un nouveau numéro. Bisous.

Je hâte le pas en sentant la lourdeur de mes seins qui pèsent dans leur soutien-gorge, appelant à ce qu'on les soulage.

Toute la douceur de cette soirée avec Keenya s'est enfuie, remplacée par ce frisson habituel le long de mon échine. L'impression que je devrais me retourner, qu'on est sur le point de se jeter sur moi. Je me répète de regarder vers l'avant. Un pas après l'autre. Parce qu'il faut bien continuer à avancer, non ?

On ne peut pas revenir en arrière ?

Historique téléphonique – Appels entrants – Mina Hodge

28 novembre 2070

Numéro inconnu : *Bonjour, ceci est un appel en PCV du centre de rééducation Debra K. Johnson, de la part de la détenue Annabelle Logan. Dites « oui » si vous souhaitez accepter les frais d'appel.*

MH : Oui.

AL : Mina ! Mina ?

MH : Oui, c'est moi. Annabelle, je t'entends très mal.

AL : Je suis désolée... Je ne pensais pas que tu répondrais.

MH : Disons que j'étais d'humeur charitable. Gagnée par l'esprit des fêtes.

AL : Merci.

SILENCE

AL : J'ai su ce qui s'était passé au gala. Comment va Rhea ?

MH : Bien.

AL : Tu as l'air tellement en colère contre moi...

MH : Tu es coupable ? Ce dont on t'accuse, tu l'as fait ?

AL : Non ! Bien sûr que non ! Tu me connais !

MH : Je sais que tu en voulais à Jake. Que tu détestais sa nouvelle copine, Whitney.

AL : Mina, je te jure, je ne sais pas qui les a empoisonnés. Je crois qu'on essaie de me faire porter le chapeau.

MH : Qui aurait intérêt à faire ça ? C'est n'importe quoi, Annabelle.

SILENCE

AL : Mina, tu es toujours là ?

MH : Tu as conscience de ce qui se passe par ta faute ? Ce qui nous arrive à cause de toi, ce dont on t'a accusée ? Le gala est loin d'être un incident isolé. On nous attaque de toutes parts. À cause de toi.

AL : Mina, je suis désolée...

MH : Il faut que j'y aille.

AL : Mina ? Mina ?

FIN DE LA TRANSCRIPTION

SŒUR

Le samedi soir, ou plutôt le dimanche matin, je reste éveillée jusqu'à 1 heure du matin pour ma session à la tireuse. J'aurais dû dormir entretemps, mais comme je fixais le plafond, autant faire un peu de doomscrolling. Simone ne m'a pas écrit jeudi soir, ni vendredi ni aujourd'hui. Je crois que j'ai ma réponse. Elle ne veut plus entendre parler de moi. Et j'ai perdu Callie, elle aussi.

Comme si ça ne suffisait pas, le rapport Jachère est sorti. Encore des mauvaises nouvelles. Ou plutôt, toujours les mêmes. Au moins, ils n'ont rien découvert de pire. Pas de nouvelles restrictions, juste le même *statu quo*. Le publier tard le soir de Thanksgiving était une bonne idée, moins de gens le verront aux nouvelles. Pas bête.

Les actualités s'efforcent aussi de dissimuler un autre détournement de camion alimentaire. Le chauffeur a pu se sauver et raconter son histoire aux journalistes.

Ce processus est tellement lent, et les gens sont impatients lorsqu'ils ont faim. Tout ce qui n'est pas une bonne nouvelle est un prétexte pour s'en prendre à nous. Les manifestants crieront plus fort devant la convention, les extrémistes seront plus extrêmes encore… Après l'assassinat public de Winnie Jones, j'ai plus que jamais l'impression qu'on nous prend en chasse. Loin de dissiper les hostilités, ce rapport ne fera que les renforcer.

J'avale de grandes gorgées d'eau et j'allume ma tireuse en espérant rattraper mon retard de production cette semaine. Puis quelque chose – une prémonition, un changement subtil dans l'atmosphère ? – me ramène au présent juste avant que mon téléphone se mette à vibrer sur la table basse.

Je l'attrape, je le retourne. La petite enveloppe m'attend. J'y applique un pouce tremblant.

Puis je cligne des yeux.

Ce message – son expéditeur –, je ne m'y attendais pas du tout. Pas un texto anonyme, mais un de mes contacts qui m'écrit. Quatre mots qui contiennent tout un univers.

Simone : Je peux te parler ?

***

L'appréhension. Un mot qui m'a beaucoup occupé l'esprit ces derniers temps. Une sensation qui pèse au creux de mon estomac. Qui m'engourdit les bras et les épaules. Qui résonne dans mon esprit, une irritation constante, presque vivante.

Simone et Callie m'ont tant manqué. Je m'inquiétais pour elles. Et pourtant, je suis pleine d'appréhension à l'idée de les retrouver.

Ce que nous avons à nous dire n'aura rien d'aimable. Nous ne pourrons guérir cette blessure qu'en la rouvrant d'abord.

Simone m'a donné une adresse où la retrouver. Dans mon taxi, je passe en revue tout ce qui pourrait se cacher derrière son message. Une réconciliation ? Des excuses ? Ou alors, Callie serait-elle malade ? Simone ? Quelqu'un serait-il mourant ? Quelqu'un serait-il mort ? Mon cerveau déjà en alerte imagine aussitôt les pires scénarios.

Il est si tard. Callie doit être couchée. Sans doute est-ce pour cela que Simone m'a donné rendez-vous à cette heure, pour m'empêcher de voir ma nièce. Elle doit bien savoir à quel point cette petite fille me manque. Puis mon côté pratique reprend le dessus et me rappelle que si Callie était levée, elle me montrerait tous ses jouets préférés et me demanderait de lui lire un livre. Discuter avec ma sœur deviendrait impossible.

La voiture s'arrête devant le nouvel appartement de Simone. Elle n'était pas loin du tout, cette autre vie qu'elles ont construite sans moi, à seulement quelques pâtés de maisons. Soudain, ma sœur surgit du bâtiment et saute dans la voiture.

– Mais… ? dis-je, complètement perdue.

– Ma vieille voisine est sur le canapé au cas où Callie se réveillerait, explique Simone qui a clairement lu dans mes pensées.

Son ton est amer : elle a deviné que mon premier sujet de préoccupation était Callie. Mais elle ne peut pas m'en vouloir pour ça. Ses cheveux bruns rassemblés en queue-de-cheval dégagent son visage. Ses yeux sont gonflés, rouges. Pas de fond de teint, pas de maquillage.

– Le pasteur Tom n'est pas là pour jouer les baby-sitters ? je demande d'un ton trop agressif.

Elle secoue la tête. Elle n'a toujours pas croisé mon regard, fixant l'appuie-tête devant elle.

– Non, et c'est bien pour ça que je t'ai appelée, réplique-t-elle en guise d'explication.

Puis elle s'adresse au chauffeur, qui regardait patiemment monter le prix de la course.

– Au Latch, lance-t-elle.

Pas besoin d'en dire plus pour qu'il sache où aller.

Qu'importe ce que font les femmes, certains hommes trouveront ça sexy. Ces obsessions sexuelles sont sans fin : notre façon de respirer – ou pas –, toutes les variations de notre poids, notre façon de marcher, notre type de chaussures, ce que nous portons pour faire du sport, ce que nous portons pour dormir, nos seins sous toutes les coutures…

Évidemment que certains s'intéressent au lait que nous produisons.

Il y a ceux qui refusent d'être près d'une femme qui allaite, et ceux que ça obsède, ceux qui fixent les poitrines pour y déceler des gouttes de lait. Comme si nos seins eux-mêmes allaient les inviter à s'approcher avec un clin d'œil aguicheur. Comme si nous allions devenir incapables de retenir notre lait, torrentielles face à leur banalité, leur ventre à bière, leur excitation à peine dissimulée.

D'autres encore veulent nous voir à la tireuse, veulent boire notre lait, à la source si possible. Ils se jettent sur les applis spécialisées pour réclamer des photos à leurs Génisses préférées – des tétons suintants, des vidéos où elles se masturbent en tirant leur lait. Ils achètent un peu de leur production à prix d'or, afin d'en faire… ce qu'ils voudront. Une façon comme une autre de gagner de l'argent, ni plus ni moins bizarre que toute autre manière de satisfaire une forme de fétichisme.

D'où l'existence de clubs privés comme Latch. Les non-fétichistes se contentent d'aller au strip-club, en se faufilant dans l'arrière-salle pour des services bonus. Mais les fétichistes veulent des danseuses aux seins pleins. S'ils paient davantage, c'est pour une dégustation privée. Boire un coup en tirant son coup. Ce n'est pas exactement illégal, même si toutes leurs employées ne sont pas des Génisses. Mais puisque rien au menu n'est officiellement composé de lait humain, les autorités regardent ailleurs.

Une mère qui vend sa production à une compagnie de lait en poudre peut finir au tribunal, mais pas de problème pour ce qui est de donner le sein à un homme adulte pendant dix minutes. Probablement parce que ce sont des hommes qui font les lois et les appliquent. Ils ne vont quand même pas empêcher leurs pairs de s'amuser.

– Tu m'expliques pourquoi on va là-bas ? dis-je.

Qu'elle me fasse venir d'un coup en plein milieu de la nuit, passe encore, mais qu'elle m'emmène ailleurs ensuite…

– Parce que ce machin est tombé du portefeuille de Tom après le dîner ce soir. Il ne s'en est pas rendu compte.

Elle se tortille sur le siège arrière pour sortir un paquet de cigarettes de sa poche. Lorsqu'elle me le laisse tomber entre les mains, je vois qu'il est frappé du logo de Latch.

Ce que ça implique est évident. Je voudrais lui poser une main sur l'épaule, la réconforter. Simone fixe toujours l'appuie-tête, et de grosses larmes se sont mises à rouler sur ses joues. Elle secoue la tête.

– Les chiens ne font pas des chats, j'imagine. Comme Maman, je ne sais pas choisir les hommes. Et comme Maman, je ne sais pas comment je vais nourrir ma fille.

Elle renifle et pince les lèvres pour se réduire au silence.

Ma mère n'a pas toujours bien fait les choses, mais nous avons vécu tranquilles. Jamais de coupure d'électricité. Je laisse les mots de Simone en suspension entre nous, avec tout ce qu'ils sous-entendent.

– Et maintenant, voilà que…

Les lampadaires illuminent les larmes de Simone.

Le pasteur Tom chez Latch… C'est tellement cliché que je voudrais en rire. Le pasteur anti-allaitement qui diabolise toute femme n'adhérant pas à ses valeurs puritaines, mais qui passe ses soirées au bar à lait…

– Ce n'est pas un crime d'aller là-bas, dis-je.

Simone me jette un regard noir.

– Mais vous êtes ensemble, et vu ce qu'on propose chez Latch, le fait qu'il aille là-bas revient à te tromper.

– Me tromper ? gronde Simone.

Un signe avant-coureur de sa rage, qui éclate l'instant d'après :

– Tu ne pouvais pas trouver plus plat pour décrire ça, Mina ? Il aurait pu faire n'importe quoi, aller n'importe où – mais *Latch* ? Sérieusement ? S'il couchait avec quelqu'un de l'Église, là, ce serait une infidélité !

– Et un abus de pouvoir…

Elle ignore mon interruption.

– S'il allait dans un strip-club banal, là, ce serait une infidélité ! Il m'a forcée à déménager, à déraciner Callie, parce que nous vivions avec une productrice de lait. Et toi, au moins, tu fais tout dans les règles – on le saura, avec tes régimes, tes procédures, tes protocoles à l'infini ! Tu fais les choses bien. Alors que là…

– Donc c'est un hypocrite.

J'aurais préféré qu'il me surprenne.

– Pire qu'un hypocrite ! C'est un… un… balbutie-t-elle en cherchant ses mots. Un charlatan ! Une fouine ! Un connard !

Elle se rend compte qu'elle a hurlé ce dernier mot et grimace en jetant un coup d'œil au chauffeur, qui semble complètement imperturbable malgré la mini-session de thérapie qui se déroule sur le siège arrière. Simone est rouge et respire fort. Sa fureur brûle sous la surface. Je vois son côté animal lutter contre ses bons instincts.

– Alors… On va là-bas pour le prendre sur le fait ? demandé-je, trop consciente que l'idée est très mauvaise.

– Non, je veux le voir de mes propres yeux. Comme ça, quand il me dira qu'il « ne va dans les repaires du péché que pour y sauver des âmes », je ne m'y laisserai pas tromper.

Malgré ces circonstances affreuses, je suis heureuse qu'elle ait enfin découvert la vraie nature du pasteur Tom. Mais je voudrais aussi savoir pourquoi elle n'a pas cherché à me contacter, à prendre des nouvelles.

– Tu sais, il s'est passé beaucoup de choses ces derniers jours. Rhea a été empoisonnée, on a attaqué nos bureaux…

– Je sais ! J'étais inquiète ! Je t'ai écrit, je t'ai appelée ! Je ne savais pas que tu avais changé de numéro !

Elle semble aussi blessée par mes actes que je l'étais par ce que je croyais être son indifférence. Le chauffeur s'arrête : nous sommes au bar, à l'arrière du bâtiment, ce qui nous dissimule aux regards curieux. Je règle la course, puis j'ajoute un autre billet en lui demandant de rester.

– Nous ne serons pas longues, et nous devrons peut-être partir en catastrophe.

Il hoche la tête. Simone attrape la portière, mais je l'en empêche de mon meilleur ton de chef d'équipe.

– Tu ne peux pas y aller.

– Tu te fous de moi ? s'écrie-t-elle.

– Si on trouve ce qu'on s'attend à trouver, si tu n'arrives pas à retenir ta colère, si je me fais entraîner à ta suite dans une bagarre, ta voisine devra dire à Callie que nous sommes toutes les deux en prison.

Ça m'irrite de devoir lui expliquer une telle chose. Incapable d'argumenter, elle se laisse retomber sur son siège. Nous savons toutes les deux que j'ai raison. Après un signe de tête solennel, je sors de la voiture.

Quand j'ai commencé à tirer du lait pour soutenir ma mère, je me suis juré de ne jamais finir dans cet endroit. Jamais de travail au noir, rien que du légal. J'ai toujours évité ce quartier et ce genre de sponsors. Je ne voulais pas tenter le diable. Et pourtant, voilà que je me retrouve ici. Pas pour le travail, mais pour Simone. Ainsi sont les sœurs : soit elles dépassent les limites, soit elles s'aident mutuellement à les franchir.

LATCH

Autour de moi, la nuit est d'un noir d'encre, l'atmosphère, si glaciale que mon souffle se change en vapeur. Tout est calme devant Latch : pas de manifestants qui crient qu'on gâche le lait, qu'on en fait mauvais usage, qu'on devrait le donner gratuitement aux bébés qui meurent de faim. Personne pour mitrailler le bâtiment de cailloux.

Mais je repère la voiture du pasteur Tom, une berline électrique sans rien de particulier excepté l'autocollant « Église de l'Arche » sur le pare-chocs.

La seule lumière est celle qui brille au-dessus de la porte, comme une invitation : *Voici la poignée, tire.*

Lorsque je passe le seuil, l'odeur âcre de cigarette froide me prend à la gorge. Les lampes sont tamisées, sauf autour de la scène et des autres petites estrades disséminées dans la pièce. Un vigile me fait signe de passer ; à l'évidence, il ne me trouve pas trop jeune pour être ici. Je devrais m'en vexer, mais je suis contente de ne pas avoir à sortir ma carte d'identité. Quelques hommes au bar me regardent de haut en bas, clairement frustrés de me voir si couverte – je porte encore mon pull et mon pantalon de travail. Mais je ne vois pas le problème. Il doit y avoir une demi-douzaine de femmes en string et talons aiguilles qui se promènent dans la salle, plus qu'assez de seins sur lesquels loucher.

Rien n'a changé. Cette odeur, la sensation du sol qui colle sous mes chaussures, le vigile qui garde l'entrée des coulisses, aussi grand et menaçant que dans mon souvenir, les bras croisés, les biceps saillants, la peau presque grise à force de tatouages. Pas commode, intimidant. Mais pour moi, il sera toujours Oncle Don.

Soyons clairs : ce n'est pas vraiment mon oncle. Je n'ai aucun lien avec lui.

Mais le second travail de ma mère était ici, au Latch. Son emploi « normal » ne suffisait pas à couvrir toutes les factures, à nourrir et habiller ses filles en plus d'elle-même. Le Latch lui permettait d'arrondir les fins de mois : sa production avait baissé mais il lui restait encore un peu de lait, juste assez pour satisfaire les clients.

Oncle Don secoue la tête en me voyant approcher.

– Elle me tuerait si elle savait que tu étais là. Puis elle te tuerait, toi.

Les mots ont beau être vaguement menaçants, il sourit en les disant, et je souris en retour. Quand Simone et moi étions petites et que notre mère ne trouvait pas de baby-sitter, elle nous amenait au travail. Nous jouions dans les vestiaires des danseuses et finissions par nous endormir sous la surveillance d'Oncle Don, qui veillait sur nous comme un griffon. Mais notre mère estimait que ce n'était pas un endroit pour nous.

Je croise les bras pour résister à la tentation de le serrer contre moi. Ce n'est pas son genre.

– Eh bien, elle te tuerait aussi si tu ne me donnais pas un coup de main.

Je lui explique mon problème, ou plutôt celui de Simone.

Je n'avais que treize ans quand j'ai appris où travaillait Maman le soir – les enfants à l'école ne s'embarrassent pas de faux-semblants. Un garçon s'était moqué de Simone en lui disant qu'elle finirait au Latch comme notre mère. C'est ce jour-là qu'elle s'est mise à cacher sa poitrine sous des pulls de plus en plus larges.

En y repensant, ce moment a défini toute la vie de Simone, et ma relation avec elle. Maman n'arrêtait pas de nous répéter que nous étions nées pour l'aider à produire du lait, à gagner de l'argent. Nous ne savions que trop comment le gouvernement l'avait enfoncée, comment le système lui était hostile – nous était hostile. Comment les nouvelles lois n'avaient fait qu'empirer sa vie et la nôtre.

Tout cela a monté Simone contre notre mère et contre l'industrie du lait humain. Pas étonnant qu'elle ait cédé aux discours du pasteur Tom. Elle me trouvait pathétique de tirer du lait pour soutenir notre mère, et elle ne s'est pas gênée pour me le faire savoir. Elle trouvait que j'aurais dû me préoccuper avant tout de mon propre sort, que j'allais finir comme elle. Son dédain était clair. Plus tard, quand elle a compris à quel point Maman était malade, elle s'est excusée. Le cancer avait tant progressé que Simone ne pouvait plus l'ignorer.

Et rien de tout cela ne l'a empêchée de vivre avec moi, dans la sécurité que nous offrait ma carrière. Rien de tout cela ne l'a empêchée d'écouter mes conseils quand elle avait du mal à allaiter sa fille.

Mais elle a fini par partir, parce que je lui rappelais trop notre mère. Parce que je suis une « pécheresse ». Parce que je produis du lait alors que Dieu souhaite apparemment que nous mourions tous de faim. Elle a quand même un sacré culot. Et maintenant, nous revoilà ici, dans cet endroit que j'aurais préféré d'oublier. Ce ne sont pas mes décisions qui nous y ont ramenées, mais bien les siennes.

– Une nana en colère qui vient mettre le bazar, ce n'est pas bon pour les affaires, Mini-Mina, lance Don en haussant un sourcil en signe d'avertissement.

– Je ne suis pas là pour mettre le bazar, juste pour récolter des preuves.

Il lève les yeux au plafond en secouant la tête, marmonnant quelque chose dans sa barbe.

– Tu sais bien qu'on ne veut pas de ce genre de psychodrame ici.

On dirait qu'il me fait la leçon, comme si j'étais une gamine qui piquait le maquillage des adultes pour dessiner sur le mur.

– Je ne reviendrai plus, je te le jure, dis-je en levant la main droite avec un grand sourire de jeune fille bien élevée.

La plupart du temps, ça marche. Et je ne peux pas m'empêcher de remarquer qu'il n'a jamais cherché à nier que le pasteur Tom était bien là.

Il bouge, et je le suis jusqu'au fond de la salle, loin de la scène et du bar. Le papier peint pèle un peu à l'angle du plafond. Les basses sont si fortes que les murs semblent vibrer en rythme. L'odeur de bière éventée et de tabac froid se renforce, même si ce n'est pas du véritable tabac mais une version plus sucrée et nauséabonde – un club plus chic aurait de vraies cigarettes, mais le Latch n'a rien de huppé. Personne ici ne pourrait se les permettre.

D'ailleurs, on ne les fabrique plus à l'échelle industrielle : elles sont pratiquement devenues des objets de collection de nos jours.

Don écarte le troisième rideau de perles en partant de la gauche, et nous trouvons celui que nous cherchions. Il n'est pas seul. D'abord, je ne vois pas bien son visage, puisqu'il est presque entièrement enfoncé entre deux seins. Puis il se met à en sucer un, avec un sourire vicieux sur le visage, et je reconnais son profil. C'est bien le pasteur Tom. Il ne me remarque pas, ivre de lait. Des gouttes blanches lui coulent sur le menton. On dirait un bébé. Peut-être que porter des couches l'exciterait aussi ?

Je prends une photo pour Simone. Franchement, espionner quelqu'un dans un moment intime alors qu'il se croit en privé me donnerait déjà la nausée, mais le regarder tromper ma sœur est pire encore.

Le flash attire leur attention : la femme saute des genoux de Tom et file hors de la pièce.

– C'est quoi, ce bordel ? s'écrie-t-il, désorienté, frustré, en colère.

Je prends maintenant une vidéo.

– Ne t'approche plus de ma sœur. Ne t'approche plus de ma nièce. Ne t'approche plus de moi. Sinon, ta petite soirée deviendra virale et ce sera la fin de ta carrière de menteur.

Je devrais me soucier de ses fidèles, des gens auxquels il ment. Je devrais ruiner sa vie quoi qu'il arrive, parce que la vérité a une valeur en soi. Mais je sais que les secrets valent leur pesant d'or, et c'était pile ce qu'il me fallait pour protéger ma famille.

– Sale peste ! crie le pasteur Tom en se ruant vers moi.

Don s'interpose aussitôt, un vrai mur entre nous.

– À ta place, j'éviterais, dit-il en le repoussant de l'index.

Puis il lui propose un verre gratuit et un autre « échantillon », tout en lui faisant bien comprendre qu'il devra me laisser filer. Don ne peut pas se permettre de prendre parti, il est là pour maintenir le calme. Je m'esquive, et ce n'est pas trop tôt.

De retour dans le taxi, je montre la preuve à Simone sur mon portable.

– C'est bien lui.

J'essaie de la prendre par les épaules, mais elle me repousse. On en veut toujours à ceux qui annoncent les mauvaises nouvelles. Ses sentiments défilent sur son visage : l'incrédulité, le choc, la rage.

La voiture redémarre.

– Tu vas rompre avec lui, alors ? je demande.

Si elle dit non, je ne sais pas comment je pourrai l'aider.

– Oui, répond-elle d'une voix étranglée, comme si elle s'étouffait d'orgueil.

Enfin. Il a perdu son emprise sur ma sœur. Il l'avait ensorcelée, mais elle le voit désormais comme je le vois : un charlatan.

Ce n'est pas le moment de lui lancer : « Je te l'avais bien dit. » Ni de lui faire remarquer son hypocrisie. Je ne doute pas de trouver un moment pour ça plus tard. Pour l'instant, je reste pragmatique.

– Vous pouvez revenir, toi et Callie. Je serai à LactCon mercredi matin, mais tu as encore ta clé.

Malgré la tension entre nous, je sens la joie me remplir le cœur. Je vais récupérer ma famille. Je pourrai à nouveau tout leur donner. Tout réparer. Et j'ai l'impression de compter, l'impression d'avoir de l'importance.

J'essaie de ne pas penser à la nature parasite de cette relation. Je devrais y mettre des limites, dire que trop, c'est trop. Mais Simone est ma sœur. Et Callie est ma nièce. Il faut bien que je les aide. Car si je ne le fais pas, elles n'auront plus besoin de moi. Et je n'aurai plus personne. Inutile de ruminer les multiples dysfonctionnements de notre relation.

Le silence de Simone est tangible. Elle n'accepte pas mon offre, ne la rejette pas non plus. Elle refuse de reconnaître la réalité devant moi.

Je lui laisse une minute. Parce que de toute façon, ce n'est pas comme si elle avait le choix. Rompre avec le pasteur Tom, c'est quitter son nouvel appartement, c'est perdre son emploi.

Et soudain, comme quand nous étions petites, elle se laisse aller contre moi. La tête sur son épaule. Notre dispute est oubliée, la distance entre nous s'est évanouie. En un seul instant, notre lien de sœurs a été restauré.

Pour elle, c'est un moment douloureux : accepter qu'elle doit mettre fin à cette relation, revenir en arrière, réaménager. Je ne peux pas l'effacer, mais je peux au moins lui apporter du soutien. Je voudrais lui dire que tout ira bien. Je voudrais qu'elle me dise merci. Je voudrais qu'elle me dise quelque chose, n'importe quoi. Mais je me contenterai de ce silence réparateur. Comme un moment suspendu avant de reprendre notre parcours ensemble.

Je lui dis que les mesures de sécurité chez moi ont été renforcées. Elle ne me demande pas pourquoi. Elle ne me demande pas s'il faut s'inquiéter pour Callie. Je la sens distante, plongée dans ses pensées. Rien d'étonnant, ni de décevant. Au contraire, je suis soulagée d'avoir quelque chose à démêler. Je peux me rendre utile. Je peux leur donner un toit. Notre relation sera un peu plus longue à se reconstruire, voilà tout.

Un toit, à manger, à boire. J'ai assez d'argent pour leur fournir tout cela. Si on peut résoudre un problème avec de l'argent, alors c'est un problème qui a sa solution, et les solutions, c'est ma spécialité.

RETOUR À LA MAISON

Le temps d'aller chez Simone, elle et moi avons élaboré un plan. Le chauffeur accepte une fois de plus de nous attendre – à ce rythme, tout l'argent que je mettais de côté pour les études de Callie va y passer. Mais nous n'avons pas le choix. Nous rentrons sur la pointe des pieds et nous empaquetons sans un bruit les vêtements de Simone et les jouets de Callie. Sa chambre passe en dernier : j'attrape tous les habits que je peux trouver dans les tiroirs et le panier à linge tandis que ma sœur prend sa fille dans ses bras. Elles n'ont pas grand-chose, il n'empêche, je m'en voudrais d'oublier des affaires importantes.

Quand nous arrivons chez moi, Simone est épuisée, Callie ronchonne, mon portefeuille est vide. Mais une fois couchées, elles s'endorment vite, et pour la première fois depuis leur départ, c'est aussi mon cas.

Le matin venu, je prépare des pancakes avoine-banane, en finissant pile au moment où Simone et Callie se réveillent. Ma nièce court jouer au pied du canapé et ma sœur ouvre les valises rapportées la veille tandis que je sers le petit déjeuner. J'ai donné à la sécurité du lobby une photo du pasteur Tom, trouvée sur le site de l'Église, en précisant bien qu'il ne fallait en aucun cas le laisser entrer. Simone a suivi mon exemple et changé son numéro.

Après manger, Callie et moi reconstruisons notre coin lecture tandis que Simone range ses affaires. Rire avec ma nièce sur les coussins, avoir ma sœur à nouveau chez moi – c'est comme si elles n'étaient jamais parties. Et de fait, presque rien n'a changé. Ma vie a repris ses couleurs dans ce joyeux désordre : les jouets et vêtements et livres de Callie sont déjà merveilleusement éparpillés. Le reste ne bouge pas. Quand Simone vient me retrouver dans la cuisine, je laisse sa fille s'amuser avec ses blocs.

– C'était beaucoup trop facile, marmonne-t-elle sans pouvoir s'empêcher de surveiller son portable.

Espère-t-elle qu'il la suppliera de revenir ? Le laissera-t-elle faire ? Je vois bien qu'elle n'est pas tranquille. Au chômage, à nouveau à mes crochets. À sa place, moi aussi, je serais sur les nerfs.

– Ça n'avait rien de facile, dis-je.

Car je la comprends. Moi qui me suis tellement raccrochée à MLM ce dernier mois, je sais bien ce qu'espérait Simone : une famille traditionnelle avec un homme bien. Mais les penchants du pasteur Tom ont pulvérisé ce fantasme.

– J'avais commencé à économiser pour faire entrer Callie dans une de ces maternelles premium, soupire-t-elle en secouant la tête. Celles qui ouvrent la voie aux écoles privées. Une fois là-bas, on considère que les enfants sont sur les rails, il leur suffit de passer de classe en classe. Mais maintenant…

Elle hausse les épaules. Je ne savais pas qu'elle s'inquiétait de l'éducation de Callie. Je ne savais pas qu'elle songeait à l'avenir. À force de critiquer ses fautes dans l'éducation de sa fille, je suis devenue aveugle à ses qualités, à ses efforts.

– Il n'est pas trop tard, dis-je en lui étreignant la main. Tu vas retrouver un travail. Ça ne se fera pas en un jour.

– Merci.

Là, je suis soufflée – rien ne me vient, aucune réplique bien sentie, aucune pique. Comme je ne trouve rien d'autre à dire, je fais comme si je n'avais rien entendu.

– Tu veux à manger ? À boire ?

Je sors un peu de fromage et je nous verse un verre d'eau, puis j'attrape mon dernier paquet de FloBar. Il ne m'en reste que deux. Je lui en offre une, et j'ouvre l'autre.

Nous mangeons en silence. Simone finit tout le fromage alors que je comptais le partager. Elle me demande comment se passe mon travail, une question qui me désarçonne tellement que je ne sais pas quoi répondre. *Par où commencer ?*

– Eh bien… Rhea va bientôt quitter la compagnie. Je vais sans doute prendre la succession. Une fois P.-D.G., je pourrai me détendre.

Je sais bien que ce n'est pas vrai. J'aurai encore plus de travail. Mais la pression me stimule. J'ai besoin d'un but, et c'est ce que me donne ma carrière.

– Et ensuite ?

Une fois de plus, je me retrouve sans voix. *Et ensuite… je serai P.-D.G. !* Ça me paraît évident.

– Tu as passé toute ta vie à faire ça. Trouver une montagne, essayer de la gravir. Mais pour quoi faire, au final ?

Elle attend la réponse. Je n'en ai pas.

– Qu'est-ce que tu feras le mois prochain, l'année prochaine ? Elle est où, ta prochaine montagne ? Si tu n'en as pas, je ne sais pas ce que tu feras.

Enfin, je trouve quelque chose à dire, même si ce n'est toujours pas une réponse.

– Le mois prochain, l'année prochaine, je serai la meilleure productrice de MLM, et la P.-D.G.

– Sauf si tu t'assèches, réplique-t-elle avec un mauvais sourire.

Parfois, j'ai vraiment l'impression que ces histoires de connexion mentale entre jumelles sont vraies. Comme si nous partagions une forme de télépathie. Impossible à prouver, bien sûr, mais sans cela, comment saurait-elle ce que je traverse ? Comment pourrait-elle ainsi exhumer ma terreur la plus profonde ?

– Je suis très stressée en ce moment. Quand mon taux de cortisol baissera, ma prolactine remontera. Purement scientifique. Je gère.

– Réveille-toi, enfin ! Tu n'es qu'une femme ! Tu ne gères *rien-du-tout*, m'assène-t-elle en ponctuant chaque mot d'un claquement de doigts.

Son éclat attire l'attention de Callie qui s'approche en sautillant et nous demande aussi à boire et à manger. Je sais bien que Simone songe plus à sa propre situation qu'à la mienne, ce qui n'empêche pas ses paroles de trouver leur cible.

– Tu ne gères pas ton corps, et tu ne gères certainement pas ta production de lait.

Cela faisait si longtemps que nous n'avions plus eu de conversations aussi directes. Pas de faux-semblants : Simone essaie de me réveiller, de me donner une dose de réalité. Ma réaction doit lui faire croire que j'en redemande, que je veux qu'elle aille plus loin.

– Le lait maternel, c'est magique ! C'est ce que tu dis tout le temps quand tu tournes tes pubs, là. Tout ça pourrait vite s'évanouir, fait-elle en désignant mon appartement si bien arrangé. La magie, ça ne se *gère* pas. Un jour, ça disparaît.

Ses mots semblent bourdonner dans mon esprit comme des insectes autour d'une lampe. Impossible à chasser, ils reviennent sans cesse. *Aurais-je vraiment perdu tout respect pour ce cadeau de la nature ?*

Et mon corps pourrait-il me trahir pile lorsque j'en ai le plus besoin ?

Mon téléphone vibre. Je m'étais promis de me concentrer sur Simone et Callie, mais ma sœur n'attend pas ma réaction : elle sert à manger à sa fille.

Évidemment, Kathy de chez FloBar m'a envoyé un e-mail urgent. Quel timing, moi qui suis justement en train de manger un de leurs produits. Je le parcours en diagonale.

> Nous procéderons bientôt à la nouvelle livraison, désolée pour le délai.

Qu'est-ce qu'elle raconte ? Nous avons reçu des cartons entiers de chez FloBar la semaine dernière. Nous en avons rempli les *goodie bags.* Ils veulent nous en livrer plus ? Rhea m'a toujours dit que devant un problème urgent, il fallait appeler. Alors, j'appelle.

Kathy me répond après deux sonneries.

– Mina ! Je suis vraiment contente de t'entendre !

Elle semble à bout de souffle, comme en plein marathon.

– Écoute, je sais que nous sommes très en retard, mais la livraison devrait se faire demain. Mon équipe partira ce soir. On devrait avoir le temps de remplir les *goodie bags* avant le début de la convention. Sinon, on les distribuera à l'entrée…

Inutile de s'agacer, tout ça n'est clairement qu'un problème de communication. Kathy est trop occupée pour suivre les détails des livraisons.

– Aucun problème, nous nous en sommes déjà occupés. Tous les sacs ont été déposés sur le lieu de la convention.

Silence. Peut-être qu'elle vérifie quelque chose de son côté. Puis elle s'éclaircit la voix.

– Euh, Mina… C'est impossible. Nous avons eu des problèmes d'approvisionnement. Je sais, j'aurais dû t'en parler, mais… Nous ne voulions pas que ça se sache. Tout ce que nous devions envoyer à nos partenaires est parti boucher les trous dans les supermarchés. C'est pour ça que nous n'avons pas pu vous donner d'échantillons gratuits dernièrement.

J'ai presque envie de rire. Au contraire, le bureau a été quasiment inondé de FloBar ces dernières semaines ! Cette nouvelle saveur, si addictive… Je pensais qu'il s'agissait d'une récompense pour ma présence constante sur les réseaux. Tout ça n'a aucun sens.

– Kathy, peut-être qu'une partie de ton équipe n'est pas au courant, mais nous avons reçu des cartons entiers d'échantillons de votre nouvelle saveur.

C'est là qu'elle prononce ces trois mots qui me glacent le sang.

– Quelle nouvelle saveur ?

La vérité s'impose à moi comme un bélier défonce une porte. Mon cerveau comprend enfin l'évidence. J'ai été complètement aveugle.

Au même moment, Simone se penche pour donner à Callie une bouchée de sa FloBar.

L'image de Winnie Jones en train de convulser sur l'estrade me traverse l'esprit et je traverse la cuisine d'un bond pour plaquer ma nièce de deux ans au sol.

News Across America – 1er décembre 2070

Flash info – Rappel de tous les produits à base de lait humain à l'échelle nationale

Hier soir, la Food and Drug Administration (FDA) a lancé un rappel de tous les produits à base de lait humain fabriqués ce dernier mois. Chaque article expirant avant le 15 décembre doit être jeté.

Dans tout le pays, les supermarchés ont été pris d'assaut par des pillards tentant de s'emparer de ces produits avant leur destruction, malgré les avertissements de la FDA. Des agents de sécurité armés, embauchés par plusieurs chaînes, ont formé une barricade humaine pour empêcher le public de consommer ces aliments contaminés.

La source de la contamination reste à éclaircir, mais il semblerait que de fausses barres nutritives destinées à favoriser l'allaitement aient été fournies à une multitude de productrices de lait, peut-être plusieurs centaines. La compagnie ignore quels ingrédients ont été employés dans ces barres.

À Saint-Louis, dans le Missouri, un manifestant a été tué par un agent de sécurité de supermarché. L'enquête sur cet événement est en cours.

Nous publierons toute nouvelle information sur cette affaire dès réception.

LAIT TOURNÉ

Lundi matin. Ordre du jour : réunion d'urgence en présentiel.

Tout le monde sur le pont.

Tout le monde est dans la salle de réunion.

Tout le monde s'est assis.

Tout le monde a les bras croisés, exprimant l'angoisse, l'inquiétude, la colère, le soupçon.

Tout le monde a tout lâché pour venir.

Toutes les FloBar ont été enlevées de la salle de pause.

Tous nos contacts FloBar sont en mode alerte rouge. J'attends la réaction de la compagnie qui devrait arriver d'une minute à l'autre. Là-bas aussi, ils sont en mode « limiter les dégâts ». Car la photo que je leur ai envoyée, celle de la prétendue FloBar « nouvelle saveur », était très crédible. Beaucoup trop crédible.

Je me suis fait avoir sur toute la ligne. Depuis un mois, on me mène en bateau. Mais dans quel but ? Pourquoi perturber notre production ? Pour le plaisir ?

Le visage d'Heather occupe le mur-écran entier : elle est sur les lieux de la convention. Depuis une semaine, elle était occupée à former les bénévoles. Une partie de mon équipe est également là-bas pour lui prêter main-forte.

La nuit dernière, en commençant à minuit, ils ont fouillé chaque *goodie bag* pour en sortir les FloBar que nous y avions glissées. Trois mille cinquante-six au total, pas une de moins.

Toutes les autres sont là en présentiel. Rhea n'a pas dit grand-chose pour le moment. Elle n'a pas dit explicitement que c'est moi qui l'ai appelée, en panique, la nuit dernière. En temps de crise, elle sait garder son calme.

Pour entamer la séance, elle résume rapidement la situation.

– Et l'empoisonneur du gala ? Aucune piste ? demande Becca.

Elle songe à ce que l'on a bien pu mettre dans les FloBar. Moi aussi. J'ai à peine dormi la nuit dernière, tellement angoissée par l'idée d'avoir ingéré des microdoses de strychnine chaque jour depuis un mois. J'avais peur de ne jamais me réveiller.

– Rien pour le moment, répond Heather. Mais tu as raison, on peut imaginer une connexion entre les deux. Je n'y avais pas encore pensé. Il faut envisager tous les scénarios possibles. Pour l'instant, nous partons du principe que les deux incidents ne sont pas liés, vu comme l'animosité s'est accrue à notre encontre depuis le vote sur l'égalité femmes-hommes.

– J'ai demandé à Facteau s'ils avaient de nouveaux suspects, ou s'ils avaient avancé dans l'enquête, nous informe Rhea. Ils ont dit qu'ils enquêtaient sur tous ceux qui avaient eu accès à la cuisine, en cherchant des antécédents ou des liens avec des organisations hostiles. Mais l'hôtel a des centaines d'employés, et le week-end de Thanksgiving ralentit les recherches.

Elle laisse échapper un petit soupir, clairement déçue.

– Comment avons-nous pu ne rien remarquer ? demande Isis.

Même si sa question ne s'adressait à personne en particulier, je la prends comme une accusation. C'est moi qui ai laissé passer. C'est moi qui ai merdé. Il faut absolument que je nous garde concentrées sur l'identité du coupable afin d'éviter qu'on s'en prenne à moi pour m'être fait avoir pendant si longtemps.

Un nom me vient aussitôt.

– Et si c'était Annabelle Logan ?

Tout le monde se tourne vers moi, sans rien dire. Nous sommes tellement déçues, tellement choquées. Je présente mes arguments.

– Nous savons déjà qu'empoisonner des aliments ne lui pose aucun problème. Et nous avons commencé à recevoir ces fausses barres avant son arrestation. Elle aurait pu s'en occuper tant qu'elle était encore là.

J'ignore le fait que j'ai mangé – ou plutôt dévoré – ma première fausse FloBar quelques minutes à peine avant son arrestation. J'ignore le fait qu'il faudrait d'énormes moyens techniques pour créer des imitations si parfaites, jusqu'à l'emballage, sans parler du fait qu'il faudrait continuer à gérer les livraisons depuis la prison. J'ignore tout cela, parce que même si les chances sont minces, elle *aurait pu* le faire. Et j'accuse donc une femme sans y croire, car j'ai vraiment besoin qu'on ne s'intéresse pas davantage à mon rôle dans l'affaire. On pourrait m'attaquer pour négligence ou, pire, pour avoir orchestré tout cela moi-même. Peut-être qu'en fait, personne ne me soupçonne, mais je me sens transpirer. Et comme Annabelle est déjà déclarée coupable de tant de choses, pourquoi ne pas lui mettre également cela sur le dos ?

Je me tourne vers Rhea qui plisse les lèvres, comme si elle réfléchissait soigneusement à ce qu'elle allait dire. En croisant mon regard, elle me fait un clin d'œil.

– Qui que soit le coupable, lance Heather, Lugh se prépare à présenter l'affaire devant un comité de sécurité nationale. La FDA est en train de procéder à un rappel de tous les produits fabriqués avec le lait des employées de MLM ce dernier mois. Malheureusement, nous devons nous attendre à davantage de manifestations et d'agressions de Génisses.

Heather est sur le pont. *Merde, elle se donne un rôle de P.-D.G. !*

Même si notre organisation n'était pas en faute, les gens s'en prendront à MLM. Notre crédibilité s'effondre sous nos yeux. Notre business est né de la famine, de la crise alimentaire. Mais maintenant que nous sommes nous-mêmes en crise, qui viendra nous sauver ?

Becca, notre reine de la statistique, étudie les chiffres récoltés par notre appli MLM et nous confirme que les employées en présentiel ont produit 30 % de lait en moins ce mois-ci. Heather écarquille les yeux : à l'évidence, elle se demande déjà comment faire pour que l'information ne s'ébruite pas.

– Vous imaginez si ces barres étaient passées dans le commerce ? 30 % de production en moins à l'échelle nationale ?

Les barres sont en cours d'analyse. Après avoir taclé ma nièce et m'être profusément excusée pendant qu'elle pleurait, j'ai emballé le reste de la FloBar pour la confier à

Facteau et son équipe au FBI. Peut-être qu'ils ne trouveront rien. Rien que des antigalactogènes, pas du poison. Mais impossible de courir le risque. Si nous n'avions pas rappelé les produits et qu'elles s'étaient avérées empoisonnées...

– On ne pourrait pas faire passer une loi qui interdirait d'interférer avec la production laitière de quelqu'un ? demande Becca.

– Qu'est-ce que ça changerait ? réplique Michele d'une voix épuisée. Notre système, c'est crime et châtiment. Une fois que quelqu'un a enfreint la loi, on peut le punir, mais toutes les régulations du monde n'empêcheront jamais personne de s'en prendre à nous.

– Elle a raison, place Rhea avec un léger signe de tête.

– Donc on pourrait nous prendre chacune pour cible, et il n'y a rien à faire ? insiste aussitôt Becca.

Rhea prend une profonde inspiration. Elle n'a pas eu le temps de se maquiller et ses cernes sont clairement visibles. Ses cheveux sont retenus par une simple pince, sans coiffure particulière. Je voudrais proposer une solution, même si je n'en ai aucune. Je voudrais lui montrer que je sais gérer les crises. Mais celle-ci, j'aurais pu l'empêcher. Ou au moins donner l'alerte plus tôt. Mieux vaut faire profil bas.

Lorsque Rhea commence enfin à parler, je reconnais le ton qu'elle prend, la posture qu'elle adopte. Toute son attitude s'est transformée en un instant : elle est en mode leader.

– Si la loi est là pour nous aider après le crime, alors nous devons devancer le crime. Si la justice n'advient qu'après le harcèlement, la discrimination, l'empoisonnement ou l'agression, alors la justice ne vaut pas grand-chose. Non, nous devons être vigilantes. Proactives, plutôt que réactives.

– Qu'est-ce que ça veut dire, exactement ? demande Isis, pour bien montrer qu'elle est dans les starting-blocks.

– Je ne sais pas encore, répond Rhea en se massant le front d'un air absent. Laissez-moi réfléchir.

Voilà qui est réglé. Nous reviendrons plus tard à la question du long terme. Mais… quand ? Rhea sera bientôt partie…

– Faut-il songer à décaler ou annuler la convention ? demande Isis.

Toutes les autres retiennent leur souffle. Ce serait plus prudent, non ?

Rhea arrange nerveusement ses cheveux pour se donner le temps de réfléchir. Son visage ne trahit rien. Nous sommes concentrées sur elle, espérant une réponse, une solution, une stratégie.

– Rhea ? la relance Michele.

Rhea lui jette un regard noir, puis réprime son irritation.

– Nous allons devoir voter.

C'est un test. Rhea veut voir ce que nous faisons lorsqu'elle n'est plus à la barre. Qui révélera sa faiblesse en votant pour tout annuler ? Qui mettra nos membres encore plus en danger en choisissant de maintenir la convention ? Je sens planer une terrible menace. J'ai beau me répéter que l'empoisonnement au gala, les messages inquiétants sur mon portable et les fausses FloBar ne sont que des coïncidences, tous ces incidents pourraient être liés. Peut-être subissons-nous une attaque coordonnée qui ne fera qu'empirer.

– Qui veut décaler ? lance Rhea.

Isis lève la main, sans hésiter. Normal, elle qui adore suivre les règles, maintenir l'ordre, ne jamais prendre de risques. Becca suit l'exemple, les bras toujours croisés, en ne levant que deux doigts.

Du coin de l'œil, je regarde Rhea. Elle reste impassible, mais sa mâchoire se contracte imperceptiblement.

– Qui veut maintenir ? demande-t-elle aux autres.

À l'écran, Heather agite la main pour que son opinion soit claire. Normal, c'est notre coach pour tout ce qui est politique et image de marque. Et elle est déjà à Indianapolis. Je la comprends.

En revanche, le fait que Sylvia et Michele lèvent la main me surprend. Sylvia fronce les sourcils et Michele fixe la table pour ne pas avoir à croiser les regards. Sylvia, notre RH, celle qui veille sur nos employés, celle qui devrait être la première à s'inquiéter des retombées légales en cas de maintien de la convention… Je ne suis pas sûre de saisir. Cela dit, elle sait très bien que nos conditions d'annulation ne tiennent pas la route. Quant à Michele, la plupart du temps, elle suit Sylvia.

– Pas d'abstention, Mina, lance Rhea.

Je sais compter. Pour l'instant, la balance penche en faveur de LactCon. Je ne vais pas créer une égalité en forçant Rhea à trancher. Et puis, je veux que la compagnie apparaisse forte. J'en ai besoin.

– On maintient LactCon, dis-je en levant la main.

– Ce qui fait une majorité de voix, conclut Rhea avec un hochement de tête satisfait.

Je ne peux pas m'empêcher de remarquer qu'elle-même s'est abstenue de voter.

– Lugh met tout en œuvre pour découvrir d'où viennent ces fausses FloBar. Le coupable, qui qu'il soit, sera arrêté et poursuivi.

Ce qui signifie la peine de mort, comme l'a montré l'exemple d'Annabelle. Quelqu'un était prêt à risquer sa vie pour ruiner notre production.

Rhea nous assigne des tâches, puis met fin à la réunion.

– Mina, tu veux bien rester une seconde ?

En l'entendant, je me pétrifie. C'est un ordre, pas une requête. Soudain, le souci que je me suis fait au sujet de cette promotion semble absurde. Car elle va devoir me renvoyer, je le sens. J'ai commis une telle erreur de jugement, comment pourrait-elle me croire prête à diriger quoi que ce soit ? Certainement pas mon équipe, encore moins la compagnie tout entière. Je suis sur le point de tout perdre : ma carrière, mes amies, mon nouveau départ avec Simone et Callie. *Tout.*

– Bien sûr, dis-je en me rasseyant.

Il ne me reste plus qu'à attendre que Rhea me sacrifie sur l'autel de la responsabilité de l'entreprise. Quelqu'un doit jouer les boucs émissaires, et c'est moi qui ai laissé les cartons de FloBar dans la salle de pause. J'aurais dû découvrir tout cela plus tôt, j'aurais dû vérifier les ingrédients composant cette nouvelle saveur, j'aurais dû confirmer la livraison avec Kathy…

La porte se referme sur les autres. Rhea se prend la tête dans les mains. Quand elle relève les yeux, je crois voir une larme sur sa joue. En un clin d'œil, elle a disparu. Elle prend son téléphone et compose un texto pendant que j'attends son verdict.

Chaque seconde est une torture. Pourquoi ne me regarde-t-elle pas ?

Quand elle repose son portable, le mien vibre. *Merde, je pensais l'avoir mis en silencieux pour la réunion !* Comme les notifications se multiplient, je l'attrape maladroitement pour les faire taire, en murmurant une excuse à Rhea qui me fixe sans aucune émotion.

Avant de mettre mon portable en silencieux, je lis les messages sur l'écran.

> Salope.
>
> Pétasse.
>
> Si mon enfant meurt de faim c'est toi que je tuerai ensuite, sale garce.

Encore des insultes. Mais cette fois, elles ne viennent pas d'un numéro inconnu. D'après mon portable, c'est Rhea qui vient de les envoyer.

Je lève les yeux, et elle doit lire sur mon visage les questions que je commence à peine à formuler.

– Ce n'est qu'un échantillon de ce que j'ai reçu aujourd'hui. Et encore, la journée n'est pas finie, marmonne-t-elle en se frottant les yeux.

– C'était toi qui m'envoyais ces textos ? Tout ce temps ?

– Oui.

– Et le lait tourné… ?

Rien que d'en reparler, je peux presque le sentir.

– Oh, on en a jeté des grumeaux sur ma maison, sur ma voiture… dit-elle en grimaçant. Depuis quelques semaines, j'envoie ces textos à toutes celles qui songent à reprendre mon rôle. Être P.-D.G., c'est devenir le visage de la compagnie. Ce que je t'ai envoyé – ce que je vous ai envoyé à toutes –, ce n'est rien à côté de ce que je reçois chaque jour.

– Alors… en fait, personne ne me déteste ? demandé-je, bien qu'en m'entendant parler, je trouve ces mots stupides.

– Oh si, beaucoup de gens. Et pas seulement toi, nous toutes. Mais non, ton harceleur personnel n'existe pas.

Elle m'offre un faible sourire dans l'espoir de briser la tension. Je cligne des yeux sans savoir comment poursuivre la conversation, complètement déstabilisée. Jamais je n'aurais cru Rhea capable d'une telle chose. Un bizutage pareil… Nous faire subir une sorte de cyber-épreuve du feu… Ma mère, oui, elle s'en serait donné à cœur joie. Elle nous a toujours répété, à Simone et moi, que le monde ne nous ferait pas de cadeau.

Mais Rhea ? Je n'arrive pas à digérer l'idée que c'était elle depuis le début.

– Eh bien, je…

Rien ne me vient. Puis, soudain, je bafouille :

– Oh mon Dieu ! J'en ai parlé à Facteau ! Les autres aussi ! Il essaie de remonter à la source des textos, il croit qu'ils le mèneront à un suspect !

Je me pince l'arête du nez. Comme si je n'avais pas assez de problèmes comme ça, voilà que j'ai envoyé un enquêteur fédéral sur une fausse piste.

– Mina, me rassure Rhea, quand il viendra m'interroger sur ces textos, je lui dirai la vérité, comme à toi. Laisse-le faire son travail.

Elle a arqué un sourcil : la voilà en mode maîtresse d'école. Je hoche la tête. Elle a raison. Facteau découvrira la vérité, mais il ne pourra pas poursuivre Rhea pour ses méthodes de management, même si elles sont peu orthodoxes.

– Je voulais aider les femmes qui n'y arrivaient pas, poursuit Rhea d'une voix basse et tremblante. Chaque jour, je me raccroche à cette raison. Voir son bébé mourir de faim parce qu'on ne peut pas l'allaiter et qu'il y a une pénurie de lait en poudre… Personne ne devrait avoir à traverser une chose pareille. Nous ne sommes plus au Moyen Âge, bon sang.

J'entends la passion, la détermination dans sa voix, bien qu'elle ne hausse pas le ton.

– Je la vois. Je pense à elle chaque jour, déclare-t-elle en relevant les yeux vers moi. Elle n'a pas toujours la même apparence. C'est une femme parfois noire, parfois blanche. Elle est parfois maigre, affamée, parfois bien nourrie. Mais je n'arrête pas de penser à elle. Ses problèmes, ses angoisses. Je songe à nos Génisses. Elles se battent pour produire à manger, pour faire vivre leur famille. Est-ce que tu les vois, comme moi, Mina ? Est-ce que tu y arrives ?

J'y arrive, et c'est une femme bien spécifique qui m'apparaît. Pas une Génisse.

C'est à Simone que je pense. De retour de l'hôpital, épuisée, courbatue, les seins si pleins qu'ils lui faisaient mal. Mais Callie ne voulait pas téter. Chaque fois que Simone s'asseyait pour l'allaiter, sa fille se mettait à pleurer. Je lui ai montré comment faire, je l'ai aidée, car je refusais de laisser ma nièce mourir de faim. Je refusais de laisser ma sœur sans soutien. Toutes les jeunes mères n'ont pas cette chance.

Je hoche la tête en guise de réponse. Si j'ouvrais la bouche, je n'en finirais pas de m'excuser. Je la supplierais de ne pas me renvoyer. Car en dehors de MLM, je n'ai rien. Toutes mes amies sont des Génisses, membres soit du Troupeau, soit de mon équipe. Je pourrais aller trouver des sponsors pour une autre compagnie et continuer à vendre mon lait pour arrondir les fins de mois, mais ce job me va parfaitement.

Jamais je ne m'en étais si bien sortie. On ne m'a jamais complimentée pour rien d'autre. Et voilà que je vais me faire virer par Rhea en personne – mon mentor, mon idole. Elle va m'exiler de ce temple que j'ai pourtant bâti avec elle, ce temple où j'ai trouvé refuge. Mes larmes menacent de me trahir.

– Tu es comme moi, continue Rhea en quittant son siège en tête de table pour venir s'asseoir près de moi. Tu sais te concentrer comme personne. Tu n'as rien pour te distraire de ton travail. Toute ta vie est orientée autour de ta production – ta façon de manger, de respirer, de dormir. Dans ta tête, tu travailles déjà comme il le faut pour soutenir cette position.

Ma confusion doit être apparente, car elle rit tout bas et explicite sa pensée :

– Je voudrais que tu me succèdes, Mina. Es-tu prête à continuer ma mission ? À œuvrer sans relâche pour nos membres ? À les soutenir à chaque étape du voyage ?

Ma mâchoire s'est verrouillée, ma langue s'est changée en plomb.

Moi ? Vraiment ? Moi ? Pas Heather, qui est plus que qualifiée, et bien plus à l'aise que moi en entreprise ? Pas Isis grâce à qui notre appli sort du lot, grâce à qui nous avons toujours de l'avance sur les nouvelles régulations ? Pas Michele avec toute son expérience à l'international, qui deviendra bientôt nécessaire ? Moi ? Celle qui n'a pas réagi assez tôt, celle qui nous a toutes mis en danger ? Pourquoi moi ?

J'arrive enfin à ouvrir la bouche.

– Absolument, Rhea. Je protégerai tes idéaux. Je poursuivrai ta mission.

Rhea sourit et me tapote l'épaule.

– C'est bien.

Elle se lève, les bras ouverts, et je la laisse m'étreindre. Comme une mère. Une passation de flambeau, une profession de foi.

Je suis terrorisée. Et tellement enthousiaste.

Le lait a été un problème depuis la première vache qu'il nous est venu à l'idée de traire. Au début, nous n'avions pas de nom pour ces difficultés, puis les diagnostics sont tombés. Intolérance, inflammation chronique, douleurs articulaires, perméabilité intestinale.

Nous, les Génisses, sommes la lumière du dernier espoir. Nous sommes la solution, celles qui se sont chargées du fardeau – littéralement, avec ce poids qui tire sur les bretelles de nos soutiens-gorge, jusqu'à nous entailler la peau.

Je dois y croire. Nous sommes ce qui permettra à l'humanité de s'en sortir, de continuer.

Je n'échouerai pas. Je ne les décevrai pas. Rien ni personne ne pourrait plus m'arrêter, à présent. J'endosse l'habit de P.-D.G. comme une seconde peau, comme s'il m'avait toujours habitée.

Archives – *Liberation International*

1er décembre 2070
Nashville, Tennessee

Annabelle Logan, arrêtée et retenue sans possibilité de remise en liberté sous caution, soupçonnée d'avoir empoisonné son ex-partenaire ainsi que la nouvelle partenaire de celui-ci, a entamé une grève de la faim. Depuis son arrestation, Mrs Logan proteste contre les conditions de son incarcération. Sa grève de la faim en est à son deuxième jour. D'après une déclaration publique de Lauren Mitchell, avocate de l'accusation, Mrs Logan sera suivie sans que ses actions impactent le déroulement du procès.

TOUR D'IVOIRE

Tout en attendant nerveusement le début de la visite du campus, je suis déjà convaincue que cet endroit est le bon. Je ne vois pas ce qui pourrait me faire changer d'avis.

Sur une table près de l'entrée se trouvent une carafe de cidre chaud et des cookies à la cannelle. Les élèves qui vont d'un cours à l'autre peuvent se servir au passage. Prendre un snack. Certains ignorent cette offrande pourtant gratuite : ils ne doutent pas qu'ils en trouveront davantage plus tard.

L'odeur du cidre me donne l'eau à la bouche. L'hiver est arrivé comme s'il était en retard au travail – il bouscule tout, il en fait trop, il se fait remarquer. La tiédeur qui règne dans le bâtiment n'a pas encore gagné mes mains, toujours gelées. Un mug chaud y remédierait, mais je me retiens. Cet endroit est bien le dernier où il faille trahir sa vulnérabilité.

Cette visite a tous les aspects d'un examen – et j'ai intérêt à avoir une bonne note si je veux inscrire Callie dans cette école.

Une cloche résonne, douce et agréable, rien à voir avec le tintement strident de mon époque.

– Mina Hodge ?

Sœur Marie-Louise, directrice de l'académie Saint-Nicholas, traverse l'immense atrium en souriant. Son nom est suivi d'un véritable alphabet censé indiquer son rang universitaire et son ordre religieux. Tout ce qui m'importe, c'est de lui plaire – afin que, par extension, ma nièce lui plaise également.

Toute menue, pâle et ridée sous ses cheveux de fer coupés court, elle inspire l'affection, voire la tendresse. Ses chaussures orthopédiques couinent sur le carrelage. On dirait une maîtresse d'école sortie d'un livre d'images, du genre à sourire quand on lui offre une pomme. Du genre à n'avoir que des élèves qui peuvent se permettre de lui donner des pommes.

Je me lève pour lui serrer la main, en irradiant pile le bon mélange de confiance et de déférence. Après tout, je suis P.-D.G., désormais, et ma nièce mérite sa place.

– Avant de commencer la visite, avez-vous besoin de vous retirer un instant ? me demande-t-elle en me désignant une porte.

Près de l'habituelle silhouette féminine se trouve une image d'enfant : ce ne sont pas des toilettes, mais c'est une salle d'allaitement.

– Notre personnel compte de nombreuses jeunes mamans, m'explique-t-elle.

J'en reste sans voix. Parfois, je suis si prise dans la bulle de MLM que j'oublie à quel point ce genre de chose s'est répandu. Une vraie victoire du féminisme : nous n'avons plus à cacher ce besoin tout naturel.

– Non, merci, pas pour le moment, dis-je en souriant à cette femme charmante. Merci beaucoup d'avoir organisé cette visite si rapidement, ma sœur.

J'ai presque envie de m'incliner ou de lui faire la révérence. Notre famille n'est pas catholique, si bien que je ne sais pas du tout comment il convient de s'adresser à une nonne.

– C'est tout naturel, répond-elle. Quand Lydia Dunn m'a appelée pour tout m'expliquer, je n'aurais pas pu faire autrement.

Lydia Dunn est mon contact chez notre sponsor fournisseur de coussinets d'allaitement réutilisables. Elle est aussi membre du bureau de Saint-Nicholas. A-t-elle mentionné que j'étais la nouvelle P.-D.G. de MLM, une illustre personnalité de plus à ajouter à leur impressionnante liste de parents d'élèves ? Quoi qu'elle ait dit, ça a fonctionné. Car en plein milieu de la semaine la plus remplie de ma vie, encore exacerbée par la tempête médiatique provoquée par le rappel des produits, je me retrouve ici. Bien sûr que j'y suis allée : Callie est la personne que j'aime le plus sur cette fichue planète.

Sœur Marie-Louise me guide dans un dédale de couloirs en verre qui laissent voir les bois environnants, une oasis de verdure entourée de hauts murs tapissés de lierre. Cet endroit dédié aux études est comme hors du monde. J'aurais tout donné pour aller dans une école pareille. Même si je dois en mourir, Callie aura toutes les chances que je n'ai pas eues.

La nonne me montre la bibliothèque, qui ne sera pas déplacée dans une université alors que nous sommes dans une école élémentaire. Elle m'emmène ensuite visiter les salles de science du collège, puis un théâtre dont les accessoires et décors n'auraient rien à envier à une production professionnelle.

– Nous cultivons ici tous les légumes qui sont servis quotidiennement à nos élèves, me dit-elle en me faisant traverser la serre bio, dont la chaleur est plus appréciable encore par ce froid.

Puis nous nous retrouvons dans une salle de classe vide, munie d'équipements de réalité virtuelle et d'une douzaine de coins lecture où étudier au calme.

– Ces salles sont mises à la disposition des collégiens et lycéens, explique-t-elle. Et si nous prenions une voiturette de golf pour faire le tour du complexe sportif et des terrains adjacents ?

– Malheureusement, je crains de ne pas avoir le temps. Mon planning est très rempli à l'approche de LactCon. Mais je les verrai au printemps pendant la visite des parents d'élèves, dis-je avec mon meilleur sourire de P.-D.G.

Toujours se comporter comme si l'affaire était conclue et qu'il ne restait plus qu'à signer le contrat.

– Bien sûr, vous devez être tellement occupée, abonde sœur Marie-Louise en me guidant vers la maternelle. Comme vous le savez sans doute, la date limite des inscriptions était la semaine dernière…

Elle s'écarte d'un pas pour me laisser admirer l'une des salles de classe : un tapis coloré au sol, des alphabets et listes de nombres aux murs, à côté de reproductions des tournesols de Van Gogh et des nymphéas de Monet.

– … mais il se trouve justement que l'un de nos élèves déménage avec sa famille au Colorado, annonce-t-elle, un brin théâtrale. Ce qui signifie qu'une place vient de se libérer inopinément parmi nos classes de maternelle pour la rentrée.

– Quel timing, dis-je en me retournant pour lui faire face. Je ne voudrais pas vous demander de faire une exception. En tant que P.-D.G., je connais l'importance d'une date limite.

Ce n'est pas vraiment un mensonge : je sais bien à quel point les échéances comptent. Pourtant, je vois déjà Callie s'amuser avec les autres petites filles dans sa jupe plissée, portant l'uniforme gris et bleu marine, ses petites jambes glissées dans des collants rouges.

Va-t-on en enfer si on ment à une nonne ?

– Vous avez des circonstances atténuantes, je ne l'ignore pas, déclare sœur Marie-Louise en levant la main. Nous tenons à ce que vous et votre petite Callie vous sentiez en sécurité.

Ah, Lydia a donc choisi la stratégie « actualités ». Tant que Callie peut s'inscrire…

– Merci infiniment, ma sœur, dis-je comme si je faisais partie de ses ouailles.

J'imagine qu'il ne nous restera plus, à Simone, Callie et moi, qu'à devenir catholiques. Il nous faudra apprendre toutes les génuflexions avant d'aller à la messe. Car je crois bien que l'affaire est conclue – mais rien n'est certain tant que je n'aurai pas signé le chèque.

– Suivez-moi…

La nonne repart dans les couloirs labyrinthiques jusqu'à s'arrêter devant une double porte en bois.

– Dernier arrêt de cette visite : notre cafétéria.

Lorsqu'elle ouvre le lourd battant, une vague de chaleur s'échappe de la pièce, suivie d'un arôme alléchant. On dirait bien qu'elle a gardé le meilleur pour la fin. Je voudrais écarquiller les yeux, crier de joie, pleurer devant l'immensité de ce que je vois. Un plafond en voûte surplombe des murs lambrissés autour d'une table ronde en vrai bois – rien à voir avec les meubles en stratifié de la garderie de Callie.

– Le chef prépare une soupe à la tomate avec du pain maison pour le petit déjeuner, dit sœur Marie-Louise comme s'il était tout naturel qu'une école ait un chef dédié. Vous en voulez un peu ?

Cette fois, je ne peux me retenir d'acquiescer, car l'odeur est trop envoûtante. Vu le prix de l'école, heureusement que les repas sont inclus, y compris les jours fériés. Je n'aurai plus jamais à préparer le déjeuner de Callie. Elle reviendra chaque jour le ventre plein.

La nonne et moi dégustons notre bol de soupe ensemble. La chaleur du potage dissipe le froid qui s'attardait encore dans mes épaules et dans mes mains.

– Cette salle est l'une des plus anciennes de l'institution reprend sœur Marie-Louise. Le reste a été entièrement rénové, voire reconstruit. Cette esthétique classique a son charme, vous ne trouvez pas ?

Elle pose les mains sur ses genoux en attendant ma réponse. Je lève les yeux vers l'impressionnant plafond décoré d'une fresque représentant Jésus procédant à la multiplication des pains.

– Oui, c'est somptueux.

Et je n'exagère pas : n'importe qui serait intimidé par cet endroit. Sœur Marie-Louise se rend-elle compte que j'ai grandi pauvre, que pas une génération ne me sépare de la misère, que je découvre à peine la stabilité financière ?

– Nous organisons notre gala de bienfaisance annuel ici même, en février, poursuit-elle en croisant mon regard.

Je sais que je m'y prends un peu tard, mais nous aurions bien besoin d'un peu d'aide pour recueillir des dons. Lydia m'a dit que vous n'aviez pas votre pareil dans le métier, et que vous auriez sans doute les capacités nécessaires pour persuader des entreprises locales d'offrir des prix à même de faire monter les enchères…

Je souris. Ça, oui, je peux le faire. Je peux me fondre dans ce milieu-là. Je sais comment décrocher le pactole. S'il faut que je m'y colle pour obtenir l'inscription de Callie – en plus des frais de scolarité –, alors marché conclu.

– Je serais ravie de vous aider, ma sœur. En plus de faire jouer mes contacts parmi les entreprises locales, je peux déjà vous promettre le soutien de celle que je connais le mieux : MLM donne toujours beaucoup aux causes qui le méritent.

Y a-t-il d'autres enfants sur la liste d'attente, des enfants dont les parents n'ont pas les moyens d'obtenir ce genre d'entretien privé ? Qui sait ? Ce n'est pas mon problème.

– Merveilleuse nouvelle !

La nonne me jette un long regard, suivi d'un sourire entendu.

– Louons le Seigneur pour ses bontés…

Voilà ce que j'attendais. Ce sentiment de victoire. Savoir que je peux enfin offrir à ma nièce la vie qu'elle mérite, celle que Simone et moi n'avons jamais eue.

Voilà ce que l'on ressent quand on est Rhea, quand on est riche.

Quand on a le pouvoir.

Kleine Zeitung

28 novembre 2070

Klagenfurt, Autriche

Par Micke Rothenhauser

Par un matin pluvieux dans la banlieue de Klagenfurt, plusieurs véhicules de police sont garés en demi-cercle devant une maison de ville. Bien que le bâtiment soit abandonné, la police a reçu des informations sur la présence d'une douzaine de femmes retenues à l'intérieur, gardées par cinq hommes patrouillant dans le périmètre.

C'est le troisième raid dans le quartier en trois mois. La police locale comme internationale ne sait plus comment lutter contre ce tentaculaire réseau de trafiquants en Europe centrale, que l'on compare volontiers à une « hydre ».

« Beaucoup des femmes qui échouent dans l'industrie du lait rencontrent leurs futurs trafiquants par le biais d'un membre de la famille. Tout le monde cherche une nouvelle vie, mais les places sont rares. On pense pouvoir trouver du travail pour une jeune femme en Europe. Alors on recommande sa fille, sa nièce. C'est là que se referme le piège », explique Avery St. James, de *Liberation International.*

On estime que chaque année, deux mille femmes tombent aux mains de trafiquants dans le but bien spécifique de produire du lait humain. « On ne peut pas forcer quelqu'un à allaiter contre son gré. Il faut que ce soit un choix. Les trafiquants de lait ne l'ignorent pas et savent jouer de leurs charmes, recourir à toutes sortes de procédés, jusqu'aux menaces voilées pour persuader ces femmes qui ont contracté des dettes si impossibles à rembourser que produire du lait est leur seule façon de s'en sortir », ajoute St. James.

Un trafic qui devient de plus en plus dangereux. La plupart des gens qui soutiennent ces activités illégales n'en ont pas conscience : ils ont faim et trouvent enfin sur les étagères des supermarchés un produit qu'ils peuvent s'offrir. Mais ces bas prix ne sont possibles que parce que les productrices ne sont pas payées. Elles croient rembourser leur passage dans le pays.

Beaucoup d'entre elles tombent malades à force de malnutrition. En l'absence de soins médicaux dignes de ce nom, certaines perdent la vie. Lorsqu'elles sont trop déshydratées et affamées pour produire du lait, on les jette tout simplement à la rue. Sans argent, sans papiers.

Les femmes ayant échappé à ce marché noir sont le véritable visage de la production de lait humain. Mais leur profil émacié ne se retrouvera jamais sur les briques de lait du supermarché.

Peut-être que si c'était le cas, nous y réfléchirions à deux fois avant de les acheter.

RESTAURATION

Le reste de la journée file à une vitesse folle, sans me laisser le temps de tout faire. Je fais autant de points avec Rhea que possible pour apprendre les ficelles du métier, entre deux appels d'urgence avec FloBar et le FBI. Génial, pour ma première semaine.

J'ai bien senti qui parmi le Troupeau s'est réjoui ou non de mon ascension. Becca et Michele m'ont félicitée en me proposant de m'inviter à déjeuner pour fêter ça après la convention. Isis s'est dite heureuse, mais j'ai noté son hésitation. Heather était interdite. Sylvia s'est contentée de me faire suivre les formulaires à remplir, sans commentaire.

L'enthousiasme de Keenya, en revanche, était égal au mien. Sans compter qu'elle était ravie de prendre ma suite à la tête de notre département sponsors et partenaires. J'ai tenu ma promesse : voilà comment je compte m'assurer la loyauté de mes employées. Et puis, Keenya avait bien mérité cette promotion.

Tandis que je rentre chez moi, je ne songe qu'à ma liste de priorités, qui se modifie sans cesse. D'abord, nous assurer que LactCon se déroule sans accroc. Notre image de marque en dépend. Pas question de rater le coche maintenant qu'on m'a confié les rênes. Et pourtant, j'ai envie de passer du temps à la maison pour profiter de la présence de Callie et Simone qui viennent de réemménager. Notre petite famille est enfin sur la bonne voie.

Nous dînons dès mon retour, toutes affamées à la fin de notre journée bien remplie. Je fais la vaisselle pendant que Simone part baigner et coucher Callie. En replaçant la poêle dans son placard, je souris en voyant le verrou enfant. Finalement, je suis contente de ne pas l'avoir enlevé.

Simone me rejoint à temps pour m'aider à sécher les dernières assiettes.

– Il va rester là toute la nuit, ton cerbère ? demande-t-elle.

Un agent de sécurité dépêché par le FBI monte la garde devant notre porte depuis lundi.

– Non, quelqu'un viendra prendre la relève quand il aura fini son service.

Je commence à m'habituer à leur présence. Lugh a décidé que tous les membres du bureau exécutif de MLM avaient besoin de protection rapprochée jusqu'à la convention. Je pensais d'abord que ces mesures allaient trop loin, mais finalement, j'apprécie. D'autant plus que le battage médiatique autour du rappel des produits, de l'empoisonnement au gala et du décevant rapport Jachère est loin de s'apaiser. Nous sommes assaillies de critiques : dans ces conditions, le fait que quelqu'un se charge de tenir le monde extérieur à distance est un soulagement.

– On regarde quelque chose ? suggère Simone une fois la cuisine propre.

Je m'éclaircis la voix.

– Ces derniers jours ont ressemblé à un vrai marathon, entre ma promotion et le reste, dis-je en guise de préambule.

Incroyable que toutes mes ambitions se soient finalement réalisées. La carrière dont je rêvais, le retour de ma famille.

– Je sais, c'est fou ! m'interrompt Simone. Mais tu la méritais, cette promotion. Tu as travaillé tellement dur. Quand tu reviendras après la convention, et quand ce bazar autour du rappel des produits sera passé, il faudra qu'on fête ça !

Je suis touchée qu'elle y ait pensé, ce qui ne coulait pas de source pour elle.

– C'est vraiment gentil. Mais… commencé-je en essayant de revenir à mon idée première. Ce que je voulais dire, c'est qu'avec cette nomination, j'ai aussi un meilleur salaire.

Parler d'argent est toujours gênant, et je n'ai rien arrangé en rappelant à Simone à quel point je les ai soutenues, elle et sa fille.

– J'espère bien, oui. Et alors ? lance ma sœur avec un regard soupçonneux.

– Eh bien, je me suis intéressée aux écoles privées dans le coin, celles qui vont de la maternelle au lycée. Il n'y en a pas beaucoup, et deux d'entre elles sont vraiment très proches de Nashville, mais il y en a une à peu près à mi-chemin…

– L'académie Saint-Nicholas ? clarifie Simone.

À l'évidence, elle aussi a exploré le sujet, ce qui me surprend.

– Dans le mille, dis-je en souriant. J'ai… procédé à un premier paiement cet après-midi. Il leur restait une place en petite section de maternelle. Callie pourra y aller dès qu'elle fêtera ses trois ans en janvier. La semaine prochaine, quand je reviendrai de la convention, nous irons visiter l'école avec elle et lui acheter des uniformes.

Simone me dévisage. L'espace d'une seconde, je songe : mince, je n'aurais pas dû. Je suis allée trop loin. Je me mêle de ce qui ne me regarde pas.

– Tu plaisantes ? demande Simone.

Je secoue la tête en silence. Ça y est, elle va m'expliquer que j'essaie d'acheter son affection et celui de Callie…

Elle se penche par-dessus le canapé pour me serrer dans ses bras.

– Merci, souffle-t-elle.

Une goutte tombe sur mon épaule. Elle pleure.

– Callie ira dans une bonne école, lui dis-je d'une voix tranquille, assurée. Je compte aussi mettre de l'argent de côté pour ses études supérieures. Elle n'aura que des bonnes options à l'avenir.

Jamais je n'ai été aussi sûre de moi.

– Maman nous a laissé en héritage une situation précaire dont nous avons dû nous extraire. Le manque d'argent, la lutte pour joindre les deux bouts… Tout ça prend fin aujourd'hui même.

Simone se couvre le visage d'une main et m'étreint les doigts de l'autre.

– Merci, répète-t-elle d'une voix étranglée par l'émotion. C'est comme si tu étais la P.-D.G. de notre famille aussi, maintenant.

Elle accompagne ces paroles d'un rire, et je choisis de les prendre pour ce qu'elles sont – un compliment. Je lui suis reconnaissante d'avoir brisé la tension.

– Oui, enfin, il va quand même falloir que tu retrouves un boulot, je plaisante en retour.

Simone me lance un coussin du canapé à la figure.

Je me rappelle la première fois que j'ai tiré du lait. Trois centilitres au sein droit, six au gauche. J'étais si fière. Extatique. Tout cet effort, les hormones, la douleur… Ce n'était pas pour rien. Ce ne serait pas pour rien. Ma mère s'était glissée dans la cuisine et avait ricané :

– À ce rythme, je ne pourrai m'offrir qu'une chimiothérapie placebo à l'arrière d'un kebab ! Il va te falloir beaucoup plus !

Même quand je me suis mise à remplir les petites bouteilles, même quand j'ai dû m'en procurer de plus grandes, même quand j'ai atteint puis dépassé le litre, ce n'était jamais assez pour elle. *Quoi, c'était une productrice de légende ? Combien elle produisait, elle, par jour ?* Elle n'en a jamais rien dit. Elle se contentait de juger ma production.

C'est mon lait qui a payé le loyer, le taxi pour aller à l'hôpital, les médicaments qui l'ont empoisonnée – juste assez pour prouver leur efficacité – et tous les repas qu'elle finissait toujours par régurgiter.

Et maintenant, regardez-moi : P.-D.G. de My Lactation Membership. Je suis au top. Au sommet.

– Tout va bien se passer, maintenant, dis-je en plongeant mon regard dans celui de Simone.

Et pour la première fois depuis que Rhea a annoncé son départ, j'y crois. Avancer dans ma carrière, retrouver ma famille – tout ça ne gâche rien, mais mes ambitions vont plus loin encore. Je peux oublier les menaces, les mesures de sécurité, les agents armés au supermarché. Ce ne sont que des détails, je m'en rends compte, désormais. La police et le FBI finiront bien par attraper quiconque se cache derrière tout ça. Justice sera rendue.

Je mènerai MLM vers une ère de prospérité nouvelle. Je le sais. Voilà ce que j'ai toujours voulu : le pouvoir de faire changer les choses. D'acheter les clés qui ouvrent de nouvelles portes. De faire date dans notre misérable arbre généalogique.

Quelle merveilleuse sensation.

News Across America – 1er décembre 2070

Skylar Gaddis, président de la Food and Drug Administration : La compagnie FloBar est elle aussi victime de ces manipulations alimentaires, au même titre que les productrices free-lance. Cette entreprise, qui a toujours été fière de soutenir l'industrie du lait humain, est consternée par les actes de la personne qui a manufacturé ces fausses barres galactogènes. Pour l'heure, il semble que ces manipulations se limitent à l'introduction d'éléments déshydratants visant à limiter la production de lait. Afin de ne prendre aucun risque, nous élargissons le rappel des produits pour inclure non seulement les FloBar, mais aussi tous les aliments contenant du lait humain produits le mois dernier. De nouveaux produits seront bientôt mis en vente dans quelques jours.

Reporter : Comment faire en sorte que ce genre de chose ne se reproduise plus ?

Skylar Gaddis, président de la Food and Drug Administration : Je n'ai pas de réponse à vous apporter pour le moment. La responsabilité a toujours pesé sur les épaules des productrices elle-même, et jusqu'à présent, ce système fonctionnait. À l'évidence, il nous faut le repenser de fond en comble, mais je ne peux pas vous dire à quoi ressemblera le résultat.

TRAITE

J'aurais voulu un couronnement. J'aurais voulu qu'on me déroule un tapis rouge. Mon ère est enfin advenue ! Mais ce ne sera pas officiel avant demain matin, si bien que je me rends au travail dans mon ancien et mon nouveau rôle à la fois. Je m'étais imaginé que tout le monde devinerait la vérité dès l'instant où je passerais le seuil, qu'on me jetterait des fleurs, qu'on m'applaudirait…

Loin de là. Mon accession au trône de MLM est un baptême du feu.

Keenya et moi sommes escortées jusqu'au lieu de la convention par un agent de sécurité. Moi qui pensais entrer par la grande porte en me frayant un chemin dans une foule d'autres Génisses, pour profiter de leur énergie collective, je m'entends dire que ce ne serait pas prudent. Les trottoirs sont bondés des deux côtés de la rue, le lobby de l'hôtel est rempli d'équipes de presse : le rappel des produits est resté en tête des news toute la journée et les manifestants n'en sont que plus enragés.

Nous entrons donc par la porte de derrière, qu'un autre agent vient nous ouvrir. Je n'ai que vingt minutes avant mon point avec Rhea pour passer en revue les sujets qu'elle devait aborder avec plusieurs de nos plus importants partenaires, mais je veux quand même en profiter pour être témoin de l'excitation des arrivantes.

Les lieux ont un look rétro : murs blancs, faux marbre, dorures en stuc. C'est kitsch, mais c'est le seul endroit en ville capable de nous offrir l'espace et les places assises dont nous avions besoin. Notre équipe s'est surpassée pour lui donner une nouvelle jeunesse. Des arches en ballons crème et blanc, nos couleurs fétiches ; un photomaton à disposition dès l'entrée ; des tables chargées de petits fours et un bar à mocktails à volonté sur le balcon intérieur.

À cause du rappel des produits, les restaurants devront débourser une petite fortune pour remplacer le lait humain par du lait de vache ou des alternatives véganes. Une pénurie de lait humain, même pendant seulement quelques jours, impacte tout le pays. La loi de l'offre et de la demande se fait rude lorsqu'il n'y a plus rien à offrir.

J'ai déjà mon badge pour la convention, une carte en plastique où figure ma photo. Ce pass me permettra d'assister à toutes les conférences, tous les événements sponsors, tous les discours. Je n'ai donc pas besoin de me retrouver dans le lobby, au milieu du chaos des membres qui récupèrent leur badge – mais j'ai envie d'y être. J'ai besoin de me remplir de cette énergie pour traverser les jours, les semaines, les mois de transition à venir.

Dès que je sors de l'ascenseur, je comprends que rien ne va. Les rugissements des manifestants sont à peine étouffés et traversent le lobby. Même la rumeur de la foule que je commence à fendre les couvre à peine. Ils crient si fort. Ils sont tellement furieux.

Remplissez les supermarchés ! Pétasses égoïstes, on veut notre lait !

Leurs mauvaises rimes accompagnent nos membres au rythme de la porte à tambour. Les nouvelles arrivantes semblent secouées et prennent un moment pour digérer les insultes qu'on leur a jetées au visage. Dehors se trouvent les radicaux pseudo-chrétiens, qui vomissent leur haine au nom de Jésus. Même avant ce déploiement de haine contre les Génisses, un groupe de néoféministes avait prévu d'être là aussi. Ironique : leur définition du féminisme est si étroite qu'elle ne permet pas aux femmes de faire des choix qui assureraient pourtant leur indépendance. Elles traitent les Génisses de pantins du patriarcat.

Nos membres ont hâte de recevoir leurs cadeaux de bienvenue, leurs badges, leurs goodies. Personne ne peut faire dix pas sans tomber dans les bras d'une amie. Voilà ce que j'aime le plus dans la convention, chaque année. Cette exultation débridée du premier jour. L'espace d'un instant, j'en oublierais presque le rappel des produits. Presque. Mais chaque cri de joie, chaque dossier qu'on fait tomber par erreur sur le carrelage, chaque tintement, chaque crissement, chaque vibration me font sursauter.

À la porte, je vois l'une de nos bénévoles qui consulte les consignes de sécurité sur son portable. Deux hommes en costume sombre sont au balcon du deuxième, observant la foule. Un rappel, en gras et en majuscules, que le danger n'est pas loin. On les voit à un kilomètre. Lugh n'aurait pas pu nous trouver des agentes en costume kaki ? Nos membres doivent déjà essuyer des insultes en arrivant, et voilà qu'à l'intérieur, elles se retrouvent face à des gardes du corps transpirant la testostérone. Un signe très clair que nous ne sommes pas en sécurité, que nous avons besoin d'être protégées. Ils gâchent l'ambiance. On se croirait en prison plutôt que dans une fête.

En tant que meneuse, que P.-D.G., je dois me comporter comme si tous les incidents de ce dernier mois n'étaient qu'une série de coïncidences. Winnie Jones, les FloBar, les manifestants devant nos bureaux et devant la convention elle-même… De la routine quand on fait ce travail, rien qui sorte de l'ordinaire. Nous sommes toutes un peu tendues en ce moment, mais ça va passer.

J'entends mon nom et je me retourne pour voir qui m'appelle. Mais les visages dans la foule se fondent ensemble.

Et c'est là que je l'entends.

Ce bruit auquel je m'attendais, ce bruit que je redoutais après tout ce qui s'est passé ce mois-ci : l'empoisonnement, l'assassinat, les émeutes, les agents armés… Non, je le redoute depuis plus longtemps encore. La menace qui ne cessait de me hanter, de hanter toute la société. Cette bombe près d'exploser.

Des coups de feu.

Mon Dieu, est-ce que c'est la fin ?

La foule dehors se met à hurler. J'entends un cri aigu juste derrière moi. Des gens qui donnent l'alerte en même temps, puis encore des cris, plusieurs cris perçants.

Je me retourne pour trouver la source du premier cri. Je m'attends au pire. Du sang. Un carnage. Le chaos. Un flingue braqué sur moi, sur mes amies, mes collègues, mes sœurs.

Si on me tue, aurai-je seulement le temps de m'en rendre compte ? Est-ce vraiment ainsi que je vais mourir ?

Puis je vois la source du bruit. Des manifestantes déguisées en vaches qui allument des pétards sur le trottoir. La police municipale les emmène déjà pendant que les autres hurlent des slogans sur la liberté, sur leurs droits, sur le capitalisme.

Quant aux cris aigus près de moi, ce n'est qu'un groupe de Génisses qui accueillent l'une de leurs amies. D'exubérantes retrouvailles.

Mon esprit s'efforce de signaler à mon corps que tout va bien, pas besoin de fuir ni de se battre, mais mes poings restent serrés, mes épaules, tendues. La bénévole à la porte cille, le souffle court. La même pensée l'a traversée. Elle a cru un instant qu'elle avait échoué, qu'elle avait laissé entrer une menace. Je croise son regard et lui adresse un signe de tête rassurant. Je voudrais la réconforter, lui dire : *Tu t'en sors très bien.*

Soudain, cet énorme lobby me semble trop étroit, étouffant. Tous ces gens dans un tel espace, ce doit être un risque en cas d'incendie. Nous sommes trop nombreuses ici, à respirer, discuter. Le bruit, la chaleur, je n'en peux plus. Je baisse la tête en repartant vers l'ascenseur, sans plus aucune envie d'aller saluer celles que je reconnais. Même sans l'annonce de ma promotion demain, je ne voudrais pas rester ainsi à découvert. Je veux pouvoir me coller au mur, ne laisser aucun angle mort, au cas où.

Les portes se rouvrent sur le huitième étage, et mes pensées reviennent au présent. Avant de gagner la chambre de Rhea, je jette un coup d'œil vers l'atrium, en bas. D'ici, toutes ces Génisses semblent minuscules, un tourbillon de femmes qui se déplace d'un bout à l'autre de la pièce, comme un phénomène naturel, magnifique.

Comme un troupeau de vaches vu d'en haut. Un vague où chaque individu se déplace en fonction des autres. Un délicat ballet auquel elles n'ont même pas conscience d'appartenir.

VAE VICTIS

Après une autre étape de mon marathon de formation avec Rhea – un bachotage pour mon rôle de P.-D.G., mais aussi pour gérer les retombées du rappel des produits –, je reviens dans ma chambre d'hôtel, prête à m'écrouler.

Enfin, ce n'est pas une chambre. C'est une suite.

Il y a plus grand – le sénateur Lugh et son personnel ont celle du dernier étage – mais la mienne est dans le même couloir que celle de Rhea. Elle comporte une cuisine entièrement équipée, un salon et une salle à manger. Un couloir mène à une chambre à coucher, une salle de bains, puis une autre suite – la principale – comprenant une énorme chambre avec un lit king size, un bureau et une salle de bains digne d'un palais.

Au total, environ la même surface que mon appartement. Rien à voir avec la chambre double que Keenya et moi avons partagée l'an dernier. Quand Rhea m'a dit qu'elle faisait modifier ma réservation, j'aurais voulu sauter de joie. Mais ça n'aurait pas été digne d'une P.-D.G.

J'étais déjà passée y déposer mes bagages, mais pendant mon absence, quelqu'un a rangé mes habits dans le placard, en laissant la porte entrouverte. Ma tireuse est installée dans la cuisine, avec un choix de snacks sur le comptoir.

Des paniers de fruits et des plateaux de biscuits s'alignent devant des bouquets de fleurs : des cadeaux de bienvenue, certains envoyés par des fans, ou des sponsors. Tout cela pour témoigner de l'attention à la P.-D.G. À *moi.*

Je promène mon regard dessus, en inspirant profondément l'odeur d'un énorme arrangement de lilas. Ce sont des vrais. Ça a dû coûter une fortune. Des cartes sont adjointes à tous ces cadeaux : il faudra que je les lise pour remercier en personne leurs expéditeurs au cours du week-end. Le plateau de biscuits semble m'appeler, si bien que je prends un cookie avoine-pépites de chocolat pour le déguster en lisant le premier carton.

« Bravo pour votre promotion, plus que méritée. J'ai hâte de discuter avec vous demain matin, et de continuer ensemble notre travail pendant l'année qui s'annonce.

Russell Lugh. »

Le message a été écrit à la main, sans doute par l'un de ses assistants. Rhea a mentionné plus tôt que Lugh était parti s'enfermer avec la sécurité nationale, toujours au sujet du rappel des produits. Mais j'apprécie le geste. Et puis, des cookies au lieu de fleurs, voilà un homme qui connaît son public ! Pas étonnant qu'il s'en sorte si bien dans les sondages.

J'ai fini mon cookie et je me mets à la tireuse. Même dans un endroit si opulent, personne ne peut faire ça pour moi. Je continue à observer mes appartements. Les moulures si détaillées, le fil d'or dans le papier peint, l'épais tapis qui soulage tant mes pauvres pieds.

Même s'il n'est pas plus grand que mon logement, cet endroit semble plus chic. Il a plus de style, d'élégance. Peut-être qu'après quelques premiers mois voués à financer l'école de Callie et mettre de côté pour ses études supérieures, nous pourrions employer une partie de mon nouveau salaire pour redécorer mon chez-moi. Voire déménager ailleurs. Car j'apprécie vraiment ce niveau de confort. C'est ça, la vraie vie.

Cette suite est un rappel de tout ce que j'ai obtenu à force de labeur. Et ce n'est pas trop tôt ! Je l'ai bien mérité. Ma puissance est dans mon lait. Maintenant, j'y crois pour de bon.

Après m'être glissée dans les draps si fins, je règle mon réveil afin de retrouver Lugh à l'heure demain matin, puis je décide de travailler un peu sur mon portable tout en regardant les infos.

Depuis que Rhea m'a annoncé ma promotion lundi, je reçois des e-mails sans discontinuer. Des pense-bêtes. Certains ne tiennent que dans leur objet, quelques mots épars sans rien dans le corps du message. Rhea m'envoie sa to-do list pour que je puisse ensuite lui rappeler quoi faire. Je ne veux pas qu'elle s'en aille, mais… je commence quand même à avoir envie d'être tranquille.

Elle n'a toujours rien révélé quant à ce qu'elle compte faire ensuite. Tout ce qu'elle a dit, c'est : « Je travaille à une nouvelle façon de soutenir les femmes et leur indépendance en Amérique. Vous en saurez très vite davantage. »

Elle adore entretenir le mystère.

Le roulement de tambour d'un flash info me fait sursauter, et je lève les yeux de mon portable. *Qu'est-ce qui se passe encore ?* Je monte le son de la télé.

« Un suspect a été arrêté ce soir, en lien avec une série d'incidents – harcèlement et gâchis d'aliments – prenant pour cible une entreprise phare de l'industrie du lait humain, My Lactation Membership. »

La vidéo passe à un bâtiment illuminé par les gyrophares des voitures de police dans la nuit. Bon boulot de la part du caméraman. Je ne peux que cligner des yeux. Une fois. Deux fois. Je connais cet endroit.

C'est l'Église de l'Arche. Et l'homme qui en sort, les mains derrière le dos – menotté –, n'est autre que le pasteur Tom.

« Tom Newbold, pasteur de l'Église de l'Arche, connu pour ses proclamations contre le lait humain, a été impliqué dans une série de messages haineux ciblant plusieurs Génisses connues à Nashville. Ces messages ont permis aux enquêteurs de faire le lien entre cet homme, autrefois leader d'un groupe de rock chrétien, et l'assassinat de Winnie Jones, ainsi que l'empoisonnement d'autres figures de proue de l'industrie du lait humain il y a quelques semaines. »

Les murs de la suite, si luxueux, semblent se refermer sur moi. Trop de pensées me traversent l'esprit pour que je puisse m'y arrêter. Il n'y a pas assez de place dans ma tête, dans cette chambre.

D'abord, je songe à Simone. Je voudrais m'assurer qu'elle va bien. Je suis heureuse que cet homme soit sorti de sa vie – on dirait qu'il vient de sortir de nos vies à tous, pour de bon – mais je sais qu'elle ne s'est pas encore remise de leur rupture.

Ensuite, le choc le dispute à la culpabilité. Le choc, parce qu'il me semblait que le pasteur Tom n'était qu'une grande gueule incapable de passer à l'action. Je l'ai sous-estimé.

Je me sens idiote de ne pas avoir fait le lien plus tôt. J'ai mis ma famille en danger.

Enfin, et surtout, je suis perdue. Car Rhea m'a dit que c'était elle qui envoyait ces messages, pour nous mettre à l'épreuve. L'agent Facteau aurait-il trouvé des preuves liant le pasteur Tom à d'autres messages ? Ou juste à l'empoisonnement au gala ? J'en ai la chair de poule, et je remonte la couette.

« L'avocat de Newbold n'a pas voulu faire de commentaires, continue le journaliste d'une voix sombre, monotone. La police a toutefois indiqué que leur enquête s'élargissait désormais aux cuisines dont se sert l'Église pour nourrir les nécessiteux. Des agents du FBI ont emporté plusieurs cartons. »

Retour au studio. « Auraient-ils trouvé quelque chose en lien avec les fausses FloBar à l'origine du rappel de produits dans tout le pays ? »

J'étouffe un cri. Personne n'est là pour m'entendre, mais la pièce est si grande que le son résonne.

J'ai du mal à croire que le pasteur Tom ait organisé une telle chose, à pareille échelle. Et si Simone se retrouvait impliquée ? Mais non. Elle n'en avait aucune idée. Elle a dévoré elle-même l'une de ces barres nutritives. Elle était aussi choquée que moi lorsque j'ai arraché l'autre des mains de Callie. Jamais elle n'aurait pu simuler une telle stupéfaction.

Si le pasteur Tom est bien derrière tout ça, un procès et une condamnation ne suffiront jamais. Le pays exigera son exécution. Il doublera Annabelle dans le couloir de la mort.

Ces révélations me pèsent, me font suffoquer. Je prends mon téléphone pour envoyer un message à Rhea, mais laisser une trace écrite me paraît soudain une mauvaise idée pour tout le monde.

Je continue ma réflexion. Le pasteur Tom derrière les barreaux : plus de souci à avoir pour Simone et Callie. Même si Rhea était à l'origine des messages haineux, ça ne veut pas dire que Tom n'était pas, lui, derrière l'empoisonnement et la falsification des barres. Peut-être qu'elle a mis les enquêteurs sur sa trace ? Quoi qu'on puisse dire, ils ont bel et bien trouvé des preuves le désignant comme coupable de meurtre et de gâchis d'aliments. Qu'on l'accuse de harcèlement en plus, ce n'est pas si grave au vu du reste, non ?

Cet homme si haineux, toujours à scander ses messages dans les manifestations… Il fallait bien s'attendre à ce qu'il devienne violent. En tant que P.-D.G., je dois m'attacher à ce qu'il y a de mieux pour les affaires. Et désormais, notre entreprise – nos membres – ne sera plus en danger. Je vais pouvoir me concentrer sur le futur de MLM. Chercher à rester au sommet. Je n'ai pas le temps de m'inquiéter des gens d'en bas. Et on ne peut pas tomber beaucoup plus bas que le couloir de la mort.

Maintenant que le pasteur Tom s'est fait arrêter, je peux dormir tranquille.

Extrait – Discours au forum annuel de l'Organisation mondiale de la santé sur la santé féminine, 2070

Dr. Apoorva Patel, conseillère principale du directeur général de l'OMS

Une nouvelle richesse des nations se dégage. Celle de la fertilité des terres, des climats tempérés, de la production agricole, oui. Celle de l'export, oui. Mais aussi de la santé de la population, surtout des femmes en âge d'enfanter.

La Suède, le Danemark, la Norvège, la Finlande, et même l'Islande : dans tous ces pays, seul un faible pourcentage de la population produit du lait destiné à la vente et à la consommation.

Des études ont été faites sur l'épuisement maternel. Ces mêmes symptômes se manifestent désormais même chez les femmes qui n'ont pas enfanté. Chez les productrices de lait, qui se donnent pour nom « Génisses ». Parce que moins de femmes choisissent ce métier dans les pays scandinaves, elles portent plus d'enfants à terme, et ces enfants naissent en meilleure santé.

Dans le contexte de cette famine mondiale, celles qui décident de porter un enfant entament le cycle de la reproduction en état de dénutrition. Mais nous avons besoin de perpétuer l'espèce, et la grossesse est une décision qui relève de l'individu, même lorsqu'elle met sa santé en péril.

À mesure que grossissent les rangs de celles qui choisissent de produire du lait sur la durée à des fins commerciales, nous assistons à une hausse généralisée des taux d'anémie, des carences en fer, en zinc, en vitamine B12, en vitamine C, et autres nutriments cruciaux.

Mais pas chez nos amis nordiques. Eux bénéficient de corps et d'os robustes. Voici la vraie richesse des générations de notre temps.

BOMBE

D'abord, ils ont soumis la vente de lait entre mères à de strictes régulations. Puis ils ont interdit la vente de lait après l'accouchement, sauf en cas d'enfant mort-né. Puis ils ont interdit aux filles de moins de dix-huit ans de vendre leur lait. Puis ils ont exigé que nous sacrifiions un échantillon aux laboratoires tous les dix centilitres pour garantir la pureté de la production. Ils nous ont harcelées par tous les moyens que pouvait offrir la loi.

Le sénateur Russell Lugh, du Michigan, nous a apporté un soutien sans faille. Étrange, lui qui n'a pas de glandes mammaires en état de marche. Chaque fois que nous réclamions au gouvernement de meilleurs vaccins, de la vraie viande, plus de ressources pour tous les ouvriers du lait, il était là pour nous appuyer. Il a fait campagne pour que soit levée l'interdiction faite aux mères de vendre leur lait, en arguant que cela devait avant tout dépendre de l'âge et de la santé de l'enfant.

Rhea m'a préparée de son mieux à mon rendez-vous avec lui, autour d'un petit déjeuner.

– Tu n'auras pas besoin de ma présence, Mina, m'a-t-elle assurée.

Sa confiance me porte. Le discours d'ouverture de la convention, où l'on annoncera mon accession au poste de P.-D.G., se tiendra juste après ma réunion avec Lugh. On peut dire que j'ai une matinée chargée.

Le lounge, lambrissé de bois sombre avec du jazz en fond, pourrait être celui de n'importe quel hôtel. À mon entrée, Lugh se lève pour me faire signe. Son costume gris perle ne lui va pas au teint : il semble encore plus pâle que d'ordinaire dans cette lumière, presque malade. Mais on n'exige pas des politiciens qu'ils soient beaux.

Il me serre la main lorsque je m'assois. Il a l'odeur d'un homme : propre et musquée. Un after-shave un poil trop fort, un costume qui va régulièrement au pressing.

– Je suppose que vous avez entendu les nouvelles quant à l'arrestation liée au rappel des produits, commence-t-il.

– En effet, confirmé-je. C'est plus que dérangeant. Heureusement que vous et le FBI étiez là pour le débusquer. Nous savons maintenant qu'il n'y aura plus d'agressions. Mais retrouver un sentiment de sécurité prendra du temps.

Lugh hoche la tête, l'air sombre.

– Quel crime impardonnable.

Je suis bien d'accord. Il en a résulté tant de chaos, de gâchis.

– Je suis sûre que beaucoup de gens à cette conférence – et dans tout le pays – se sentent plus tranquilles maintenant qu'ils n'ont plus besoin de se méfier de ce qu'ils mangent.

Et c'est vrai : dès ce matin, les infos ont retransmis avec enthousiasme des livraisons de produits laitiers frais, issu de la production humaine, dans tous les supermarchés du pays.

Je parcours le menu en jaugeant chaque plat pour tenter d'en déceler les ingrédients cachés. *Et s'il y avait du soja dans la quiche ?* Mes préoccupations n'échappent pas à Lugh qui m'indique les meilleures options.

– Ma nièce est entrée dans la filière de production, si bien que nous ne pouvons plus tolérer aucun allergène dans nos repas de famille. Nous avons repensé tout notre livre de recettes, me confie-t-il avec un sourire.

Je le remercie pour sa recommandation, et nous passons commande. Cette réunion est l'occasion pour moi de me présenter encore, cette fois en tant que la nouvelle P.-D.G. de MLM. Une chance de parler affaires, d'établir une relation avec lui.

– Vous avez dû être très occupé ces dernières semaines, avec le vote ?

J'aurais préféré trouver quelque chose de plus professionnel, de plus précis. Mais au moins, on ne pourra pas m'accuser d'y avoir réfléchi trop à l'avance, et c'est ce qui importe pour moi. Dans chacune de mes paroles, j'essaie d'insuffler le charisme sans artifice de Rhea.

Lugh saisit la perche que je lui tends.

– Oh oui, nous avons dû cravacher pour convaincre les derniers États de ratifier l'amendement. Mais quel moment historique ! dit-il avec un sourire rayonnant.

Il me raconte où il se trouvait, ce qu'il faisait lorsque la nouvelle est tombée. Il me parle à nouveau de sa nièce, qui en a eu des larmes de joie. Ce serait une histoire très sympathique – voire touchante – s'il ne donnait pas l'impression d'avoir appris son texte par cœur. *Puis-je lui en vouloir ? J'ai bien passé en revue une liste de sujets à aborder ce matin, moi.* Mais de la part d'un homme politique, ce n'est pas pareil. À cause de sa profession, ce qui n'est chez moi qu'un mécanisme de défense contre le trac prend chez lui des allures de froid calcul.

– Est-ce que cela veut dire que toutes les anciennes lois devront être réécrites pour inclure les genres, ou les lois établissant une distinction de genre seront-elles automatiquement considérées comme neutres ?

Je connais déjà la réponse, et en effet, il secoue la tête.

– Les lois établies resteront écrites telles quelles. Si nous devons les amender, alors oui, nous les reformulerons. C'est qu'il y en a beaucoup ! Et ce n'est qu'au niveau fédéral. Imaginez si tous les États devaient réécrire leur législation…

Il prend une gorgée de café. J'étais autrefois terriblement jalouse de ceux qui pouvaient s'en permettre une tasse le matin. L'odeur me happait, me pétrifiait, me donnait l'eau à la bouche. Maintenant, elle ne me fait presque plus rien. Presque plus.

– En parlant de clauses d'antériorité… commence-t-il avant de s'interrompre et d'agiter la main, enfin, je suppose que Rhea vous a déjà expliqué tout cela.

– J'ai beaucoup absorbé de sa part depuis qu'elle m'a annoncé ma promotion lundi matin. Vous allez devoir être plus précis, dis-je en imitant mon mentor de mon mieux – chic et polie.

– Eh bien, le décret concernant la production laitière sera mis en œuvre dès janvier. L'administration du service militaire se prépare à lancer sa campagne d'immatriculation pour toutes les femmes de moins de vingt-cinq ans. S'assurer que personne ne soit oublié ne sera pas une mince affaire…

Les rouages dans ma tête se mettent à tourner. J'oublie ma liste de sujets de discussion : il faut que je digère ces nouvelles informations pour en tirer des idées neuves. Rhea ne m'avait pas préparée à ça. Mon cerveau se met à analyser ce que vient de dire Lugh.

Jusqu'au mois dernier, la Constitution ne garantissait pas l'égalité de la femme et de l'homme. Seuls les garçons étaient concernés par le service militaire. Ils devaient s'y inscrire à leurs dix-huit ans. L'iniquité si flagrante de notre Constitution épargnait aux femmes la conscription. Mon esprit me trahit, et ces deux derniers mots sortent seuls de ma bouche.

– La conscription ?

– Une sorte de conscription, oui, dit Lugh en dessinant des guillemets du bout des doigts.

Ma confusion doit être évidente. Au cours de cette famine, les hostilités dans le monde ont été étonnamment rares. Historiquement, le manque de nourriture encourage la guerre : raids et pillages, vol de ressources. Mais cette fois, la famine est planétaire. Personne n'a rien que l'on pourrait voler. Les quelques pays qui s'en tirent un peu mieux question élevage et agriculture ont aimablement continué à vendre leur production, en haussant les prix.

Et surtout, pas d'armée sans production alimentaire. Toutes les nations sont paralysées en ce moment. Nous savons que les autres ont des ressources qui pourraient nous servir, et qu'ils lorgnent les nôtres, mais elles sont toutes limitées. Et il est impossible de mener une invasion – ou n'importe quelle autre opération militaire – sans nourrir nos soldats. Je ne comprends pas de quoi parle Lugh.

– La demande est bien trop grande pour une offre si réduite, commence-t-il. Nous sommes en état d'urgence. Impossible de repousser une invasion avec des troupes si pauvrement nourries. Et si nous ne pouvons pas vous protéger, Mesdames, voilà qui nous mettra réellement dans l'embarras.

Il hausse les sourcils pour appuyer l'argument.

– On se moque de nous à Stockholm. Toute cette affaire d'aliments gâchés, de rappel de produits, surtout après ce qui s'est passé au gala… Il s'agit de sécurité nationale. Nous allons lancer quelques campagnes pour faire appel au patriotisme de nos concitoyens, afin que même les moins convaincus marchent au pas. Et nous ouvrirons une voie royale vers la citoyenneté américaine à toutes celles qui sont prêtes à payer de leur lait. Qu'elles servent donc ce pays qu'elles veulent tant rejoindre. Qu'elles fassent leur devoir. Une élégante solution à de nombreux problèmes.

C'est là que je comprends.

De la nourriture.

Du lait.

Il veut mobiliser les femmes pour leur lait.

Aux armes, citoyennes. Ou plutôt : aux tireuses.

Note interne
– Bureau du sénateur Russell Lugh

Brouillon : « Du lait pour l'Amérique »

1er mars 2070

– Toutes les femmes (chromosomes XX) entre 18 et 25 ans devront se présenter au service militaire avant le 12 mars 2071*.

– La conscription commencera le 1er avril 2071. Les conditions de service comprendront :

- obligation de produire du lait. Les injections d'hormones, les tireuses médicales, la nourriture et l'hydratation nécessaires seront fournies ;
- un logement à la caserne pour toutes les femmes mobilisées à des fins de production laitière ;
- obligation du service militaire ;
- exemption sur demande pour toute femme ayant déjà produit du lait pendant deux ans.

– Avantages :

- salaire militaire minimum, calendrier de promotion standard ;
- toute immigrante cherchant à accélérer sa naturalisation peut s'enrôler dans la production laitière et devenir citoyenne après quatre ans de service.

*À supposer que l'égalité femmes-hommes soit inscrite dans la Constitution. Dans le cas contraire, faire appel au Defense Production Act.

ressources : il fait trop chaud au Mexique pour y vivre, et les Canadiens ont des ressources supplémentaires qu'ils gardent pour eux. Il est plus que temps de partager. Nous aurons davantage d'espace pour notre population toujours grandissante. Plus de femmes pour se joindre à notre cause, pour tirer du lait pour la liberté – un des slogans auxquels nous songeons. Une fois cette famine terminée, l'Amérique sera en position de force, avec de meilleures terres.

Le serveur nous apporte le petit déjeuner. Mon pain perdu est bien ma dernière préoccupation en cet instant. Toute nourriture me semble soudain suspecte. Je ne vois pas comment je pourrais mâcher, avaler quoi que ce soit, comme si de rien n'était. D'habitude, j'ai toujours une excuse polie sur le bout de la langue pour m'éclipser afin d'aller tirer du lait, mais rien ne me vient. Lugh a gardé son appétit et entame aussitôt ses œufs brouillés. Lui qui ne trouvait pas ses mots au début de notre conversation, il n'arrive plus à se taire. Il continue à s'exprimer, à m'en dire toujours plus, et chaque syllabe empire la situation.

– Je n'arrive pas à croire que Rhea ne vous en avait pas encore parlé, remarque-t-il, avant de hausser les épaules. Elle devait se dire que nous aborderions le sujet ce matin. C'est qu'il lui reste beaucoup de préparatifs avant de se lancer en politique.

Il mentionne ce détail en passant, comme s'il ne s'agissait que d'un changement de costume. Pour lui, cette information va de soi, mais j'ai l'impression qu'une bombe vient de m'exploser à la figure. Il doit prendre mon silence pour un acquiescement, car il continue, encore et toujours.

– Et les prix seront fixes, bien sûr. Plus d'extorsion. Le gouvernement contrôlera le marché au niveau fédéral.

– Vous déciderez des prix ?

– En effet. Avec une meilleure offre, ils devraient de toute façon baisser, mais autant anticiper, continue-t-il. Les gens meurent de faim.

Dans ma tête, les hordes de manifestants se dissipent. Si les prix du lait et des produits laitiers baissent, les gens pourront s'offrir davantage à manger. Ils ne défileront plus dans les rues. Ils ne jetteront plus de pierres dans nos fenêtres.

– Le fait est que beaucoup de vos membres ont fait leur beurre sur le dos du système… si vous me passez l'expression, dit-il en désignant mes seins.

Je ferme les yeux pour oublier ce moment répugnant et me concentre sur la litanie de questions qui se font et se défont dans mon esprit.

– Vous faites donc reposer toute cette stratégie sur les femmes sans enfants de plus de dix-huit ans ?

C'est la faille dans l'armure : elles pourraient aisément tomber enceintes pour échapper au service militaire.

– Ah, voilà qui va vous plaire, continue-t-il sans se formaliser de mon trouble pourtant évident. Plus de restrictions pour les mères qui allaitent ! Nous avons tous les votes nécessaires pour faire abroger la loi, ce sera accompli en début de semaine prochaine. Les prix fixes devraient mettre un frein à la tentation d'affamer son propre enfant pour le profit, si bien que nous avons reçu un bon soutien des deux partis.

Si ma mère avait pu vendre son lait, ma vie n'aurait pas été la même. En un claquement de doigts du sénateur, la loi qui a défini mon existence a disparu. Et c'est vrai que j'en suis contente, mais il aurait fallu l'abroger pour sa cruauté, pas pour permettre une telle chose.

– Quand le lait est à trente dollars le litre, on peut bien parler d'urgence nationale, déclare Lugh comme s'il était en campagne – et je le soupçonne en effet de citer l'un de ses prochains discours. Nous sommes en guerre contre le changement climatique. Les gens ont besoin de ce lait. Nous annoncerons cela dès janvier. Toutes les femmes de plus de dix-huit ans, qu'elles aient enfanté ou non, devront produire du lait et le vendre au gouvernement à prix fixe pendant deux ans. Elles seront protégées contre toute violence, et leur production, à l'abri de toute interférence, puisqu'on attendra d'elles qu'elles vivent à la caserne pendant leur service.

C'est clair et net. Les changements dont il vient de m'informer entre deux bouchées de son repas, résumés en une poignée de phrases qu'il sortira aux journalistes d'ici quelques semaines.

La caserne. La conscription. Obligatoire.

Je me lève, et mon cerveau parvient je ne sais comment à formuler l'excuse qu'il me fallait pour quitter cette pièce, pour laisser ces mots derrière moi.

– Je suis vraiment désolée, sénateur, je dois écourter notre conversation car j'ai un autre rendez-vous. Mon planning n'arrête pas de changer à la dernière minute, vous savez ce que c'est. Je reviendrai très vite vers vous.

Je m'en vais avant qu'il puisse répondre. Il faut que je trouve Rhea. Ce n'est pas possible.

GÉNISSE

Dans trente minutes, tous les membres de MLM présents se rendront dans l'amphithéâtre du rez-de-chaussée, qui peut accueillir trois mille personnes. Des milliers d'autres assisteront à l'événement à distance grâce à leurs billets « convention virtuelle », qui permettent d'accéder aux infos, mais pas de se faire des contacts et de retrouver des amies en personne.

Les dix premières minutes serviront à chauffer la salle. Des cris, des applaudissements, de la musique à fond pour cette première journée de convention. On bougera, on dansera.

Dans quarante minutes, Rhea sera sur scène pour annoncer son départ.

Dans quarante et une minutes, elle m'invitera à la rejoindre pour accepter cet honneur : prendre sa suite. J'atteindrai officiellement le sommet de ma carrière. Je deviendrai P.-D.G. de My Lactation Membership. Le téléprompteur me dictera le discours que nous avons élaboré ensemble hier soir.

Ding ! Les portes de l'ascenseur me paraissent épouvantablement lentes à s'ouvrir. Je presse le pas pour aller retrouver Rhea, qui doit encore en être à l'étape « coiffure et maquillage » avant son discours d'ouverture.

L'agent de sécurité me laisse passer, et Rhea me voit entrer grâce au miroir. Mon angoisse, ma confusion doivent être évidentes, car elle me demande :

– Mina ? Tout va bien ?

– Je peux te dire un mot en privé ?

Ce n'était pas une question. Rhea hoche la tête et demande à ses assistantes de nous laisser une minute. Quittant la chaise devant son miroir éclairant, elle part s'asseoir sur le canapé. Elle a une serviette autour du cou pour protéger sa tenue de toute trace de maquillage : elle porte un tailleur-pantalon noir aujourd'hui. Plus aucune trace de son camaïeu rose et crème habituel. Elle m'a dit qu'il valait mieux que, de nous deux, je sois celle qui adopte des tons lactés, pour symboliser la passation de pouvoir.

– Que se passe-t-il ? s'enquiert-elle, inquiète.

Je lui raconte tout ce que Lugh vient de me révéler. Il n'a peut-être que de bonnes intentions, mais son plan est tellement, tellement horrible.

Rhea fronce les sourcils et me tapote le bras.

– Nous vivrons cette transition ensemble. Tu n'auras pas à la traverser seule.

– Je n'arrive pas à croire qu'ils lancent ça maintenant ! je m'écrie. Pile au moment où tu démissionnes ! Ça donnera un goût amer à ton départ… À croire qu'ils attendaient ce moment !

– Qu'ils attendaient ce moment ? répète-t-elle en plissant le front. Non, Mina, c'est l'inverse.

C'est à nouveau mon tour d'essayer de comprendre.

– À ton avis, qui prendra la tête de cette opération ? demande-t-elle en s'époussetant l'épaule, bien installée sur son canapé. « Directrice adjointe », ça sonne bien, tu ne trouves pas ? Mon audience de confirmation se tiendra immédiatement après l'annonce de ma démission.

Elle est radieuse, un éclat rusé dans l'œil. Elle s'attend à ce que je la félicite. Mais je n'arrive pas à suivre.

– Qu'est-ce qui coince pour toi, Mina ? C'est une super nouvelle pour MLM. Je t'offre une compagnie sur le point de signer un contrat de dix ans avec le ministère de la Défense. Tes revenus vont crever le plafond !

– Ah bon…

C'est tout ce que j'ai trouvé à dire. On dirait une gamine insolente, une adolescente qu'on gronde. Peut-être que je prends les choses trop au sérieux ?

– Tu vas accueillir un torrent de nouveaux membres, explique-t-elle avec impatience. La conscription inclut un abonnement à MLM, et notre équipe soutiendra les nouvelles productrices dans le processus. Le service obligatoire n'est que de deux ans, mais beaucoup d'entre elles choisiront sans doute de prolonger leur inscription !

Elle croise les bras.

– Mina, tu devrais être en train de danser de joie ! Tu devrais me remercier de t'avoir facilité les choses à ce point ! Je t'ai garanti d'énormes profits qui feront de tes premières années en tant que P.-D.G. une vraie partie de plaisir.

Ce n'est plus un mentor, ce n'est plus une grande sœur.

– C'est bien que ce que tu voulais, non ? insiste-t-elle d'un ton acide.

La question est rhétorique. Elle m'ordonne de me secouer un peu. Mes instincts reprennent le dessus :

– Oui, bien sûr ! Mais cette conscription me semble contraire à notre campagne de vote pour l'amendement...

– L'amendement visait à inscrire l'égalité des genres dans la Constitution, contre Rhea. Ça veut dire que tout le monde doit contribuer.

Je suis d'accord, en théorie. Oui, tout le monde devrait contribuer à l'effort commun. Mais l'allaitement obligatoire... Et le droit à disposer de son corps, alors ? Puis une autre pensée me traverse.

– Tu as annoncé ta démission *avant* la ratification de l'amendement, Rhea. Ton changement de carrière reposait dessus, non ?

– Je vois que rien ne t'échappe, dit-elle en faisant claquer sa langue, joueuse. Tu as raison, c'était un peu prématuré. Mais nous savions que le vote passerait. Et en cas d'échec, il nous restait le Defense Production Act, qui autorise la réallocation de ressources par l'État fédéral pour la défense nationale. Les hommes ne seront que trop heureux de partager leurs obligations avec les femmes !

Elle se lève et part dans la cuisine, où l'attend une bouteille de champagne dans un seau à glace. Elle s'en verse un peu. Je ne l'avais jamais vue boire, mais j'imagine qu'elle n'a plus besoin de se priver. Elle n'aura plus à tirer son lait. Elle a fini son service.

Après avoir savouré sa gorgée, elle reprend :

– Je vois bien que tu ne t'y attendais pas, Mina. Mais ainsi va le monde. Pour moi, c'était le prix à payer pour assurer votre sécurité à toutes. Nous ne pouvons pas produire du lait à vie. Cette nouvelle division de l'armée nous garantira un travail par la suite. Sur le long terme, nous nous en tirerons bien mieux. Nous aurons plus de stabilité.

Je songe à la mendiante devant le refuge il y a quelques semaines. Si on l'invitait à « servir », avec une place réservée dans un dortoir militaire, elle sauterait sur l'occasion. Et moi, si je n'avais eu besoin de produire du lait que pendant les deux années qu'a duré la maladie de ma mère, je serais peut-être en meilleure santé.

– Écoute, dit-elle, si c'est cette histoire de caserne qui t'inquiète, tu as déjà fait ton service, et Simone aura bientôt passé l'âge. Elle n'aura pas besoin d'y aller.

– Mais Callie y sera contrainte dans quinze ans. Elle n'aura pas le choix.

Rhea s'assoit près de moi en sirotant encore un peu de champagne.

– Tu ne m'avais pas dit qu'elle avait les pieds plats ? Ou bien un problème avec ses conduits auditifs ?

Son regard est éloquent. Elle a les moyens d'épargner Callie, et toutes celles dont elle est proche. Moi aussi, je pourrai le faire, tant que j'en aurai l'autorité. Tant que j'aurai le pouvoir.

Tout ce que je dois faire, c'est prendre la tête de sa compagnie, comme j'en avais l'intention avant mon entretien avec Lugh. Avant que je sois au courant. Je peux encore assumer cette charge, non ? Car si je refuse, adieu ma position, adieu l'académie Saint-Nicholas.

J'ai toujours admiré Rhea pour son audace, sa franchise, son honnêteté. Avec elle, tout est toujours clair. C'était mon exemple en tant que leader, en tant que féministe, en tant que femme. Elle me montrait comment s'en sortir dans un monde régi par la loi du plus fort.

Maintenant, je comprends pourquoi elle m'a choisie pour prendre sa suite, moi plutôt qu'une autre. Pas parce que je travaille dur, pas grâce aux revenus que j'ai engrangés au nom de la compagnie. Pas parce que j'ai su construire mon équipe et soutenir nos membres. Pas même parce qu'elle me considérait comme sa protégée.

Mais parce que je la suivais aveuglément. Parce que je l'adorais. Parce que je la vénérais.

Elle finit sa flûte et part la reposer sur le comptoir, puis ôte la serviette de ses épaules pour vérifier sa coiffure dans le miroir.

– Ah, je crois que c'est l'heure, chantonne-t-elle. Ton heure de gloire !

Je suis sous le choc, voilà tout. Je ne m'y attendais pas. Voilà pourquoi je me sens si mal. En tout cas, c'est ce que je me répète en me levant, en suivant Rhea – ce que je sais faire de mieux.

CAGE DORÉE

Les musculeux agents de sécurité nous accompagnent jusqu'à l'ascenseur, et l'un d'eux appuie sur le bouton pour nous. D'autres nous attendront en bas.

Il faut que je me concentre. J'ai complètement oublié ce que je suis censée dire. Heureusement qu'il y aura le téléprompteur.

L'ascenseur est une boîte faite de miroirs dorés, qui nous reflètent à l'infini. Une fois les portes refermées, Rhea se remet à parler, en reprenant son ton apaisant.

– Écoute, me dit-elle, vu l'opinion nationale, nous allions en arriver là, de toute façon. Autant s'assurer d'en profiter.

Elle n'a pas tort. Je songe au ton du journal de la nuit dernière. Au ton du journal pendant tout le mois.

L'ascenseur s'arrête à mi-chemin pour laisser entrer deux jeunes membres très excitées. Elles ouvrent de grands yeux en voyant Rhea et s'efforcent de masquer leur sourire. Les agents de sécurité auraient dû empêcher pareille intrusion, mais ces fans ne représentent pas une menace.

– Excusez-moi… Rhea ? demande la plus courageuse d'entre elles.

Elle est si jeune, dix-huit ans à peine, avec des cheveux roux coupés court. Son amie, qui doit avoir le même âge, a des boucles brunes rassemblées en demi-queue. Elles portent toutes les deux leur T-shirt *LactCon 2070.*

– On pourrait faire une photo ensemble ? demande-t-elle, le smartphone à la main.

– Bien sûr !

Rhea leur sourit, en vraie superstar. Glamour, au top, et pourtant si naturelle. Une femme proche des gens. Le leader du troupeau.

La fille me tend son téléphone pour que je prenne la photo. Je n'y vois aucun problème. En temps normal, je me sentirais mise à l'écart. Mais là, je veux cacher mon visage tant que je n'ai pas retrouvé la maîtrise de mon expression, tant que je n'ai pas absorbé ce que je viens d'apprendre, tant que je ne l'ai pas rangé à sa place.

Les tote bags sur les épaules des deux filles sont ceux que notre équipe a préparés avec soin. Sur leurs badges d'accès se trouvent les pin's qu'elles ont reçus à l'accueil hier. Une idée d'Annabelle : permettre aux membres de customiser leurs badges. De se distinguer. De se signaler les unes aux autres dans la foule.

La rousse a deux pin's : « Première convention ! » et « Génisse deuxième génération ». L'autre a « Pronoms féminins » et « Nourrice ». L'idée d'Annabelle a fonctionné.

Le mot « Nourrice » me fait songer à Winnie. Elle n'aurait jamais accepté ce plan. Elle aurait été la première à se dresser contre. Une faille béante se serait ouverte entre elle et Rhea. Le service militaire obligatoire, c'est l'antithèse de tout ce pour quoi elle luttait. Pourquoi les hommes s'entêtent-ils à réguler l'usage que peuvent faire les femmes de leur corps ? S'ils voulaient se battre, ils perdraient : nous sommes plus nombreuses qu'eux, plus déterminées.

Nous avons plus de cran, nous savons comment nous concentrer, comment nous priver de sexe, comment nous priver de ce qui nous empêcherait d'accéder à la victoire. Mais cette guerre n'oppose pas les hommes aux femmes : elle oppose la minorité qui allaite à tous les autres. Les foules affamées qui en veulent toujours plus.

Après avoir pris quelques photos, je rends le portable à sa propriétaire pour qu'elle puisse les passer en revue.

– Rhea, lance l'autre fille, je sais bien que vous n'avez pas besoin qu'on vous le dise, mais vous êtes tellement courageuse. Tellement, *tellement* courageuse. Vous avez traversé tant de choses ! On vous a empoisonnée ! Et pourtant, vous êtes toujours là.

Sa sincérité est palpable. Rhea porte une main à sa poitrine et répond : « Merci. » Puis elle ouvre les bras et les deux filles s'empressent de s'y réfugier.

Coincée dans l'angle de l'ascenseur, je sens les rouages tourner dans ma tête. Mes onglets mentaux n'arrêtent pas de s'ouvrir et de se refermer.

Car Rhea m'a avoué qu'elle était à l'origine des messages haineux. Mais c'est le pasteur Tom qu'on a accusé.

Or le pasteur Tom est aussi inculpé pour l'empoisonnement au gala, et de la fabrication des fausses FloBar. Était-ce vraiment lui ? Ne lui aurait-on pas mis tout cela également sur le dos ?

Et s'il est innocent, alors qui est le coupable ?

Rhea me voit changer de couleur. Elle hausse un sourcil en me défiant de lui poser la question – d'avoir le courage de mes convictions. Elle ne hoche pas la tête pour confirmer mes soupçons, mais elle ne fait pas non plus de signe de dénégation.

Ding ! Les portes se rouvrent sur le rez-de-chaussée. Les deux jeunes filles sortent d'un pas bondissant. Rhea attend que je dise quelque chose, mais mes lèvres sont scellées. Je la suis dans le hall bondé.

Nous nous frayons un chemin jusqu'aux coulisses, prêtes pour le discours d'ouverture. En voyant Rhea, les membres viennent l'entourer, prendre un selfie, puis s'empressent de gagner leur place.

Moi, je reste silencieuse. Je digère. Je réfléchis.

Ai-je vraiment envie de savoir ?

Q&A

Nous voilà enfin dans le grand couloir qui mène à la scène. Les murs blancs sont bruts, sales. Les néons se reflètent sur le linoléum.

Rhea s'arrête et se retourne vers moi.

– Réfléchis bien à ce que tu comptes faire, Mina, je t'en prie. Pense à ton avenir. Tu sais que cela fait un moment que l'État envisageait une solution de ce genre.

– Mais jamais le public ne l'aurait acceptée s'il n'y avait pas eu le rappel des produits, l'empoisonnement au gala, le chaos du mois dernier…

Je commence à assembler les pièces du puzzle, et je n'aime pas du tout ce qui se dessine.

– Tu as raison. Après les rappels des produits dans certains États l'an dernier, Lugh et moi avions conscience qu'un rappel national serait le catalyseur qu'il nous fallait.

J'avais beau soupçonner la vérité, son aveu me choque. Le stress que nous avons subi ces dernières semaines, les manifestants devant le bâtiment en cet instant même, ceux qui veulent nous voir pleurer du sang, ou du lait.

– Nous n'avons mis que des antigalactogènes dans les FloBar. Personne n'a été empoisonné. Je sais à quel point ça t'inquiétait.

Elle me prend l'épaule, croyant sans doute apaiser mes craintes.

– Mais le pasteur Tom a été arrêté hier soir… dis-je. Les infos laissaient entendre qu'il était suspect dans l'affaire.

– Bien sûr, mais nous savons toutes les deux qu'il n'était pas non plus à l'origine des textos haineux, répond-elle avec un clin d'œil.

Elle fait quelques pas dans le couloir, pose la main sur la porte qui mène à la scène.

– Tu n'es pas soulagée de savoir qu'il ne s'approchera plus jamais de Simone ni de Callie ?

Je le suis, et elle le sait.

– Et le gala ? osé-je demander.

Elle se retourne brusquement vers moi.

– Nous devons y aller, Mina. Tout le monde nous attend. C'est ton moment.

Le fait qu'elle évite la question me donne la réponse. Elle ne commettrait jamais l'erreur d'admettre à haute voix qu'elle a fait porter le chapeau au pasteur Tom pour ce crime-là. Qu'elle s'est empoisonnée elle-même – qu'elle a *tué son amie* – et que tout cela faisait partie du plan. Je me rappelle très bien où elle était assise : entre Winnie et Mercedes. L'unique petite bouchée de son dessert, alors que Winnie dévorait nerveusement le sien.

Comme je reste pétrifiée, Rhea revient à grands pas vers moi, ses mots ponctués par le claquement de ses talons.

– À moins que tu puisses prouver que quelqu'un d'autre est en cause pour les FloBar, Mina ? Quelqu'un qui les a distribuées elle-même à nos employées ? Quelqu'un qui a sauté sur l'estrade après notre empoisonnement, à Winnie, Mercedes et moi, trop heureuse de pouvoir jouer les héroïnes ? Quelqu'un qui n'aurait reculé devant rien pour éloigner le pasteur Tom de sa famille ?

Ses yeux se plantent dans les miens.

– Qui donc ? je me le demande bien.

Un frisson me descend le long de la nuque, puis dans le dos. Ma survie est en jeu. Nous le savons toutes les deux. Pas seulement la mienne : Simone et Callie dépendent de moi.

Si je deviens une menace pour Rhea ou Lugh, ils m'enverront dans le couloir de la mort d'un claquement de doigts. Je le sais, désormais. Peut-être que je l'ai toujours su – mais avant, c'était moi que Rhea protégeait.

Le pasteur Tom : coupable, mais pas des crimes dont on l'accuse.

Winnie Jones : assassinée.

Il ne reste plus qu'un obstacle sur la route de Rhea, et c'est moi. J'ai la bouche sèche, les lèvres collées.

Rhea soutient mon regard une seconde de plus, puis secoue la tête, ce qui agite son carré blond. Mes questions, mes scrupules l'agacent.

Elle monte sur scène. La porte se referme derrière elle avec un claquement qui résonne dans le couloir.

PROTESTATION

J'ai besoin de m'asseoir.

De réfléchir.

Merde, j'ai besoin de tirer mon lait.

Je regarde mon portable comme si je pouvais y trouver une solution miracle. Un message de Simone m'attend : une photo de Callie qui fait du coloriage dans son coin lecture.

Elle a hâte de fêter ça avec toi, Mina ! Bonne chance !

Ma poitrine se serre. Cette journée aurait dû représenter mon triomphe. Et maintenant, je ne sais plus quoi ressentir, quoi penser.

Chaque élément du raisonnement est logique en soi. Nous avons un devoir citoyen. Les gens meurent de faim, et cette stratégie atténuera la famine. Rhea et Lugh sont sur le point d'arriver à leurs fins par le meurtre, la ruse, les fausses accusations. Je ne voudrais pas me retrouver mêlée à leurs manigances. Mieux vaut suivre le mouvement. Garder mon travail. Mon salaire. La nouvelle école de Callie. Une exception pour elle, grâce aux privilèges que j'ai mérités.

Son sourire sur la photo me donne les larmes aux yeux. Je m'efforce de les retenir, mais c'est une vague de nausée qui monte lorsque je songe aux autres. Les filles. Toutes les petites filles.

Les bonnes joues de Callie maculées de beurre d'amande. Le rire d'Amani qui apprend une nouvelle danse avec sa tante Keenya. Elles grandissent déjà dans la crainte de leurs menstrues. Dans l'anticipation d'une lutte contre leur corps. Et voilà qu'une autre menace se profile.

Avoir dix-huit ans devrait représenter l'âge adulte, l'âge de la liberté. Celui où l'on fait de merveilleuses erreurs, où l'on prend son indépendance. Pas celui où l'on se retrouve enfermé dans une caserne pour y sacrifier son corps, sa poitrine, pour « le bien commun ».

Ces petites filles devraient pouvoir s'amuser en toute insouciance.

– Mina ?

Je lève les yeux. Keenya passe une tête dans les coulisses, les sourcils froncés.

– Ne me dis pas que tu as le trac ?

J'essaie de rire, de libérer un peu de mon stress. Keenya s'empresse de venir me trouver, m'attrape la main.

– Mina, tu as travaillé dur pour en arriver là. Tu l'as bien mérité.

Je lui étreins les doigts. Je ne sais pas quoi dire.

– Du champagne, lance Keenya.

Notre jeu. Je sais qu'elle veut m'aider à me détendre, mais je garde le silence.

– Ou alors un expresso martini ? Ou du café, tout simplement ?

Je lui souris de mon mieux, et je réponds :

– Toute une boîte de grains de café au chocolat.

Savoir qu'elle est toujours à mes côtés, qu'elle le sera encore, m'aide un peu. Elle éclate de rire tandis que la musique rugit dans l'amphithéâtre, nous rappelant qu'on fait la fête de l'autre côté de cette porte. Je voudrais tout lui raconter, mais je n'ai pas le temps. Il faudra remettre ça à plus tard. Après la passation.

– Allons-y, dis-je avec toute l'assurance dont je suis capable.

Je passe le seuil, et nous nous retrouvons dans un monde entièrement noir. Le sol, les murs, les lourds rideaux qui nous cachent la scène en étouffant les sons.

Le sol sous mes pieds monte en pente douce. Une rampe qui me guide jusqu'à l'estrade. Mais c'est une autre image qui me vient à l'esprit. Un souvenir d'école, au sujet des abattoirs éthiques. Faire progresser le bétail en spirale, pour lui masquer la mort à venir. Une vache incapable de voir plus loin que celle qui la précède. Incapable de voir sa fin prochaine.

La musique qui pulse dans les haut-parleurs est assourdissante. Notre chauffeuse de salle, sur scène, bondit sur place et tape des mains en rythme.

– Allez, les Génisses ! On secoue ses outres à lait !

J'aurais ri, moi aussi, si j'avais été dans le public, surexcitée, heureuse de rencontrer tant d'amies. J'aurais dansé avec elles. J'aurais souri. Sans rien savoir de ce qui se trame en coulisses.

Rhea, derrière le rideau, me jette un regard indéchiffrable. Une assistante m'apporte un verre d'eau que j'attrape à deux mains pour le descendre d'une traite.

Lugh est là, lui aussi. Il s'approche et m'arrête.

– J'ai hâte d'entendre votre discours, madame la P.-D.G.

Il me tape dans le dos. Je sais que je devrais sourire, le remercier. Renouveler mes excuses après l'avoir quitté si brusquement. Mais il semble satisfait, et j'ai peur de ne pas contrôler ce que je dirai si j'ouvre la bouche.

– Et maintenant, chères membres de MLM, saluez notre leader, notre Génisse préférée : Rhea Price ! crie la chauffeuse de salle en étirant tant les syllabes qu'on se croirait dans un match de boxe.

Rhea m'adresse un signe de tête, puis m'abandonne en coulisses. Elle sourit à la foule qui l'acclame en saluant des deux mains. La voilà redevenue P.-D.G. Une star, adorée par les foules. Une femme politique.

Elle n'a pas changé, mais pour la première fois, je la vois telle qu'elle est vraiment.

MAINTENANT OU JAMAIS

Mes neurones s'agitent. Me suggèrent des remarques à improviser au micro.

Ne faites pas confiance à notre Mère Génisse ! Elle nous a vendues !

Génisse. Quelle idée de nous appeler ainsi ! Nous pensions nous approprier cette insulte, cette symbolique. En affirmant qu'une génisse était quelqu'un qui nourrissait le monde, nous imaginions contrôler notre destin, notre production, de façon qu'on ne puisse jamais les retourner contre nous. Mais désormais, l'image semble trop laide, trop proche de la vérité.

Mon instant de courage s'évanouit déjà. Le plan est en marche. Un syndicat ne pourrait plus nous sauver. Des manifestations à l'échelle nationale, peut-être ? Paralyser l'économie, montrer notre puissance ? Mais si je m'exprime, si je prends position, finirai-je comme Winnie ? Abandonnant Simone et Callie à leur sort ?

Je baisse à nouveau les yeux sur mon portable, la photo de Simone et Callie, souriantes, heureuses pour moi. Même si je choisis de me battre, je perdrai mon travail.

Les gens ont faim. S'indigneraient-ils autant que moi ? Nous forcer à produire du lait en échange d'un salaire stable et d'avantages sociaux : ce n'est pas assez pour choquer un public apathique.

De l'autre côté des coulisses, j'aperçois Becca et Sylvia qui applaudissent, tout à leur joie. En croisant mon regard, Becca lève le pouce.

– Tu vois, tout le monde te soutient, sur la scène et dans le public, lance Keenya en me prenant l'épaule.

J'ai bien besoin de ses encouragements, jusqu'à la dernière goutte. Mais si elle connaissait les raisons de ma paralysie, serait-elle déçue de me voir hésiter ? De me voir songer à courber l'échine pour ne pas y laisser ma peau ?

La dernière ressource encore non exploitée sur terre. Voilà comment je songeais autrefois aux femmes. Ce ne sera plus le cas. Allons-nous les laisser nous voler nos glucides, nos vitamines, nos minéraux, comme ils ont volé tout ce qu'ils pouvaient arracher au sol ?

Rhea est en train de me présenter. D'annoncer son départ.

– Mais pas d'inquiétude : je vous laisse entre les mains de notre chère Mina Hodge !

Elle désigne les coulisses. C'est à moi. Mais je suis pétrifiée.

– Allez, Mina ! murmure Keenya.

L'assistante me fait de grands gestes pour que j'entre en scène. Le sourire de Rhea vacille, ses yeux s'étrécissent.

– Que diriez-vous de quelques applaudissements ? C'est la première fois qu'elle s'adresse à un public si large !

Elle me donne une excuse pour justifier mon entrée ratée. La frustration dans son regard me rappelle qu'elle a déjà tué pour son plan, que je pourrais être la prochaine sur la liste. De quoi galvaniser encore l'opinion publique.

Et soudain, mon corps se remet à fonctionner. Mes pieds avancent.

La lumière des projecteurs est brûlante. Personne ne m'avait avertie : j'ai l'impression d'entrer dans un sauna. Je dois ressembler à un lapin dans les phares, choquée, paniquée.

J'atteins le podium où se trouve Rhea, qui me prend dans ses bras, comme nous l'avions prévu. Mais son contact m'est étranger. J'ai l'impression d'être étreinte par une inconnue. Son parfum floral m'agresse.

Encore des applaudissements. En me tournant face au public, je me rends compte que le moment de prendre ma décision est venu. Voilà ce que signifie être un leader. Les titres, les récompenses, les assistants exécutifs, le bureau d'angle – tout cela ne veut rien dire. Être un leader, c'est faire un choix, même difficile, et s'y tenir.

Rhea tire sa révérence. Je la regarde quitter la scène, consciente qu'après son départ, je devrai faire face au public et me lancer dans mon discours. Je vois le téléprompteur du coin de l'œil, le texte blanc sur fond noir.

Mes yeux se sont habitués aux spots. Les premiers rangs sont devenus visibles, tous les autres sont perdus dans l'éblouissante lumière. Mieux vaut sans doute que je ne puisse pas voir ces femmes qui me regardent, qui me jugent. Silencieuses, le regard fixe. Elles attendent que je prenne la tête du troupeau.

Ce sont nos vaches sacrées, comme on dit dans notre jargon. Les personnes de chair et de sang sur qui repose notre communauté. Hors de question d'en sacrifier ne serait-ce qu'une.

Il est peut-être – très certainement – trop tard pour agir. Des puissances bien supérieures à la mienne ont lancé une machine que je ne pourrais arrêter seule. Pourquoi essayer ? Pourquoi prendre la parole ?

Mais si je ne dis rien maintenant, il sera chaque jour plus facile de garder le silence. Exactement comme je l'ai fait face à ma mère. Exactement comme je l'ai fait face à Rhea, sans jamais la remettre en question. Il est peut-être trop tard.

Mais peut-être pas.

Le public, mes collègues, mes sœurs, tout le monde murmure autour de moi. Mon silence a trop duré. Il faut que je dise quelque chose. Maintenant.

Si je me laisse guider par ma colère, si je lance un mouvement, un boycott, me suivra-t-on ? Cette génération de femmes élevée par une génération qui n'a fait que perdre ses droits est-elle trop docile pour se rebeller, ou se battra-t-elle à mes côtés ?

Si je me laisse guider par ma peur, j'obtiendrai enfin la carotte qui m'a toujours fait avancer. J'offrirai à Callie et Simone la vie qu'elles méritent, la vie que jamais ma mère n'aurait pu nous offrir.

Je prends une grande inspiration. J'ouvre la bouche. Les mots se forment sur ma langue.

Mon sort est scellé.

Archives – *Liberation International*

3 décembre 2070
Nashville, Tennessee

Annabelle Logan, de Franklin, dans le Tennessee, est décédée ce matin en prison. Arrêtée le mois dernier sans possibilité de remise en liberté sous caution, elle était soupçonnée du meurtre par empoisonnement de son ex-petit ami et de sa nouvelle partenaire.

Logan avait entamé une grève de la faim plus tôt dans la semaine. Les autorités avaient continué de lui servir à manger. Comme elle refusait de s'alimenter, on l'a nourrie de force, provoquant son asphyxie. Un porte-parole de la prison a souligné que l'équipe médicale craignait qu'elle meure d'inanition. L'avocat de Logan, Henry Gulch, a exprimé ses condoléances à la famille et déposera une requête pour enquête approfondie quant au traitement de sa cliente.

ÉPILOGUE : RECRUTEMENT

– Mina, vous pouvez vous tourner un peu ? Gardez la main sur la hanche, pointez le doigt vers la caméra, me guide le photographe.

Il me désigne sa lentille en prenant garde à ne pas la toucher. Je me déplace comme un robot en essayant de faire exactement comme demandé. Difficile de se concentrer sur sa posture et son sourire tout en répondant à une série de questions, mais vu mon planning overbooké, j'ai dû fusionner l'interview et la séance photo, transformant tout mon bureau en un énorme studio. Je vais être en couverture de *C-Suite Magazine*. Je voudrais me pincer, mais il faut que je garde la pose.

– Mina, vous avez des postes vacants à l'exécutif, comment comptez-vous y remédier ?

Le journaliste, un homme d'environ mon âge, s'est assis sur un fauteuil dans le coin de la pièce. Il me tend son dictaphone pour enregistrer ma réponse.

– Notre compagnie connaît une importante période de transition, commencé-je sans un temps d'hésitation. Le départ de Rhea était l'occasion parfaite de réévaluer notre avenir. Heather Nguyen, notre spécialiste des affaires politiques, travaille désormais avec Rhea au ministère de la Défense. Une continuation naturelle pour elles deux. Nous prendrons notre temps pour reformer notre comité exécutif, en sélectionnant les recrues idéales, certaines en interne, d'autres venues d'ailleurs pour nous apporter des idées neuves.

J'ai mal aux joues à force de sourire. Je n'entre pas davantage dans les détails. Mieux vaut s'en tenir au nouveau rôle de Heather, qui ne jette pas d'ombre au tableau, contrairement aux autres. Isis a démissionné le jour où la conscription a été annoncée. Sa conscience a parlé plus fort que la mienne. Elle occupe désormais le siège laissé vide par Winnie à la tête des Nourrices de l'Amérique.

Remplacer Annabelle n'aurait guère de sens puisque l'armée se charge désormais de recruter nos nouveaux membres. En revanche, les garder après les deux premières années sera une préoccupation cruciale, si bien que nous repensons tout ce département.

– Mina, interrompt le photographe, vous pourriez prendre une pose plus amusante ? Par exemple jouer avec le haut-de-forme ?

Il me désigne le chapeau rayé blanc et crème entre mes mains, parfaitement assorti à mon nouveau tailleur aux énormes revers, confectionné pour cette séance photo. Jusqu'à maintenant, j'ai pris toutes les poses classiques des affiches de recrutement, façon Oncle Sam, comme nous l'avons décidé voici des semaines. Cette nouvelle requête me déstabilise. Je devrais être aussi sérieuse que l'exigent les circonstances. Mais peut-être est-ce une bonne idée d'apparaître moins intimidante.

Je fais tourner le chapeau entre mes mains, le temps de me décider, puis je le lève comme pour saluer une foule, en dressant une jambe façon French cancan. Le photographe répond d'un faible sourire. J'imagine qu'il ne retiendra pas cette photo-là.

– Une dernière question, Mina, appelle le journaliste. Et nous aurons fini.

Je laisse tomber le chapeau et je lève un bras, le poing fermé, comme pour faire jouer mes muscles. J'espère que cette pose-là conviendra pour une P.-D.G. à la tête d'une compagnie en pleine réinvention.

– Allez-y.

– Quel est votre conseil à quiconque aspirerait à diriger une entreprise ?

Je m'attendais à cette question, qui conclut toujours les articles-portraits de ce magazine. J'ai appris par cœur la réponse de Rhea, lorsqu'elle a été interviewée il y a trois ans, mais je prends garde à ne pas la réciter à l'identique, à user de mes propres mots. La main sur la hanche, je me tourne vers le journaliste.

– Nous vivons des temps difficiles. Nous pouvons nous plaindre de ces problèmes, ou devenir la solution. Il nous faut des solutions créatives pour couvrir cette famine sous tous les angles.

Je parle avec assurance, comme s'il s'agissait de mes propres principes, comme si je rabâchais chaque jour ce mantra. J'ai si bien répété que je me convaincs presque moi-même. Impossible de deviner que je me vois à la fois comme le problème et la solution. Aurais-je agi différemment si j'avais su que chaque millilitre de lait que je produisais pour faire progresser ma carrière mettait nos têtes à prix ? Trop tard pour se poser la question.

Le photographe prend encore quelques clichés tandis que je salue le journaliste, puis il démonte son matériel. Je suis heureuse de voir partir les lampes et les écrans. J'aime la taille de mon bureau, avec ses murs blancs, ses étagères vides. Une vraie caverne.

Regardez donc tout cet espace qui est le mien.

– Dis-moi qu'ils ont fait une photo où tu portes le chapeau, me lance Keenya depuis le seuil.

– Bien sûr ! J'ai dû prendre la pose une dizaine de fois pour les satisfaire.

Je sors mon portable pour le lui prouver. J'ai pris des clichés des résultats présentés par le photographe pour les envoyer en avant-première à Lugh.

Lui et moi travaillons de concert sur la campagne de promotion pour le service militaire obligatoire, bien conscients de devoir anticiper. Celles qui s'inscriront de leur plein gré avant la conscription auront droit à des avantages : un meilleur statut, des promotions plus rapides. Nous essayons d'avoir autant de volontaires que possible.

Keenya glousse en regardant les clichés mais me félicite malgré tout. Mon portable vibre, et elle me le rend. Je parcours le message : parfaitement normal, attendu. Pas une insulte en vue.

Je mets le haut-de-forme et je la pointe du doigt.

– Je te recrute… pour aller nous chercher à manger !

Elle hausse un sourcil. En guise d'explications, je lui désigne mon visage, chargé d'un maquillage élaboré pour la séance photo.

– Je n'ai pas le temps de m'en charger, je dois enlever tout ça.

– Oh non, garde-le un peu ! Tu ne te maquilles jamais autant, profites-en, dit-elle, cherchant toujours à me donner plus d'assurance. Je descends quand même, ne t'en fais pas.

Je lui suis reconnaissante pour ce petit coup de main – et pour les autres façons dont elle me soutient. Keenya n'a pas cillé après l'annonce de la conscription laitière à venir. En tout cas, elle n'a trahi aucune hésitation, aucun doute. C'est une battante, comme moi. Et mieux vaut se battre pour ceux qui gagnent.

Mon téléphone de bureau sonne. En reconnaissant l'indicatif régional du Michigan, je décroche aussitôt.

– Bonjour, sénateur.

– Bonjour, Mina, dit-il d'une voix satisfaite, content que j'aie répondu sans le faire attendre. Ces premières images sont parfaites ! Il faudra que vous fassiez encadrer la couverture pour décorer votre nouveau bureau.

L'idée me fait sourire. C'est vrai qu'un peu de couleur ne ferait pas de mal à mes murs blancs.

– Alors, comment s'est passée l'interview ? attaque-t-il aussitôt.

Nous avions prévu de débriefer ensemble pour revenir sur d'éventuels faux pas de ma part. Il ne veut pas de fausse note dans le déploiement de son plan. Plus populaire que jamais dans les sondages, il prévoit d'annoncer sa campagne présidentielle ce même trimestre. Resserrer mes liens avec lui ne pourra que profiter à MLM.

Il voudrait qu'un membre de son équipe vienne remplacer Heather. Je n'aime pas cette idée, mais j'ai besoin d'un contact direct avec lui. Tout de même, cela me donnera l'impression d'avoir un espion dans nos murs, quelqu'un qui gardera un œil sur moi pour s'assurer que je ne sors pas des clous. Irritant, mais je dois le tolérer en souriant. En espérant qu'un jour ce sourire devienne sincère.

– On m'a interrogée sur les places vacantes au sein du comité exécutif, dis-je.

Ces démissions sont ce qui m'a le plus perturbée. Comme si les filles ne supportaient plus de travailler avec moi.

– Eh bien, Heather a fait un excellent choix de carrière, et le départ d'Annabelle était sa faute, répond-il.

Je hoche la tête sans rien dire.

– Annabelle a servi d'exemple. Un avertissement pour quiconque songerait à nouveau à gaspiller de la nourriture. Ce qu'elle a fait a secoué notre grande nation…

Je l'entends passer en mode discours de campagne.

– … mais secouer les gens, c'était aussi leur ouvrir les yeux sur la nécessité de la conscription. Tout est bien qui finit bien. Peut-être faut-il y voir un acte de la Providence…

Il attend ma réponse. Je ravale les premiers mots qui me viennent.

– Bien sûr, dis-je, en pilote automatique.

Mais je ne l'écoute plus. Je songe aux dernières phrases qu'a prononcées Annabelle.

Je crois qu'on essaie de me faire porter le chapeau.

Disait-elle vrai ? Ce n'est pas la première fois que je me le demande. Son arrestation a lancé les premiers débats sur la supervision des Génisses. Sachant ce que Rhea et Lugh ont entrepris d'autre pour faire avancer leur projet, pour agiter le public, apprendre qu'ils ont également fait accuser Annabelle ne m'étonnerait pas. Mais cela n'a plus d'importance. Je repousse cette pensée, si loin que je l'oublie. Si je rue dans les brancards, moi aussi, on pourrait me sacrifier au bien commun.

Je raccroche pile au moment où Keenya revient. En partageant les sandwiches et les snacks rapportés de la cafétéria, elle me demande :

– Et Callie, elle se plaît à Saint-Nicholas ?

Je prends une canette d'eau aromatisée dans le mini-frigo sous mon bureau, en tendant à Keenya sa préférée.

– Oui, elle est déjà très épanouie là-bas. Et j'ai rendez-vous avec la directrice la semaine prochaine. Je n'oublierai pas de mentionner Amani et Isaiah, dis-je avec un clin d'œil qu'elle me rend.

Elle ouvre son eau et nous déballons nos sandwiches. Du pain bio, des tomates, de la salade, du vrai bœuf élevé en liberté. Ils sont encore chauds, et l'odeur qui emplit le bureau me met l'eau à la bouche. Je lève ma canette vers elle, comme pour porter un toast.

– Mangeons !

Composition et mise en pages
Nord Compo à Villeneuve-d'Ascq

Imprimé en France par
CPI Bussière
en novembre 2024
N° d'impression : 2080811